橋をつくるために

現代世界の諸問題をめぐる対話

教皇フランシスコ／ドミニック・ヴォルトン

戸口民也［訳］

Pape FRANÇOIS

Rencontres avec Dominique Wolton

Politique et Société

新教出版社

Pape FRANÇOIS

Rencontres avec Dominique Wolton

Politique et Société

目次

5 他者性、時間、喜び

凡　例

・聖書からの引用は、日本聖書協会『聖書　新共同訳　旧約聖書続編つき』（一九八七年）を使用しました。
・第二バチカン公会議文書からの引用は、カトリック中央協議会『第二バチカン公会議公文書　改訂公式訳』（二〇一三年）を使用しました。
・『カトリック教会のカテキズム』からの引用は、カトリック中央協議会が二〇〇二年に刊行した日本語版を使用しました。
・フランシスコ教皇の回勅『ラウダート・シ』、使徒的勧告『福音の喜び』、『愛のよろこび』からの引用は、原則としてカトリック中央協議会が刊行した翻訳を使用しました。ただし、文脈に応じて部分的に、あるいはテキスト全体を訳しなおしたケースもあるので、その場合は注記しました。
・［　］でくくられた補足・説明・注記は訳者によるものです。

「しばらく前に言ったことですが、今また繰り返して言います。わたしたちは第三次世界大戦、それも世界各地でバラバラに起こっている世界戦争の時代を生きています。戦争をしなければ生き延びることができない経済システムが存在します。そこでは、武器を製造し売ることでもって、人間を金銭という偶像の祭壇に犠牲として捧げながら、経済収支をなんとか立て直しているのは明らかです。それなのに人は、難民キャンプにいる飢えた子どもたちのことを考えようとはしません。自分が住んでいる土地を無理矢理追い出された人々のことを考えようとはしません。破壊された家々のことを考えようとはしません。奪われてしまった数多くの命のことを考えようとさえしません。なんと多くの苦しみ、なんと多くの破壊、なんと多くの苦悩！　親愛なる兄弟姉妹の皆さん、今日いまも、地球上のあらゆる場所から、すべての国民が、すべての人の心が、民衆運動の参加者たちが、平和を求めて叫んでいるのです、《二度と戦争があってはならない！》[1]と」

「わたしは夢見ています、若々しいヨーロッパを。まだ母となる力があるヨーロッパを。生命を尊重し、生命への希望を約束してくれる、生命力あふれる母であるヨーロッパを。わたしは夢見ています、子どもを世話するヨーロッパを。兄弟として貧しい人を助け、すべてを失い避難所を求めてやってくる人を助けるヨーロッパを。わたしは夢見ています、病気に苦しむ人々、年老いた人々を大切にし、その声に耳を傾け、この人たちが非生産的な役立たずとして見捨てられることがないようにするヨーロッパを。わたしは夢見ています、難民や移住者を厄介者と見なすのではなく、人間としての全き尊厳をもつ者として暖かく迎え入れるヨーロッパを。わたしは夢見ています、若者たちが、誠実というすがすがしい空気を呼吸し、文化の美しさを愛し、消費主義からくる果てしない欲求に汚染されていない簡素な生活の美しさを愛することができるようなヨーロッパを。結婚し子どもをもつことが、安定した仕事がないために問題となってしまうのではなく、責任と大きな喜びとなるようなヨーロッパを。わたしは夢見ています、家族たちと共にあるヨーロッパ、数字よりも一人ひとりの顔を見据え、富の増加よりも子どもの誕生を中心に据えた、真に有効な政治が行われるヨーロッパを。わたしは夢見ています、すべての人に対する義務を忘れることなく、一人ひとりの人間の権利を促進し擁護するヨーロッパを。わたしは夢見ています、人間の権利に対する責任はただのユートピアにすぎないなどとは言わせないようなヨーロッパを[2]」

(1)［原注］二〇一四年一〇月一八日、「民衆運動に関する世界会議」での演説から抜粋。
(2)［原注］二〇一六年五月六日、カール大帝賞授賞式での演説から抜粋。

はじめに――「簡単ではない、簡単ではない……」

ドミニック・ヴォルトン

企画

個人の運命が「歴史」と出会うことがある。フランシスコ教皇の場合がそれで、南アメリカからやってきた彼は、カトリック教会に、これまでなかった一つのアイデンティティーをもたらした。その個性、その歩みと行動は、経済に支配されていると同時に、意味や真正なるもの、そして多くの場合霊的な価値を追い求めているこの時代に、強く訴えかけている。人間と歴史とのこうした出会いがわたしたちの対話、教会人であるフランシスコ教皇と、フランスの一知識人――世俗の人であり、コミュニケーションを専門とし、長年にわたってグローバリゼーション・文化的多様性・他者性について研究を続けてきたわたしとの対話の中心をなしている。

なぜ対話なのか？　対話することによって、他者に心を開き、論証することが可能となるから、読者の参加が可能となるからである。対話は、技術の成果やその限界を超えたところにある、人間のコミュニケーションに意味を与えるのだ。

本書の中心的な話題は、教会の歴史を通じて繰り返し現れてきた問題の一つ、社会や政治に対する教会の関与とはいかなる性格のものか、ということである。政治団体とはどう違うのか？　福音書を読み、教父たちの書や回勅を読みなおすたびに問いかけることで、批判的に関与する姿勢が、貧しい人たち・支配されている人たち・排除されている人たちへと向かう活動が促される。何世紀ものあいだ、不正義や不平等に対して立ち上がった人々は、しばしば、政治的メッセージと霊性を一つに結ぶ絆をつくりあげたものだ。解放の神学をめぐる議論・葛藤は、最近の大きな実例の一つである。教会の霊的次元と政治的活動とをどう考え区別するのか？　どこまで行くのか、行かないのか？　思いつくこと、それは霊性と政治活動とを結びつけるもの、切り離すものについての考察を促すことだ。それを考察することがぜひとも必要である。とりわけ今日のように、霊性探求への回帰が認められると同時に、情報のグローバル化によって、不平等がより顕在化し、緊急に取り組むべきこととされてはいるが、ときには論点が単純化され、また往々にしてすべてを政治の問題に帰してしまう時代には。「現代性」の名の下に、教会の批判的関与を、国連と同類の世界的組織による関与に限定してしまうことを、どうしたら避けられるのか？　イエズス会の歴史、そしてフランシスコ教皇個人の歴史にとってのラテンアメリカは、こうした議論の、そしてこれら二つの論理をしっかりと区別することが必要でありかつ難しいことの、明らかな実例なのである。

出会い・対話

出会いや対話は、人が思い通りにコントロールできるものではない、そこに自分自身を委ねるしかないのだ。フランシスコ教皇との対話は、自由で、形式にこだわらず、信頼に満ち、ユーモアあふれるものだった。親近感の共有。教皇はそこにいて、話に耳を傾け、控え目で、「歴史」をその身に負い、人間に対して幻想を抱いていない。わたしは教皇と、どんな形式的枠組みからも外れた形で、その住まいで会い、言葉を交わしてきた、だからといってそのことが、教皇の、人の話に耳を傾ける力、自由闊達さ、こだわりのなさのすべてを説明するわけではない。建前論のようなものは、ごくごく稀にしかなかった。

教皇がその肩に担っている責任の重圧を思うと、わたしはときとしてめまいを感じるほどだ。どうやってこの人は選び、考えることができるのだろう、さまざまな制約・要請のまっただ中で、どうやって耳を傾け、行動することができるのだろう？　それも教会のためだけではなく、世界中の数多くの問題に向き合いながら。この人はどうしているのだろう？　そう、彼は、おそらく、ほんとうに、ラテンアメリカとヨーロッパのあいだに立つ、グ､ロ､ー､バ､ル､時､代､の､最初の教皇なのだ。人間的であると共に控え目で、同時にかくも果敢な人、「歴史」をしっかりと踏みしめている人。彼の役割は、世界の政治指導者たちの役割とはまったく違うのだが、常に問題と対峙している。

会話の中で彼が自然に言ったおそらく最も強烈な言葉、「何ものもわたしをたじろがせることはありません」。しかし同時に、もう一つ、ある晩、わたしを送り出すとき、ドアの隙間でそっとつぶやいたあの言葉をわたしは決して忘れないだろう、彼の人間性、使徒としての務めをいかにも象徴しているあの言葉、「簡単ではない、簡単ではない……」。あれほどの慎み、孤独、明晰、知性

――それ以上、なんと言うべきか？

難しかったのは、この対話が可能となるレベルを見つけ出すことだった。わたしたち二人がどれほど違っているかを考えれば当然のことだが、それだけでなく、わたしたちは互いに理解し合うこと、「壁を壊すこと」、そしてコミュニケーション不能の事態が生じてもそれを受け入れることを望んだからでもある。すでに多くのことを、実に巧みに、しかも誰にもわかるような言葉で表現してきた人に、何かを語らせるのは「簡単ではない」、それに、宗教的言説には常にすべてに答えがあり、すべては言い尽くされているのだから……彼の発言としてすでに知られていることの単なる繰り返しにはしないこと、宗教的な、公式的な言葉遣いは控えること。真実を追求し、コミュニケーション不能の事態が生じるのは避けられないものとして受け入れること。わたしたちは、霊的次元よりも、むしろ歴史・政治・人間の問題により多くの時間をさいた。

しかも、宗教家と俗人とのこの対話は、意見が一致することも相違することも多々あったので、際限なく続けることもできたかもしれない。ただわたしは、引き立て役でもなければ評論家でもなく、単なる学者、世界でも希有な知的で宗教的な著名人の一人と誠実に対話しようと試みている一人の人間にすぎなかった。あの自由闊達さ、わたしはそれを対話のあいだずっと感じていたが、それは心底彼のものであった。彼は形式主義者でも、型にはまった人間でもない。それに、彼がどういう人であるか知るには、彼がアルゼンチンで、ラテンアメリカで、どのように生き、話し、行動していたかを見るだけで十分である。ヨーロッパとは徹底的に違う。

経験的にわたしは、常に意識していたわけではないが、哲学者レーモン・アロン（一九八一）、ジャン＝マリー・リュスティジェ枢機卿（一九八七）、欧州委員会委員長ジャック・ドロール（一九九四）と対話したときと同じ進め方を使った。哲学、宗教、政治。その三つの次元が、つまりはここでも取り上げられるわけだ。おそらくそれが、研究者という立場を最もよく説明するだろう、あの世界市民の代弁者のような存在、目には見えないが、歴史と世界について考察する上で必要不可欠な存在を。話すこと、対話すること、越えることのできない隔たりを縮めるため、少しでも相互理解を可能にするために。逆説的なことだが、わたしたちがしばしば同感できたのは、コミュニケーションについての考え方だった。技術よりも人間を優先すること。コミュニケーション不能を受け入れ、対話を促し、コミュニケーションを技術支配から救い出し、人間を中心に据えた諸価値を再発見すること。コミュニケーションとは、少なくとも、交渉であり共存であると同時に分かち合いでもあると承知すること。コミュニケーションとは、外交活動のようなものであること。

主要テーマ

わたしたちの対話は、二〇一六年二月から二〇一七年二月までの一二回に及ぶ対話からなるものである。バチカンの慣習からすればかなり異例なことだ。しかも、あらかじめ何も決まっていなかったことだけに、なおさらである。対話中、話が本書の厳密な枠組みからはみだすことはしばしばあった。すべてがそのままこの本に収められているわけではないが、わたしたちのやりとりの調子、雰囲気、自由闊達さは、かなりよく伝わっているだろう。もちろん教皇は原稿を読んでくれたし、わたしたちはすぐに合意した。

取り上げたテーマは現代世界が抱える諸問題、政治・文化・宗教に関わる問題、世界中に広がる暴力の問題である。具体的には、平和と戦争、グローバル時代における教会と文化的多様性、宗教と政治、原理主義と政教分離、文化とコミュニケーションの関係、文化的共存の地としてのヨーロッパ、伝統と現代性の関係、宗教間の対話、個人・家族・風俗習慣・社会、普遍主義の見地、宗教の回帰が鮮明となっている世俗世界におけるキリスト者の役割、コミュニケーション不能と宗教的言説の特異性などである。

これらのテーマは八つの章にまとめられている。それぞれの章に、二〇一三年三月一三日の選出以降、フランシスコ教皇が行った一六の重要な演説の抜粋を、対話を補うものとして掲載した。これら世界各地で行われた演説は、わたしたちの対話の例証となるだろう。演説は二編ずつ、各章に配置されている。

その代わり、教会内部の政治的・組織的対立については、ここでは言及されていない。この問題についてはわたしよりも詳しい人たちが他にもいるし、情報もたっぷりあるだけでなく、わたしが関心をもっていること――カトリック教会における最初のイエズス会出身の教皇でありヨーロッパ以外から選ばれた最初の教皇でもあるこの人を通じて、世界においてまた政治において教会の占める位置を知ること――とは関係ないからである。

フランシスコ教皇に関する一つの仮説？　社会的にはややフランシスコ会的、知的にはややドミニコ会的、政治的にはややイエズス会的……　いずれにせよ、きわめて人間的。彼の人格を理解するには、他にももっと多くのことがきっと必要なのだろう。

ささやかなコミュニケーション不能……

教皇にあっては、すべては宗教と信仰に根ざしている。政治に直接関わる問題を取りあつかう場合も含めてだ。いつくしみが本質的な役割を果たしている。しかもその歴史と終末論とを深くさかのぼれば、その起源は四千年以上前になる。わたしが問題にすることはあくまで人間に関することで、人間のすることから霊的な次元を排除できないことは確かだが。世界を見る目は、観点は別としても、しばしば共通する。合理的であること、論理的であることが、一致をもたらすとは限らない。互いに理解し合い、違いを受け入れようとするコミュニケーションの偉大さ。たとえば現代世界という難問、目には見えないが双方向的《インタラクティブ》な、情報のパフォーマンスとスピードがこれほどの無理解とコミュニケーション不能とを生じさせたことはかつてなかったこの現代世界。一つの挑戦――この開かれた世界における他者性について考えること、宗教的であれ政治的であれ、ただ一つの言説の独占を許さぬこと、相互理解を促すこと。

「迎え入れ、寄り添い、見極め、受け入れる」。使徒的勧告『愛のよろこび』（二〇一六年三月）の鍵となるこの四つのコンセプト[1]は、いずれにせよ、大きな意味をもっている。とくに、今日の世界が抱えている重要な問題——労働、教育、科学・技術・社会の関係、グローバリゼーション、他者性と文化的多様性、メディアと世論、政治的コミュニケーション、都市などといった重要な問題を再考するために。かくも多くのテーマだが、教会の諸文書とりわけ回勅が別の視点から考察を深めてくれそうだ。

これらの対話を実現するのは簡単ではない。教皇は、問われたことにいつも答えてくれたわけではない、とにかく、われわれがなじんできた近代合理主義的な意味合いからすればそうではない、ということだが。話があっという間に数世紀前のことに及んだり、比喩的な表現を用いたり、福音を引き合いに出したり……古典的な「追求権」が常に存在するとは限らない。いくつもの、異なった象徴的空間にいるのだ。要するに、わたしが「ささやかなコミュニケーション不能」と呼んだことだが、それがまさにこの対話の面白さともなっている。それに、読者という第三のパートナーがいるわけで、このパートナーがわたしたちのやりとりをどう受けとめるかは、誰にもわからないのだ。要するに、普通の知的・政治的対話にはつきものの「古典的合理性」をもたない対話ということ。それはそれで結構、たとえそれで驚いたりすることが起ころうと。わたしたちはまさに、他者性を尊重するコミュニケーションという考え方を基本にしているのだから。

教会の価値は、教会が実際には決して現代的でないところにある。教会は、多くの闘いの中で今という時代に関与することはあるとしても、この時代に完全に属しているわけでは決してない。そして、教会のこうした立ち位置が、こうした世界観を——たとえそれが人をいらだたせたり困らせたりしたとしても——価値あるものとなさしめているのは明らかだ。現代性を気にしないということは、スピード・即時性・グローバリゼーションに支配された今の時代とはぴったり合わない、別の時代の価値観や尺度に従っているということだ。過去においては、宗教と政治とが、霊的なものと現世的なものとが重なり合うことが頻繁にあった。その結果はたいていの場合疑わしいものだったが……今日では、霊的なものが現世的なものと重なることは少なくともキリスト教においてはもはやなく、そして、教会と現代性とのさまざまな形でのずれは、両者のあいだにいかなる距離を維持すればよいかという困難に常にさらされてはいるものの、実際にはチャンスなのである。現代性は、四世紀かけて伝統に勝利したことで、いまやイデオロギーとなっている。伝統を再評価することが、おそらく、いま支配的である現代性を救う手段となるだろう。カトリック教会、さらには他のすべての力——宗教や芸術や学問の力も、それを助けることができる。いずれにせよ、これらすべての次元が対話、寛容、相互理解を求めている。支配的な伝統に対して、現代性は何世紀ものあいだ当然のこととして立ち向かってきたが、今日ではその伝統が、自らの論理とは別の論理によって豊かにされる。あの気味の悪い一次元的世界、(2)一九二〇年代にフランクフルト学派が予言していたような事物化した世界なら別だろうが。

この本の仕事は二年半続いた。この仕事を通じて、わたしのうちに大きな変化が起こった、あの人を前にして、その責任の大きさを前にして感じた深い尊敬と謙遜の念。

それと同時に、本物の自由にあふれていたこの対話によって、多くのことを語り合うことができた。時間の中で停止した瞬間。常に、至るところでグローバリゼーションの問題が顔を出しては、あらゆる価値あらゆる尺度とぶつかるし、新たな戦争をどうすれば避けられるか考えねばならなくなる。そしてまた、コミュニケーションとコミュニケーション不能の問題がますます重みを増してくる。簡単に言えば、「情報を伝えることはコミュニケーションすることではない」、「コミュニケーションすることは交渉すること、できる限り上手に共存すること」であって、これはわたしの研究の中心にあるコンセプト、しばしば異なる――ときには対立する――複数の世界観を平和的に共存させようとする試みだ。それに、グローバリゼーションにどう立ち向かうかをめぐって宗教的言説と世俗的言説とが出会うのを見れば、ある種の楽観が可能である。一言で言えば、他者への憎しみを避けるためにはなんでもするということ。キリスト教は、その普遍主義的姿勢ゆえに、今日、対話を重視している。キーワードは「敬意」「尊厳」「認知」[3]「信頼」で、これは民主主義モデルの中心をなす言葉でもある……

パリ、二〇一七年七月

注

(1)[訳注]とくに第八章「弱さに寄り添い、見極め、受け入れる」(291～312)参照。なお「見極める」(フランス語原文は discerner「識別する、見極める」、名詞は discernement）という訳語についてだが、邦訳（カトリック中央協議会）では、文脈に応じて「見極め」と「識別」とを使い分けている。本書でも、このあと何度かふれられることになる四つのコンセプト・基準を示すときは「見極める」と訳したが、それ以外では「識別」と訳したりもしている。ついでに補足すると、「識別」は、イエズス会が伝統的に重視することで、イエズス会出身のフランシスコ教皇もこの言葉をキーワードの一つとしてしばしば使っている。

（2）［訳注］unidimensionnalité ―― 直訳すれば「一次元性」となるだろうが文脈から「一次元的世界」と意訳した。形容詞 unidimensionnel（一次元的、［英語 one-dimensional より］）の名詞形で、マルクーゼ Herbert Marcuse（一八九八〜一九七九）の著書『一次元的人間』*One-Dimensional Man* をふまえていると思われる。「一次元的人間」とは、高度に発達した産業社会の管理システムの中で、自由や個性、批判精神や自己決定能力を喪失した人間のこと。そして、ここで言われている「一次元性・一次元的世界」とは、人間を管理し、アイデンティティーも個性もなくした「一次元的人間」にしてしまうような社会・世界と考えればよいだろう。

（3）［訳注］reconnaissance ―― さまざまな意味で「認めること」。たとえば、忘れていた人・ものをそれと認めること、不明な人・ものをそれと認めること、見分けること、過ちを認めること、事実として認めること……などが基本的な意味だが、「感謝」（自分に対して良いことをしてもらったこと、恩恵を受けたことなどを認めて感謝する）という意味でも使う。

1 平和と戦争

二〇一六年二月。最初の会見。わたしはフランシスコ教皇には一度も会ったことがなかった。わたしは通訳者で友人のルイ・ド・ロマネ神父と一緒に、サン・ピエトロ大聖堂のすぐ脇にある質素なサンタ・マルタ館[1]に入る。わたしたちは、かなり寒い小さな部屋で待たされる。沈黙。胸が締め付けられるような気分。突然、彼が入ってくる、温かい雰囲気で。すぐに、あの深く穏やかな眼差し。挨拶を交わす。会話が始まる。すべてがだんだんと自然に、率直になって行く。何かが起こる。彼は真面目に答え、対話が形づくられて行く、笑い声で中断されながら、そしてこれは一二回に及ぶ対話を通じて頻繁に繰り返されることになる。ユーモア、暗黙の了解、婉曲な表現、そしてあの、言葉を超えた、眼差し、仕草による、なんという自然なコミュニケーション。時間制限なし。一時間半たったとき、彼は、聴罪司祭[2]のところに行かねばならないのでここまでにしましょうと言う。わたしは彼に答える、「確かにその必要がありますね」と。皆が笑う。わたしたちは次の日程を決める。彼はドアを開け、入ってきたときと同じように気取らずに出て行く。遠ざかって行くその白い姿を見たときの激しい感情。象徴がもつ明らかなもろさと計り知れない力。わたしたちは重大な問題について語り合った。平和と戦争について、グローバリゼーションの中の、歴史の中の教会の位置について。

＊　＊　＊

フランシスコ教皇　あなたからどうぞ――［フランス語］(3)。

ドミニック・ヴォルトン　あなたは二〇一六年一月にレスボス島で、美しく類い希なことを言われましたね、「わたしたちは皆移住者です、わたしたちは皆難民です」と。ヨーロッパ・西欧の諸強国が自らを閉ざしている今、この素晴らしい言葉以外に、何を言えばよいのでしょう？　何をすればよいのでしょう？

教　皇　一つ、わたしが言った言葉があります――それは難民の子どもたちのTシャツに書いてあったのですが、「わたしは危険ではない、わたしは危険にさらされているのだ」という言葉です。わたしたちの神学は移住者の神学です。なぜならわたしたちは、アブラハムが神に呼ばれたそのときから、皆移住者なのです、イスラエルの民は何度も移住者となりましたし、そしてイエス自身も移住者、難民でした。(4) それに、信仰によれば、実存的な意味で、わたしたちは移住者なのです。人間の尊厳には、必然的に「道を行く」という意味が含まれています。男であれ女であれ、道を行っていない人はミイラです。博物館の展示品です。その人は生きてはいません。

道を「行く」だけでなく、道を「つくる」のです。人は道をつくります。スペインの詩に「道は歩くことでつくられる」というのがあります。そして、歩くとは、他の人々とコミュニケーションすることです。人は歩くとき、出会います。歩くことは、たぶん、出会いの文化の基本でしょう。人々が出会い、コミュニケーションする。それが良い方に行けば友情となるし、悪い方に行けば、極端な場合には戦争となります。大いなる友情も、また戦争も、コミュニケーションの一つの形です。攻撃的コミュニケーションも、人間には可能なのです。わたしが「人」と言うときは、男と女の両方のことを言っています。(5) 人がもう歩かないと決めたとき、失敗します。人としての召し出しにおいて失敗するのです。歩き、常に道を行くことは、常にコミュニケーションすることです。道を間違えることもあるでしょうし、倒れることもあるでしょう……アリアドネーの糸の話(6)のように、アリアドネーとテーセウスのように、迷宮の中で出会うこともあるでしょう……とにかく歩くのです。間違えながら、それでも歩くのです。コミュニケーションするのです。コミュニケーションするのに苦労する、それでもなおコミュニケーションするのです。わたしがこう言うのは、歩いている人々を拒んではならないからです。それはコミュニケーションを拒むことだからです。

ヴォルトン　しかし、ヨーロッパの外に追い返されている移住者たちは？

教　皇　ヨーロッパ人が自分たちだけでいたいのなら、子どもをつくればいいのです！　フランス政府は本物の計画に取り組み、大家族支援のための法律をつくったとわたしは思います。ところが、他の国々はそれをせず、子どもをもたない方が有利なようにしています。理由はさまざま、方法もさまざまですが。

ヴォルトン　ヨーロッパは二〇一六年春に、[7]ヨーロッパとトルコの国境を閉鎖するというとんでもない協定に調印しました。

教　皇　ですから、歩く人に話を戻しましょう。人間は基本的にコミュニケーションする存在です。口がきけない人――コミュニケーションできないという意味で言っているのですが――口がきけない人は、「歩くこと」、「行くこと」ができない人なのです……

ヴォルトン　あなたがレスボスであの言葉を語ってから一年半たちましたが、状況は悪化しています。多くの人たちがあなたの言葉に敬服しました、でもその後は、もう何もない。

教　皇　問題は移住者たちの本国で始まっています。なぜ彼らは自分の土地を離れるのか？　仕事がないから、あるいは戦争のせいで。これが二つの主な理由です。仕事がないのは、彼らが搾取されているからです――わたしはとくにアフリカの人々のことを考えています。ヨーロッパはアフリカを搾取してきました……そう言えるのかどうか、わたしにはわかりません！　しかし、ヨーロッパによる植民地化……そうです、それがアフリカを搾取してきたのです。最近選出されたアフリカのある国家元首が最初に議会に提出した法案は国土の再緑地化に関する法律だった——しかもその法律は発布された、というのを読んだことがあります。世界の経済強国が木を切り尽くしてしまった。再緑地化する。土地は搾取されすぎたために干からびているし、もう仕事はない。最初になすべきことは、わたしは国連で、欧州議会で、至るところで言ってきましたが、まずそこに雇用創出のための手段を見つけ出すこと、そこに投資することです。確かにヨーロッパは自分のためにも投資すべきです。ここにもまた失業問題がありますから。移住のもう一つの理由は戦争です。投資があれば、仕事もあるでしょうし、国を出て行く必要もなくなるでしょうが、戦争が起これぱとにかく逃げるしかありません。ところで、誰が戦争をするのか？ 誰が武器を与えているのか？ わたしたちです。

ヴォルトン とくにフランスが……

教　皇 え、そうですか？ 他の国々も同じですよ、多かれ少なかれ武器に関わっていることを、わたしは知っていますから。わたしたちは彼らに武器を供給し、殺し合いをさせている、つまりはそういうことです。移住者がやってきてわたしたちの生活を破壊すると文句を言う人がいます。でも、そこにミサイルを送り込んでいるのはわたしたちですよ！ 中東を見てください。同じことです。誰が武器を供給しているのですか？ ＩＳに、アサド陣営に、反アサド側に？ 誰が武器を供給しているのですか？ わたしが「わたしたち」と言うときは、西欧のことを言っているのです。わたしはどの国も非難しません——それに、西欧以外にも武器を売っている国々があります。武器を与えているのはわたしたちです。わたしたちが混乱を引き起こし、彼らは逃げ出す、そしてわたしたちは、何をしているのか？　こう言っているのです、「だめだ、自分の面倒は自分で見ろ！」と。わたしは厳しすぎる言葉は使いたくありません、でも、やってくる人たちを助けずにいられる権利はないのです。彼らはれっきとした人間です。ある政治家がわたしにこう言いました、「そうした協定すべてを超えるものが、人間としての権利なのです」と。これこそが、問題に対する明確なビジョンをもったヨーロッパの指導者です。

ヴォルトン　そうした拒否の姿勢は、憎しみを加速させることにさえなり得ます。なぜなら今日では、映像のグローバル化が進み、インターネット、テレビを通じて世界中が見ているからです、ヨーロッパが人権に背き、移住者を拒絶し、エゴイスティックに自分のうちに閉じこもっているのを。この五〇年間わたしたちは、経済面はもちろんのこと、社会的にも文化的にも、移住者のおかげであれほど多くのものを得てきたというのに。ヨーロッパがしていることは、いずれブーメランのように、わが身に跳ね返ってくるでしょう。ヨーロッパ人は、自分たちこそ最も民主的だと言うのでしょうか？　しかし、ヒューマニズムの、民主主義の価値観に背いています！　情報のグローバル化がブーメラン効果となって跳ね返ってくるでしょう……ところが、ヨーロッパ人はそれを見ようとしない。エゴイズムから。愚かさから。

教　皇　ヨーロッパはヒューマニズムの発祥地です。

ヴォルトン　話を政治に戻せば……

教皇　世界中のいかなる人間も組織も、常に政治的次元をもっています。大文字で書く「政治」について、それは愛徳の最高の形の一つである、と偉大なるピオ十一世教皇[8]は言っています。「良き」政治のために働くことは、国が前進するのを助けること、その文化を前進させるということで、それが政治です。そして仕事でもあります。二〇一六年二月半ば[9]、メキシコから戻る途中で、ジャーナリストたちから知らされました、ドナルド・トランプが大統領に選ばれる前にわたしのことを政治家だと言い、大統領に選ばれたら何千キロにも及ぶ壁をつくらせるのだと言ったようです……わたしのことを政治家と言ってくれたので、彼には感謝しました。アリストテレスは人間を政治的動物と定義していますから、わたしにとって名誉なことです。つまりわたしは少なくとも人間だと言うことですから！　壁については……

政治の要件はそばに寄り添うことです。互いに問題に向き合い、問題を理解することです。別のこともあります、説得ということですが、わたしたちはそれを実行しなくなってしまいました。たぶんそれは政治の最もデリケートで、最も微妙なところです。わたしは相手の言い分を聞きます、わたしはそれを分析し、わたしの言い分を相手に示します……相手はわたしを納得させようとし、わたしは相手を説得しようとする、そうやって、わたしたちは一緒に同じ道を行くのです。たぶん、わたしたちはヘーゲル的、観念論的なジンテーゼ[10]に至ることは――神に感謝ですが――ないでしょう、なぜなら、それはすることができないし、すべきではないことだから、それは常に何かを壊してしまうからです。

ヴォルトン　あなたが政治に与えた定義――納得させ、論証し、とくに共に交渉するということは、わたしがこれまで主張してきたコミュニケーションの定義、コミュニケーション不能をふまえた交渉を価値あるものとするコミュニケーションの定義に、完全に一致します。コミュニケーションは、民主主義とは切り離すことができないコンセプトです、それはパートナーの自由と平等を前提にしているからです。コミュニケーションすることは、ときには分かち合うことですが、ほとんどの場合、交渉し、共存することです……

教　皇　政治をするということは、わたしたちが解決できない緊張を受け入れるということです。ところで、ジンテーゼによる解決とは、当事者の一方の側を勝たせ、もう一方を無視することです。あり得るのはただ一つ、上からの、より高いところからの解決しかありません、当事者双方がそれぞれ最善を尽くし、ジンテーゼではなく、共に道を行くこと、「一緒に行く」という結果に至ることとです。グローバリゼーションを例にしましょう。抽象的な言葉です。これを立体的なものと比較してみましょう。たとえば、こう見ることができます、グローバリゼーションとは、政治的な現象で、「泡《バブル》」のような形をしていて、どの点も中心から等距離にあります。どの点もすべて同じで、そこで優位を占めているものは画一性です。この手のグローバリゼーションは多様性を破壊することがよくわかりますね。

しかし、グローバリゼーションを多面体(11)ととらえることもできます。そこでは、すべての点が結ばれていますが、それぞれの点は、それがある国民であれ、ある人物であれ、固有のアイデンティティーをもっている、そういうようなものです。政治をするというのは、こうした一致とそれぞれ固有のアイデンティティーとのあいだの緊張関係を追求することです。

宗教の問題に移りましょう。わたしが子どものころ、プロテスタントは皆地獄へ行くと言われていました、皆、全員皆です（笑い）。ええ、そうなんですよ、それは大罪でした。アルゼンチンでは、プロテスタントの宣教者たちのテントを燃やした司祭さえいました。あれは、一九四〇年から四二年のことです。わたしは四歳か五歳でしたが、祖母と町を散歩していたら、向こう側の歩道に救世軍の女性二人がいました、記章をつけた帽子をかぶって。わたしは聞きました、「ねえ、おばあちゃん、あの女の人たちは誰？　シスター？」。祖母は答えました、「あれはプロテスタントよ。でもいい人たちですよ」。これがわたしが聞いた最初のエキュメニカル[12]な言葉で、この言葉はつまり一人の高齢者が口にしたことです。こうしてわたしの祖母は、エキュメニカルな多様性の扉を、わたしに開いてくれたのです。こうした経験を、わたしたちはすべての人に伝えねばなりません。子どもの教育、若者の教育にあたって……人は皆、自分のアイデンティティーをもっている……宗教間の対話について言えば、それは存在すべきです、ただし、宗教間の誠実な対話を実現しようとすれば、まず自分のアイデンティティーから出発しないといけません！　わたしにはわたしのアイデンティティーがあり、わたしはわたしのアイデンティティーでもって話します。人は互いに近づき合い、共通点や同意できないことを見つけ出すでしょうが、共通点については、すべての人の善のために前進できるでしょう。慈善事業や教育活動など、たくさんのことを一緒にできます。わたしの祖母が五歳の子どもだったわたしにしてくれたことは、政治的行為でした。わたしに扉を開くことを教えてくれたのです。

緊張関係にあるときは、だからジンテーゼを求めてはいけません。ジンテーゼは壊してしまうかもしれないからです。多面体に向かって、多様性もアイデンティティーもすべて保ちつつ一致へと向かって行かないといけません。この分野の巨匠は――わたしは誰からも剽窃したくありませんから――ロマーノ・グァルディーニです。[13] わたしの考えでは、グァルディーニはすべてを理解していた人で、そのことをとくにその著書 *Der Gegensatz*[14] の中で説明しています。フランス語でどう訳されているか知りませんが、イタリア語では *La Contraposision* です。[15] 彼が一九二三年に書いた、この形而上学に関する最初の本は、わたしの考えでは、彼の代表作です。彼はそこで「政治哲学」と呼ぶことができるものを説明していますが、それぞれの政策の基本には説得とそばに寄り添うことがあります。教会はだから扉を開かなければなりません。教会が正しくない態度をとるとき、信者獲得熱にかかります。ところが、信者獲得熱は、そう言ってよいかどうかわかりませんが、カトリック的ではありません！（笑い）

ヴォルトン　教会が何世紀ものあいだ、対話についてはきわめて不平等な考え方を主張してきたことは、お認めいただきたいですね。信者獲得熱と宗教間対話のあいだにはどういう関係がありますか？

教　皇　信者獲得熱は一致を壊します。ですから、宗教間対話は全員が同意することを意味するのではありません、そうではなくて、共に歩くこと、それぞれが自分自身のアイデンティティーをもちながら共に歩くことを意味するのです。ちょうど宣教に出発するとき、シスターたち、司祭たちが証しするために世界に行くときのようなものです。教会の政治は教会自身の証しです。自分の意志で外に出て行くこと。証しすること。また少しグァルディーニ先生に話を戻させてください。ヨーロッパについてのほんの短い本もあるのです、彼に示唆を与えた人の一人、プシュヴァーラ(16)が書いたもので、この人もそうしたテーマについて研究していました。しかし、いわゆる対立や二極間緊張関係の巨匠はグァルディーニで、彼はわたしたちに、あの多様性における一致への道を教えてくれます。今日、原理主義者のために何が起こっているでしょう？　原理主義者は自分のアイデンティティーの中に閉じこもり、他人の言うことは何も聞こうとしません。世界政治においても隠れた原理主義があります。というのは、イデオロギーは政治をすることができないからです。イデオロギーは考える助けにはなります――ただし、イデオロギーを知らなければなりませんが――、しかし政治をすることはできません。わたしたちは前の世紀にたくさんのイデオロギーを見てきました、いくつものイデオロギーがいくつもの政治体制を生み出しました。しかし、それらは機能していません。

それでは教会は何をすべきでしょう？　どれかと、あるいは別のどれかと合意する？　そんなのは誘惑で、帝国主義的教会のイメージになってしまうでしょう、そんなのはイエス・キリストの教会ではありません、仕《つか》える教会(17)ではありません。

一つの例をお示ししましょう。このことについてわたしにはなんの手柄もありません、主役はわたしが大好きな二人の偉人、シモン・ペレス[18]とマフムード・アッバース[19]です。この二人は友人で、電話でもやりとりしていました。わたしがそこに行ったとき、彼らはあることを実行しようと望んでいましたが、それを実現するための場所がありませんでした。アッバースがエルサレムにある教皇庁大使館に行くことができなかったからです。ペレスが言いました、「わたしがパレスチナ領に行けばいいのですが、政府は大がかりなエスコートなしにはわたしを行かせてくれないでしょう、ただ、それでは挑発と見なされるでしょう」。それで二人はここ［バチカン］で会えるようにしてもらえないかと頼んできたのです。わたしは考えました、この会見を彼ら二人とだけですることはできないと。それで、東方正教会コンスタンチノープル総主教ヴァルソロメオス一世を呼びました。こうして四つの宗教・宗派[20]が集まり、それぞれが異なってはいても、同じことをしたのです。平和と一致を望んでいたからです。皆それぞれ、自分自身の考えをもちながら、帰って行きました、でも、一本の木が残りました。皆で一緒に植えたのです。他にも残ったものがあります。兄弟としての友情と抱擁の思い出です。教会は、政治においては、橋をつくることによって奉仕しなければなりません――それが教会の外交的役割です。「教皇大使たちの仕事は、橋をつくることです」。

これがわたしたちの信仰の中心にあるものです。父なる神は御子を遣わされましたが、その御子は橋なのです。≪Pontifex≫[21]――この言葉は、人類に対する神の態度を端的に示すものですが、これはまた、教会の、キリスト者の政治的態度でなくてはなりません。橋を架けましょう。働きましょう。「でも、きみって何者？」なんて言ったりしないようにしましょう。すべてを一緒にしましょう、それから互いに話し合いましょう。そのようにすれば、ものごとは改善されて行くでしょう。たとえばわたしは、カゼルタに行って、[22] カリスマ運動の人たち、ペンテコステ派[23]の人たちに謝罪する義務があると感じました。それから、トリノにいたとき、ヴァルド派[24]の教会に行く必要を感じました。ヴァルド派の人々に対しては、死者も含めて、ひどいことをたくさんしました。謝罪すること。ときとして、謝罪すると、橋がつくられます。あるいは他の人々の家を訪れるときに。わたしたちの模範であるイエス・キリストにならって、橋を架けねばなりません。イエス・キリストは父なる神から« Pontifex »――橋をつくる人――となるために遣わされました。わたしの考えでは、まさにそこに教会の政治活動の基本があります。教会が低レベルの政治に関わったりするときは、教会はもう政治をしていることになりません。

ヴォルトン　皆が言っていますよ、「カトリック教会は政治はしない」と。ところが教会は政治に介入しています、あなたも、前任者のヨハネ・パウロ二世も、ベネディクト十六世も、なんにでもです、移住者、戦争、国境、気候、核、テロリズム、腐敗、環境問題……これって、政治ではありませんか？　教会にとってどこまでが政治に関わることですか、そしてどこからがそれとは別のことになるのですか？

教　皇　フランスの司教団が二〇一六年夏に司牧書簡を発表しました。一五年前に発表した書簡の続きをなすもので、「政治的なるものの意味を再発見する」(25)というものです。大きな政治と小さな党派的政治があります。教会は党派的政治には関わるべきではありません。パウロ六世もピオ十一世も、政治――大きな政治――は愛徳の最高の形の一つだと言いました。なぜでしょう？それは、すべての人の共通善に向かって行くものだからです。

ヴォルトン　ええ、もちろんそれこそが大きな政治です。

教　皇　しかし、政党はさまざまですから、そこに教会が介入すべきではありません。それは信者の自由に任せられるべきものです。

ヴォルトン　あなたがキリスト教主義政党の存在をあまり好意的に見ておられないのも、それが理由ですか？

教　皇　難しい問題ですね、答えるのが怖いですよ。わたしは、キリスト教の偉大な価値観をもつ政党があるのはよいことだと思っています。それは人類の善のためになる価値観ですから。それは、よしとします。しかし、キリスト信者のためだけ、カトリック信者のためだけの政党は、いけません。そういうのは、必ず失敗に終わります。

ヴォルトン　わたしも、あなたのおっしゃるとおりだと思います。この一五〇年間に、キリスト教主義政党はいくつもありましたが、その結果は……

教　皇　それは一種の「教皇帝王主義」ですね、わたしたちは意見が一致したわけです。そこでわたしは、話題を移してみようと思います、あなたがたフランス人にとって大切なこと、政教分離《ライシテ》に。[26]

ヴォルトン 政教分離の問題は、今日では、政治権力と宗教権力を一体化させようとする原理主義の台頭によって、改めて重大な問題となって現れています。

教皇 政教分離の国家は健全なものです。健全な政教分離があります。イエスが言ったように、カエサルのものはカエサルに、神のものは神に返さねばなりません。[27] わたしたちは、神の前では皆平等です。しかし、わたしは思うのですが、ある国々、たとえばフランスでは、この政教分離という考え方は、啓蒙主義から受け継いだ色合いがあまりに強すぎて、宗教をサブカルチャーと見なす共同幻想がつくられているのではないでしょうか。わたしが思うに、フランスは――これはわたしの個人的な意見であって、教会の公式見解ではありませんよ――もう少し政教分離のレベルを「向上させる」べきでしょう、宗教も文化の一部をなしていると言えるような方向に。このことを政教分離的にはどう表現するか？ 超越的なものに開かれていること、とでも。それぞれが、自分自身の開かれ方をもつことができるでしょう。フランスの伝統的遺産には、啓蒙主義が重くのしかかりすぎています。わたしは「歴史」のこの遺産を理解できますが、それを広げることも必要でしょう。キリスト教か否かはともかく、政教分離を認めない政府はいくつもありますから。

「超越的なものに開かれている」政教分離国家とはどういうものか？ 宗教が文化の一部をなしていて、サブカルチャーではないこと。十字架を人目につくような具合に首にかけてはならないとか、女性はこれとかそれを身につけてはならないとかいうのは、馬鹿げたことです。どちらも文化を表す態度ですからね。ある人は十字架を身につけ、別の人は別の何かを身につけ、ユダヤ教のラビはキッパ[28]をかぶり、教皇はカロット[29]をかぶる！（笑い）……ほら、これが健全なる政教分離ですよ！　第二バチカン公会議はそのことについては非常によく、非常にはっきりと述べています[30]。わたしが思うに、このことに関してはいろいろと誇張があります、とくに政教分離を宗教よりも上に位置づけるときに。つまり、宗教は文化の一部をなしてはいないということでしょうか？　宗教はサブカルチャーだということでしょうか？

ヴォルトン　教会の経験からして、その誤りも成功も含めてですが、教会は、対話や共存の材料として、何をもたらすことができるでしょうか？　激しさを増す一方の紛争、戦争、憎しみといった状況を打開するために、教会は何をすることができますか？

教　皇　わたしがお話しできるのは自分が経験したことだけです。ユダヤ、東方正教会、パレスチナについてはすでに言いましたから、二〇一五年一一月に中央アフリカ共和国で実際に経験したことをお話ししましょう。この旅のことでは、事前にさんざん反対されました！　しかし、その人たちには、暫定大統領も含めて、来てほしいと頼まれました。暫定大統領は女性で熱心なカトリックですが、イスラムの人々からとても愛されていました。とてもですよ。わたしはそこに行きたいと思いました、たとえ安全上の問題があろうと、教会が何をすることができるか言うためです。バンギ[31]では、イスラム地区のモスクに行き、モスクで祈り、イマムをパパモビル[32]に乗せて一回りしました……わたしは平和をつくったとは言いません、ただ、教会はこうしたことをすべきだと言うのです。そこには良い大司教がいて、良いイマムがいて、それから良い福音派の会長がいます。この三人が皆、平和のために一緒に働いています。三人皆がです。彼らは言い争ったりはしません。

人々が平和に暮らせるようになるために、何をすることができるか？　祖国、国民、人々の中には、部分を超えた意義があると言うべきです。わたしにとっては、それが地政学の原則で、全体は部分に勝るということです。

ヴォルトン　しかし、あなたがなさる旅は、平和、コミュニケーション、あるいは交渉の手段でしょう？　なぜあれほどしばしば旅をなさるのですか？　とくに、暴力、平和、交渉について絶えず語りながら。

教　皇　わたしはいつも、学ぶために巡礼者として、平和の巡礼者として、そこに行くのだと言っています。あなたは、わたしが前に使わなかった言葉を使いましたね、交渉という言葉を。交渉すること。先日わたしは、ファレスでの企業家と労働者との会見の場で、こう言いました、「わたしたちは、交渉の席に着くときは、こう意識し確信しています、交渉において人は常に何かを失うが、全員が利益を得るのだと」(33)。交渉は平和の手段です、人は交渉に臨みます、失うものをできるだけ少なくしようとして……交渉の場では、人は常に何かを失いますが、全員が利益を得ます、それはとても良いことです。キリスト教的な言い方をすれば、自分自身の生活のちょっとしたものを、社会の、人々皆の生活のために、ということです。交渉は大切です。

ヴォルトン そうした文脈からですが、あなたが「新しい福音宣教(34)」と言っておられることを、どう見ておいでですか？　この二つの関係は？

教　皇 前に言ったことを繰り返しますが、福音宣教するということは信者を獲得することではありません。それに、これはベネディクト十六世の言葉です。ベネディクト十六世はまずブラジルのアパレシーダで言い、それからもしばしば言っています、教会は、信者獲得によってではなく、人を引きつける力によって発展するのです(35)と。政治も同様です。誰々さんはカトリック、誰々さんはプロテスタント、誰々さんはイスラム、誰々さんはユダヤ人、でも政治が発展するのは人を引きつける力によって、友情によってです……橋です、橋、橋なのです……ある状況においては、交渉に行き着くほかありません、それ以外の手段がないからです。しかしそれは、政治的謙虚さでもあります。できることを、できるところまでしましょう……

わたしの考えでは、今日最も深刻な政治的危険は画一化とグローバリゼーションです。それにいま、ひどいことも起きています。イデオロギーによる植民地化です。いくつものイデオロギーが広まっています……アフリカの司教たちがわたしに何度も言いました、「わたしたちの国は融資を受けています、しかしそれはわたしたちの文化に反するような条件を強要する融資なのです」と。ここに有害なイデオロギーが働いているのがわかりますし、わたしは使徒的勧告『福音の喜び(36)』でも回勅『ラウダート・シ(37)』でもそのことを説明しました。これらすべての中心には偶像崇拝のイデオロギーがあります、すべてを支配する「金銭という神」を崇拝するイデオロギーがあるのです。人間を——男性と女性を——中心に据えなおさなければなりません、金銭は人間の発展のために使われるべきものです。アフリカはずっと昔から搾取され続けてきた大陸ですが、いまやイデオロギーによる植民地化の危険にさらされています。まるで、アフリカの運命は搾取されることだとでもいうかのように！

ヴォルトン　一部の司祭たち、あるいは司教たちさえもが、グローバリゼーションがもたらす災害に対して立ち上がっていますが、彼らの政治的行動は福音から逸脱し、社会主義的あるいはマルクス主義的政治行動に陥る危険があります。たとえば、ローマから批判された解放の神学です。政治的行動と霊的次元とのあいだの距離をどうやって保つのでしょうか？

教　皇　解放の神学は、ヘーゲル哲学とかマルクス主義とか、キリスト教のものではないイデオロギーをしばしば借用した、一つの神学的考え方です。一九八〇年代には、現実をマルクス主義的に分析しようとする動きがあり、それに「民衆の神学」という新たな名前をつけました。わたしはこの名前があまり好きではありませんが、この名前でわたしはそれを知ったのです。神の民と共に行き、文化の神学をする。

あなたが読むといい思想家がいます。ロドルフォ・クーシュ[38]という、アルゼンチンの西北地方で生きていたドイツ人で、非常に優れた哲学者・人類学者でした。彼はわたしに一つのことを理解させてくれました。それは、「民衆」という言葉は論理的な言葉ではないということです。それは神話的な言葉です。あなたは論理的に民衆について語ることはできません、あることを叙述しているだけのことでしょうから。民衆を理解するためには、その民衆の価値観を理解するためには、その民衆が受け継いできた精神の中に、心の中、労働の中、歴史の中、神話の中に入って行かねばなりません。この点が、いわゆる「民衆の」神学の基本にあるのです。つまり、民衆と共に行き、民衆がどのように自己を表現するかを見る、ということです。この区別は大事です。それに、あなたにとっても良いことでしょうね、知識人としてこの神話的カテゴリーというアイデアを発展させることは！　民衆というのは、論理的カテゴリーではなく、神話的カテゴリーなのです。

ヴォルトン　どういうことにおいて、ラテンアメリカでのあなたの経験は、グローバリゼーションがもたらす数々の矛盾をより良く理解することを可能にしているのでしょうか？　この事柄に関して、ラテンアメリカには歴史的、政治的、文化的蓄積があるのでしょうか？　もしもあるとすれば、グローバリゼーションに対して、文化的アイデンティティーの略奪と破壊に対して、どのような眼差しを向けることが可能となるのでしょうか？

教　皇　ラテンアメリカは、「アパレシーダ文書」(39)以降、地球を守らねばならないということを非常に強く意識してきました。アマゾン川は、ブラジル国内だけでなくその流域全体は、人類がもつ二つの肺の一つです。もう一つの肺はコンゴ川です。二つの川はいま悲鳴をあげています。鉱山も、ヒ素やシアン化物の垂れ流しで、危険です。これらすべてが水を汚染しています。非常に深刻に思えるものがあります……わたしはここで毎週水曜日に、珍しい病気にかかっている子どもたちと会います。でも、この珍しい病気はどこからくるのでしょうか？　核廃棄物、バッテリー廃棄物……電磁波のことも言われています。

わたしたちが告発しなければならない非常に深刻な問題があります、それは、わたしが回勅『ラウダート・シ』で言おうとしたことで、金銭という神がもたらす結果です。わたしは化学を勉強しました。当時わたしたちは、トウモロコシは四年栽培できるが、それ以上はだめだと教えられていました。四年でやめて、その後は二年間、牛に食べさせる牧草を栽培し、土に「窒素を与える」のだと。それからまた三年か四年トウモロコシを。そういう具合です。ところが今は、どこもかしこも大豆ばかり植えています、土地が死んでしまうまで。深刻なことです。ラテンアメリカはこのことを自覚しつつありますが、巨大アグリビジネスを相手に立ち向かうだけの力がありません。市民たちが文化的に搾取されることに対して抵抗する力さえないのです。

わたしは自分の出身地のことを考えています。アルゼンチンでは、どれほど多くの人たちが、土地・祖国・民衆に対する感覚を失っていることでしょう。彼らはグローバル化する世界の中でイデオロギーに染められているのです。

それはそうと、ずいぶんといろいろな話題を取り上げたようですね。

教会は民衆の中に入って行かなければなりません、民衆と共に行かなければなりません、民衆を、そしてその民衆の文化を成長させなければなりません。民衆はこれこれのやり方で典礼をすることができなければなりません……そこに、インカルチュレーション[40]という第二バチカン公会議の大いなる寄与があります。[41] この方向に向かって進み続けなければいけません。わたしは先日チアパス州［メキシコ南東部にある州］のサン・クリストバル・デ・ラス・カサスにいました。そのときの先住民の典礼は、実に堂々と、見事に行われていました……彼らは典礼を感じ取っていました……それは見事で……しかもカトリック的でした。

ヴォルトン　ラテンアメリカからいらっしゃったあなたは、ヨーロッパをどのように見ておいでですか？　両大陸のあいだには多くの絆があります、両側に五億の人々、ラテン語に由来する諸言語、文化的・政治的絆が。政治的なものと同時に精神的なものをつくりあげる場としてのヨーロッパの強さと弱さを、あなたはどのように見ておいでですか？

教皇　あなたはわたしがストラスブールで言ったことをご存じですか［フランス語］？

ヴォルトン　ええ。

教皇　ヨーロッパは「おばあさん」になってしまったとわたしは思います。お母さんであるヨーロッパをわたしは見たいのですがね。出生率に関しては、フランスは先進国の中でもトップで、二％以上でしたね。でもイタリアは〇・五％［原文のまま］ぐらいで、もっとずっと低いです。スペインも同様です。[42] ヨーロッパは自己の文化、伝統に対する感覚を失っているのかもしれません。考えてもみましょう、ヨーロッパはわたしたちにかくも偉大な文化的な富を与えてくれた唯一の大陸です、そのことをわたしは強調したいです。ヨーロッパはそのルーツに戻ることによって、自己を再発見すべきです。そして、恐れないこと。お母さんであるヨーロッパになることを恐れないこと。わたしはそのことをカール大帝賞の席で言うつもりです。[43]

ヴォルトン　ヨーロッパについて、あなたの主な懸念と主な希望は？

教　皇　もうシューマン[44]はいません、アデナウアー[45]もいません……

ヴォルトン　（笑い）でも、あなたがいるじゃありませんか。それに他にも……

教　皇　ヨーロッパは、いま、恐れています。閉じて、閉じて、閉じて……

ヴォルトン　国境というテーマは、あなたにとっていつも非常に重要なテーマですね。なぜあのように絶えず教会に対して国境から外に出向いて行くように、あるいは教会は国境に行くように要求されるのですか？

教　皇　国境？　わたしは周辺のことは何度も言いましたが、でもそれは国境と同じではありません。周辺は地理的なものであり、実存的なものでもあり、人間的なものでもあり得ます。それにわたしたち自身の内なる周辺は、中心よりももっとよく、わたしたちに現実を見させてくれます。中心に行くためにはフィルターを通って行かなければなりませんが、周辺では現実が見えますからね。

ヴォルトン　遠くにいる方がよく見えるということですね。

教　皇　でも、わたしは国境のことはそんなに話してはいませんよ。

ヴォルトン　でもあなたは「教会は国境から外に出向いて行くべきだ」と言っておられますよ。

教　皇　いや、違います。そこでわたしが言っているのは橋のことです。橋をつくること。

ヴォルトン　ええ、橋のことを言われていますが、それは国境をまたぐ橋のことですね。

教　皇　橋をつくること、壁ではありません、壁は倒れます。そういう考えです。

ヴォルトン　「周辺」ということですが、その考えはまだ十分に説明されているようには思えません。この三〇年間で、国境がまたつくられてきたため、周辺の問題が軽んじられるようになりました。周辺が重視されるようになれば、国境という強迫観念、しばしば他者に対する憎しみを伴うあの強迫観念を相対化できるのでしょうが……

教　皇　でも国境と周辺は対立するものではありません。周辺は、反対に、中心と対立します。ヨーロッパは、マゼランが「南」に到達したとき、よりはっきりと自己を見ることができました。ヨーロッパはもはや、パリやマドリードやリスボンという中心だけから自己を見ることは、しなくなったのです。「実存的周辺」も存在します、たとえば社会の、あるいは個人レベルでの。わたしが好んで引用する言葉は、「現実は中心からよりも周辺からの方がよくわかる」です。まず、中心は閉ざされているからで、それに対して周辺ではあなたは他の人々と共にいます。次に、周辺に行くというのは、福音が命じることです。使徒たちはエルサレムから世界中に行きました。そこにとどまってインテリたちの教会をつくったりはしませんでした。使徒ヨハネが告発した最初の異端はグノーシス派、民衆の方には行かないエリートです。

ヴォルトン　いつくしみの年（二〇一六年）[46]の扉を開けたときあなたは言いましたね、「開けなくてはいけません、イエスが中にいて、外に出たがっているからです」と。

教　皇　ええ。

ヴォルトン　戦争のとき、司令部は決定を下すために、しばしば前線から離れたところにいます。前線にいると何も見えないからです。それと同じ考えです。それに今日、情報のグローバル化によって、同じ問題が生じています。ジャーナリストはすべてを「生《なま》で」扱おうとします、その方が現実に、真実に「近づける」と思うからです。しかし、近づきすぎると、もう距離がまったくなくなってしまいます。第一次湾岸戦争についてわたしが一九九〇年に書いた『ウォー・ゲーム』*War Game* という本の中で、生のグローバル情報の出現を指摘し、こう述べました、「気をつけねばならない。生のグローバル情報は危険にもなり得る」。今日ではすべてが「生で」扱われます。だからといって、より良く理解できるわけではありません。より真実なるものはもはやないのです、もはやなんのフィルターもありませんから……

教　皇　さっきの国境のことも、同じように現実の問題となっています。だからこそ、わたしは繰り返し言っているのです、国境があるのはよしとしよう、しかし橋もなければならないと。国境が壁にならないように。

ヴォルトン　二〇世紀において、教会が失敗した橋はなんですか、つくるのに成功した橋はなんですか？

教　皇　教会はたくさんの橋を架けてきたとわたしは思います、たくさんの橋を。しかし、最初の数世紀は、いつも成功したわけではありません……わたしは、五世紀前の、宗教改革の時代のことを考えています。教会は改革者たちとのあいだに橋を架けることができませんでした、政治状況がとても、とても複雑だったからです。メンタリティーの問題もありました、まだ成熟していなかったのです。«Cujus regio, ejus religio»[47]、「君主がそうなら、宗教もそうなる」というのは成熟したメンタリティーではありません。さらに時間をさかのぼって、十字軍の時代に行ってみましょう。イスラム教徒とどう付き合ったらよいかを最初に理解したのは誰でしょう？　アッシジのフランシスコ、彼はイスラムの君主のところに話しに行きました。しかし、戦争をするというのが当時のメンタリティーでした……ここに、わたしの考えでは、非常に重要な問いがあります。ある時代は、その時代の中に身を置いて解釈するべきだということです。時代的背景を無視してはいけません。

ヴォルトン　ええ、それは確かです。

教　皇　今の時代を基準にして過去を解釈してはならないのです。

ヴォルトン　認識論的にも、それが「歴史」の定義です。さもないと、時代錯誤の過ちを犯してしまいます。ところが残念なことに、いつの時代でもそれをするのです、時代錯誤という過ちを……それはともかく、アッシジでの「世界宗教者平和のための祈りの集い」[48]について話したいと思います。この集いはどのような進歩をもたらしたとお考えですか？　二〇一六年九月の集いで、あなたは三つの強烈な言葉を言われましたね、「第三次世界断片的戦争」に再び言及し、「いかなる戦争も聖戦では決してない」、そして「戦争の神は存在しない」と。三〇年たったいま、アッシジをどう評価できるでしょうか？

教　皇　わたしは、アッシジは平和のシンボルだと思います。すべての宗教の指導者たちがこのようにして集まることは、すべての宗教が平和と兄弟愛を望んでいることの証しです。神の名において戦争するのは正しいことではありません。ただ一つ正しいこと、それは平和です。

ヴォルトン　アッシジの集いは、三〇年間で少しは平和のために貢献することができたと思いますか？

教　皇　はい、そう思います。具体的な形での平和という点では、いいえかもしれません、わたしたちはいま戦争状態にあるのですから。しかし、こんな戦争は正しくないと考えるようになったという点では、はいと言えるでしょう。今日でもなお、わたしたちは「正しい戦争」ということについてよく考えねばなりません。自らを守るためには戦争をすることができるし、それを正しいと見なすことができる、とわたしたちは政治哲学で学びました。しかし、「正しい戦争」と言うことができるでしょうか？　それともむしろ「防衛戦争」でしょうか？　なぜなら、ただ一つ正しいこと、それは平和ですから。

ヴォルトン　つまりそれは、「正しい戦争」という言葉を使うことはできない、という意味でしょうか？

教　皇　わたしはその言葉を使いたくありません。「わたしが戦争をするのは、それ以外に自分を守る手段がないからだ」と言う人がいます。しかし、どんな戦争も正しくありません。ただ一つ正しいこと、それは平和です。

ヴォルトン　ええ、根本的には。

教　皇　なぜなら、戦争だと、人はすべてを失います。ところが平和なら、すべてを得るからです。

ヴォルトン　とはいっても、ときとして、平和によって得られるものがないことも、でも……お考えは理解できます。解釈学的見地からは、二つを分けることは重要です。

教会が自由に使える「センサー」の豊富さ・多様性と、教会がそれをどうしているかということのあいだに、ずれはありますか？　信者たち、司祭たち、さまざまな修道会や団体などは、政治的争点をとらえるための、多様かつ高性能な「センサー」をなしています。世界を探知することの多様な認識システムを教会が常に使っているかどうかは定かではありませんが……

教　皇　心すべきことが二つ。何よりもまず、そばに寄り添うこと。教会の指導者たち――と呼んでおきますが――指導者たちが民衆の近くにいなければ、民衆を理解できませんし、良いことをしていないのです。二つ目は、世俗化に注意。わたしが司祭であれ、司教であれ、一般信徒であれ、カトリックであれ、もしもわたしが世俗化したら、人々はわたしから離れて行くでしょう……神の民は鼻がきくのです！

ヴォルトン　ええ、でも民衆は皆、勘がいいものです。わたしはよくこう書きます、「民衆は皆、頭がいい、とてもいい、たとえ読み書きができなくとも」。頭の良さは教養とか学位とかとまったく関係ありませんから。

教　皇　民衆は現実を理解する力をもっています。

ヴォルトン　もちろんです、彼らがそれを表現する言葉をもっているわけでは必ずしもありませんが、彼らは見て感じるのです。

教　皇　なぜなら、「民衆」という言葉は、すでに言ったと思いますが、論理的コンセプトではなく、神話的コンセプトなのです。神秘的ではなく、神話的な。

ヴォルトン　ええ、同じではありません！　でも、なぜ「神秘的ではなく、神話的な」とはっきり区別されるのですか？

教　皇　なぜなら、いつかわたしが神話的と言ったとき、『オッセルヴァトーレ・ロマーノ』[49]が、意図的にではなかったのですが、間違って翻訳して、「神秘的民衆」としてしまったのですよ……。

ヴォルトン　（笑い）ああ、それは知りませんでした！　きっと思ったのでしょう、「頭が変だよ、教皇様は！」って。

教　皇　なぜだかわかりますか？　神話的民衆とはどういう意味か、理解できなかったからですよ。だから思ったのです、「いや、教皇様は間違えたのだ、《神秘的》としておこう」ってね！

ヴォルトン　今日のグローバリゼーションの中で、カトリック教会の最大の力はなんですか？　その切り札となるものは、その強さは、弱さは？

教　皇　弱さは、わたしの考えでは、識別せずに現代化しようとすることです。広く全体にいきわたっていることですが、多くのことがそこにはっきりと現れています。もう一つの弱さは、わたしたちに関わることですが、硬直した聖職者中心主義です。硬直です。若いけれど硬直した司祭がいます。福音が怖くて、教会法を優先するような。でも、そんなのはカリカチュアですよ、まさしく……表現にも硬直したものがあります、主はわたしたちに大きな喜び、大きな希望への道を切り拓いてくださったのに！　そう、これがわたしが知っている二つの弱さ、聖職者中心主義と硬直です。だからわたしはよく言うのです、――すみません、わたし自身が言ったことを引用しますが――司祭は「山羊の匂いがする羊飼い(50)」でなければならないと。あなたが牧者であるとしたら、それは人々に仕えるためです。自分の姿を鏡に映して見るためではありません。

真の豊かさ、それは弱さです。小さな人たち、貧しい人たち、病気の人たち、最底辺にいて、精神的にも弱っている人たち……、娼婦たち、でもイエスを探し求めていて、イエスが触れてくれるのを待っている人たち。わたしがアフリカに行ったとき、一六人の娼婦たちがいました、彼女たちが人身売買から抜け出すのを助けているシスターたちのグループと一緒に働いていたのです。教会の豊かさはそこに、罪人《つみびと》のところにあります。なぜでしょうか？　なぜなら、あなたが自分を罪人《つみびと》だと感じ、赦しを求めるとき、そうすることによって、あなたは橋を架けるからです。そして橋ができる！　小さなこと、単純なこと、それこそが豊かさです。それがわたしを力づけてくれます。これはわたしが経験したことです。

わたしたちの信仰、わたしたちの豊かさの二本柱は真福八端《しんぷくはったん》[51]とマタイ[52]です、わたしたちが何をもって裁かれるかがそこに示されています。わたしたちの豊かさはそこにあります。そこにわたしたちは豊かさを探し求めねばならないのです。でも、あなたに言われるでしょうね、この教皇は単純化しすぎると！（笑い）でも、ありがたいことに……

ヴォルトン　単刀直入にうかがいますが、それがあなたの最大の喜びということでしょうか？

教　皇　わたしは主と平和を保っています。喜びなら、いっぱいあります。司祭たちが問題に直面してわたしのところに助けを求めてやってくるとき、わたしは息子を迎える父親の喜びを感じます。ミサを捧げるのも喜びです。わたしは自分が司祭であると感じます、今まで一度も、ここで、この鳥かごの中で終わるなんて思ったことは一度もありませんよ！（笑い）

ヴォルトン（笑い）そのユーモアをどうかもち続けてください。ユーモアは知性のショートサーキットですから。皆が理解できます、皆が。

教　皇　さらにこうも言えるでしょうね。ユーモアのセンスは、人間的な観点からすれば、神の恩恵に最も近いものだと。

二〇一五年九月二五日、ニュー・ヨーク、国連総会での演説(53)

（…）教皇が国連を訪問するのは今回で五回目となります。（…）わたしは、前任者たちと同様、カトリック教会がこの国連という機構を重視していること、その活動に期待していることを改めて表明いたします。

（…）国連の仕事は、国連憲章前文と最初の数条にうたわれている基本理念に基づくもので、法の優位性を促進・発展させることと見ることができるでしょう。なぜなら、正義は普遍的兄弟愛という理念を追求する上で不可欠なものだからです。（…）その人のものとなるべきものをその人に与えること、これが正義の古典的定義ですが、これはつまり、いかなる個人も集団も、自らを絶対権力の所有者と見なし他者や社会的集団の尊厳や権利を無視することは許されない、ということを意味します。（…）

何よりもまず、「環境権」というものが実際に存在するのだと断言する必要があります。なぜなら、第一に、わたしたち人間は環境の一部だからです。（…）第二に、個々の被造物は、（…）それ自身が、存在・生命・美・他の被造物との相互依存性といった価値をもっているからです。（…）すべての宗教にとって、環境は基本的善なのです。

環境の濫用・破壊と共に、容赦なき排除が推し進められています。実際に、権力や物的安楽への利己的で際限のない渇望が、利用可能な物的資源の濫用につながり、また弱い人たち――人とは異なった能力を与えられている（障害がある）とか、しかるべき知識や技術的手段を身につける機会を奪われているとか、政治的決定能力を十分にもたないとかいった理由で弱い立場に置かれている人たち――の排除につながるのです。経済的・社会的な排除は、普遍的兄弟愛の全面的否定であり、人権と環境に対する重大な侵害です。こうした侵害のために最も苦しんでいるのは、最も貧しい人たちです。この人たちは、社会の隅に追いやられ、残りもので生きることを強いられ、環境濫用がもたらした結果を不当にも耐え忍ばねばならないという三重の苦しみをなめさせられているのです。こうした現象は今日「使い捨て文化」となってますます広がり、知らぬまに強まっているのです。

（…）世界はすべての国に対して、自然環境の保護と改善、そして社会的・経済的排除という現象を早急に克服するための、実効力を伴った決意と速やかな措置を求めています。排除という現象は、人身売買、臓器売買、子どもに対する性的虐待、売春を含む奴隷労働、麻薬取引、武器取引、テロ、国際的組織犯罪など、悲惨な結果をもたらしているのです。こうした状況は広がる一方で、犠牲となる罪もない人々の数はなんと多いことでしょう。だからわたしたちは、口先だけの宣言でもって良心の痛みを和らげようとする誘惑に陥ってはならないのです。わたしたちは監視を怠ってはなりません、わたしたちは、諸機関がこれらすべての災いに対して実際に効果的に戦っているかどうか、見守る必要があるのです。（…）

（…）同時に、各国の指導者は、すべての人が自己の尊厳を保つための最低限の物質的・精神的条件を満たすことができるよう、可能な限り努めねばなりません。（…）その必要最低限のものとは、物的には家・仕事・土地の三つ、精神的には信教の自由を含む思想信条の自由、教育を受ける権利と他のすべての公民権です。（…）

（…）すべての人が共に暮らす家は、普遍的兄弟愛の正しい理解と、一人ひとりの命がもつ聖性に対する敬意を土台として、建てられ続けなければなりません。（…）すべての人が共に暮らすこの家は、被造物である自然にはそれなりの聖性があるということの理解の上に築かれなければなりません。こうした理解と敬意が要求するのは、より高次の知恵、超越的なものを受け入れる知恵です、（…）個人の命、集団の命がもつ全き意味は、他者に献身的に仕えるとき、共通善のために被造物を賢明かつ敬意をもって用いるときにこそ明らかとなることを理解する知恵が必要なのです。パウロ六世はこう言っていました、「現代文明の殿堂は、精神的原理の上に築かれねばなりません。精神的原理だけがこの殿堂を支えるだけでなく光で照らすことができるのです(54)」。

（…）国際連合がそのすべての活動を通じて行ってきた、国際的な法秩序構築への努力は称賛されるべきもので（…）、将来世代の幸福で確実な未来の保証となり得るでしょう。もしも各国の代表が、党派やイデオロギーの利益を脇に置き、共通善への奉仕に真摯に取り組むなら、それは実現するでしょう。そうなりますようにと、全能の神に祈ります。わたしも支えと祈りをお約束します。

（…）

二〇一六年二月一二日、キューバ、ハバナ、ホセ＝マルティ国際空港にて、キリル・モスクワおよび全ロシア総主教との共同声明

1　神のご意志により、わたしたちローマ教皇フランシスコとモスクワおよび全ロシア総主教キリルは、今日、ハバナで出会うことができました。わたしたちは、歴史上初めてこうして出会うことができたことを、栄光ある三位一体の神に感謝いたします。（…）

5　（…）カトリック教会と正教会は、ほとんど千年にも及ぶあいだ、聖体祭儀における交わりを奪われてきました。わたしたちは、遠い過去あるいは近い過去の争いによる傷ゆえに、先祖たちから引き継いだ対立による傷ゆえに、分裂していました。（…）わたしたちは、人間の弱さと罪の結果、一致を失ったことを残念に思っています。（…）

7　わたしたちは、これまで受け継いできた対立を克服するために必要なことすべてに取り組むことを決意し、力を合わせてキリストの福音を証しし（…）、共に現代世界の挑戦に応えることを望むものです。（…）

8　わたしたちの眼差しは、キリスト者が迫害されている世界の諸地域に向けられています。（…）多くの国でキリストにおけるわたしたちの兄弟姉妹が、家族全体で、村や町全体で、皆殺しにされています。シリアで、イラクで、中近東の他の国々で、（…）使徒の時代からその地で

他の宗教を信じる人たちと共に生きてきたキリスト者たちが、集団で脱出せざるを得ない状況に追い込まれていることに、わたしたちは心を痛めています。

9　中近東で続いているキリスト者排斥をやめさせるため速やかに行動するよう、わたしたちは国際社会に訴えます。（…）わたしたちは、内戦・混乱・テロリストの暴力の犠牲となっている他の宗教的伝統に属する信者の方々の苦しみに対しても、同情の念を禁じ得ません。（…）

12　わたしたちは、自分の命を賭けて福音の真理を証しし、キリストを否むより死を選んだ殉教者たちの前にぬかずきます。（…）

13　憂慮すべきこの時代に、宗教間対話は不可欠です。（…）現在の状況下において、宗教的指導者たちは、他の宗教的伝統に属する人々の信条に敬意を払うよう、自分の信者たちを教育する特別の責任を負っています。宗教をスローガンに掲げて犯罪行為を正当化するようなことは、絶対に容認できません。神の名を借りて罪を犯すなど、いかなる場合にも決して許されないことです。（…）

15　（…）わたしたちは懸念しています、多くの国々でキリスト者が宗教的自由を制約されているという状況を。（…）キリスト者の権利が制限されているだけでなく差別を受けているという現状を。ある種の政治勢力が、過激な政教分離主義のイデオロギーに扇動され、キリスト者を公生活の枠外に追いやろうとしているのです。

16　ヨーロッパ統合の歩みは（…）、平和と安全を保証するものとして、多くの人たちから希望をもって受け入れられてきました。しかしながら、それが宗教的アイデンティティーを尊重しないような統合にならぬよう、警戒すべきです。わたしたちは、他の宗教がわたしたちの文明に貢献してくれることを歓迎するものですが、ヨーロッパはそのキリスト教的ルーツに忠実であるべきだと確信しています。（…）

17 （…）わたしたちは、豊かな国々の門をたたいている何百万という移住者・難民たちの運命に無関心でいることはできません。（…）

19 家庭は本来的に人間の生活の中心、社会の中心をなすものです。（…）正教会とカトリック教会は、家庭に対する同じコンセプトを共有するものとして、家庭は聖性への道であることを証しするよう招かれています。（…）

21 わたしたちは、生命という侵すことのできない権利を尊重するよう、一人ひとりに呼びかけます。何百万もの子どもたちが、この世に生まれてくる可能性さえ奪われています。（…）いわゆる安楽死の広がりによって、高齢者や病気・障害をもつ人たちは、自分が家族や社会全体の重荷になっていると感じ始めています。（…）

24 正教会とカトリック教会は（…）キリストの福音を宣べ伝える使命によっても結ばれています。この使命は（…）、いかなる形であれ、信者獲得を目的とするものではありません。わたしたちは競争相手ではなく兄弟なのです。そして、このように考えるところから、お互いに対する、また外の世界に対するすべての行動が生じてくるのでなければなりません。（…）

28 （…）この困難な時代に真理の霊を共に証しするわたしたちの力に、人類の未来は大きく依存しています。（…）

30 この出会いを通じて示された相互理解の賜物に深く感謝しつつ、わたしたちはいとも聖なる神の御母に心を向けたいと思います。（…）幸いなるおとめマリアが、その執り成しによって、御母を敬う者たちの兄弟愛を強め、神の導きにより、定められたとき、神の一つの民としての平和と一致のうちに、至聖にして分かつことなき三位一体の栄光にあずかることができますように！

ローマ司教・カトリック教会教皇　フランシスコ
モスクワおよび全ロシア総主教　キリル

注

（1）［原注］サンタ・マルタ館――この現代的な建物は、ヨハネ・パウロ二世教皇の時代にサン・ピエトロ大聖堂に隣接する場所に建てられたもので（一九九六年完成）、コンクラーヴェの際に枢機卿たちの宿舎として使われている。教皇に選出された後、フランシスコ教皇は、他の聖職者たちとともにいる方がくつろげるし孤独にもならないと言って、「とりあえず」ここに住み続けることに決めた。

（2）［訳注］聴罪司祭――告解《こっかい》（罪の告白）を聴く司祭のこと。カトリック教会は「少なくとも年に一度は必ず」告白する（罪を告白してゆるしの秘跡を受ける）よう定めており、教皇も例外ではない。なお教会は、年に一度ではなく、もっと頻繁に告解するよう勧めている。

（3）［訳注］この対話では、フランス語で質問するヴォルトンに対し、フランシスコ教皇は基本的にはイタリア語で答えているが、時々フランス語でヴォルトンに話しかけている。原書では、教皇がフランス語を使っている部分をイタリック体にし、最後にアステリスク「＊」をつけることで区別している。しかし、日本語ではイタリック体もアステリスクも見づらいので、本書ではフランス語の部分に傍線を施し、その最後に小さく［フランス語］と加えることで区別することにした。

（4）［訳注］イエス自身も移住者、難民でした――ヘロデがイエスを殺そうとしていると夢で天使から知らされたヨセフは、マリアとイエスを連れてエジプトに逃れた。マタイ2章参照。

（5）［訳注］「人」――フランス語 homme、スペイン語 hombre、イタリア語 uome、英語 man など、ヨーロッパの言語は「人間」が同時に「男」をも意味することがよくあるので、このように断っている。

（6）［訳注］アリアドネーの糸――ギリシア神話。クレタの王女アリアドネーは、迷宮に住む牛頭人身の怪物ミノタウロスを退治にきたテーセウスに恋し、迷宮から脱出するための方法として糸玉を彼に渡した。怪物退治に成功したテーセウスは、糸玉の糸をたぐり、迷宮から無事に脱出することができた。

（7）［原注］二〇一六年三月一八日、EU・トルコ協定［EUへ押し寄せる非正規移住者・難民を抑制するため、ギリシアへ流入した不法移住者をすべてトルコへ送還することを定めた協定］。協定では、二〇一六年三月二〇日以降にギリシアに不法入国し、難民申請をしなかったり申請を受け入れられなかったりした人々をトルコに送還する旨が記されている。

（8）［原注］ピオ十一世（一八五七～一九三九、教皇在位一九二二～一九三九）は、今日ではやや忘れられた存在である。しかし、彼は混乱が激しかった時代に重要な役割を果たした。彼は教皇領放棄に関するラテラノ条約に署名した（一九二九）。一九一八年に誕生した国々とも政教条約を結んだ。一九二六年にアクション・フランセーズ［反ユダヤ主義を掲げたフランスの国粋主義団体］を断罪、一九三一年にファシズムを、一九三七年にナチズム、ボルシェヴィズム［ソ連共産主義］を断罪した。一九三八年には平和を求める公式アピールを発表した。さらに、彼はカトリック・アクション（一般信徒による使徒職）、宣教活動を推進した教皇でもある。

（9）［原注］二〇一六年二月一七日、メキシコからローマに戻る飛行機内での記者会見。
（10）［訳注］synthèse ―― ジンテーゼ、総合。ヘーゲルの弁証法で、テーゼ thèse「正」、アンチテーゼ antithèse「反」、ジンテーゼ synthèse「合」のうちの、「合」のこと。
（11）［原注］多面体とは、多くの面をもつ立体で、それぞれの面が交わるところが稜をなし、稜が交わるところが頂点をなすものである。「わたしは、多くの異なる面をもつ幾何学形である多面体のイメージが好きです。多面体は、ありとあらゆる多様なものの統合を映し出すもので、しかもこれら多様なものすべてが、多面体の中で、それぞれのオリジナリティーを保っているのです。何も切り離されず、何も壊されず、何も何かを支配することなく、すべてが統合されているのです……」と教皇は二〇一四年一〇月二八日の演説で説明している。
（12）［訳注］エキュメニカル（フランス語 œcuménique、英語 ecumenical）――「エキュメニズム」（キリスト教の一致を目指す運動、フランス語 œcuménisme、英語 ecumenism）の形容詞形。
（13）［原注］ロマーノ・グァルディーニ Romano Guardini（一八八五～一九六八）、カトリック司祭、哲学者、神学者。
（14）［訳注］*Der Gegensatz* ―― 邦訳はないようだ。なおこの本の題名 Der Gegensatz は、普通は「対置、対比、対照、対立、反対」などの意味だが、哲学・論理学用語としては「対当関係」のこと。
　なお原注には仏訳書の題名、訳者、出版社、出版年が記されているが、日本の読者には関係ないことなので省略した。ただし、仏訳書の題名については次の訳注を参照されたい。
（15）［訳注］*La Contraposision* ―― 実はフランス語（英語でも同じ綴り）で、つまりフランスの読者に向けたものである。contraposition は論理学の用語で「対偶、対偶の法則」のこと。なお、Gegensatz にあたるフランス語は opposition（英語でも同じ綴り）、イタリア語では opposizione。参考までに付け加えておくと、*Der Gegensatz* の仏訳書は *La polarité. Essai d'une philosophie du vivant concret*（『極性 ―― 具体的生の哲学に関する試論』とでも訳すか）と題されている。
（16）［訳注］エーリヒ・プシュヴァーラ Erich Przywara（一八八九～一九七二）、イエズス会司祭、哲学者、神学者。
(17)［訳注］仕える教会――教会は、イエス・キリストにならい、仕えられるのではなく仕える者とならなければならない、ということ。マタイ20・25―28、マルコ10・42―45参照。
(18)［原注］シモン・ペレス Shimon Peres――イスラエルの政治家、一九二三年八月二日に生まれ、二〇一六年九月二八日に死去。
(19)［原注］一九三五年に生まれたマフムード・アッバース Mahmoud Abbas は、二〇〇五年からパレスチナの大統領。
(20)［訳注］四つの宗教・宗派――キリスト教の二つの宗派（ローマ・カトリック教会＝フランシスコ教皇と東方正教会＝ヴァルソロメオス一世総主教）、それにユダヤ教（シモン・ペレス）とイスラム教（マフムード・アッバース）。
(21)［訳注］**Pontifex**（ポンティフェクス）――ラテン語で「橋をつくる人」の意味。古代ローマの神官を示す言葉だったが、カトリック教会関係の用語としては司祭、とくに高位聖職者のことをいう。ユダヤ教の大祭司の意味でも使われる。
(22)［原注］二〇一四年七月二六日、イタリア、カゼルタ司牧訪問。――［訳注］フランシスコ教皇は、実際には、七月二六日の司牧訪問の二日後、七月二八日に非公式に再びカゼルタに赴き、ペンテコステ派教会を初めて訪問して、過去にカトリック信者がペンテコステ派を迫害したことについてゆるしを求めた。福音派のリーダーたちは感謝をもってこれを歓迎した。
(23)［訳注］ペンテコステ派――二〇世紀初頭にアメリカのプロテスタント教会内部で生まれた、聖霊の働きを重視する運動だが、セクト集団的な性格が強く、諸教会からは受け入れられなかった。二〇世紀半ば、同じくアメリカのプロテスタント教会内部で新たなペンテコステ運動が起こるが、こちらはより穏健で、教会にとどまり、エキュメニズム（教会一致）を目指した。一九七〇年代になると、この流れはプロテスタント諸教会だけでなく、アメリカさらにはヨーロッパのカトリック教会にもカリスマ運動・霊的刷新運動として広がっていき、パウロ六世以降の教皇たちもこの運動を好意的に評価している。

（24）［訳注］ヴァルド派（ワルド派とも）――一二世紀後半、フランスのリヨンLyonでピエール・ヴァルデス（ヴァルドとも、Pierre Valdès ou Valdo）が福音的清貧に戻れと唱え組織したグループ「リヨンの貧者たち」が起源。教会はこれを異端として断罪したが、イタリアでは独自の教会をつくり、一六世紀、宗教改革のとき、その精神が近かったプロテスタント教会に合流する。度重なる弾圧にもかかわらず、ヴァルド派の教会は今日まで続き、イタリアのプロテスタントの多数派を占めている。

（25）［原注］フランス司教協議会常任委員会「変わりつつある世界において、政治的なるものの意味を再発見する」*Dans un monde qui change, retrouver le sens du politique*、二〇一六年。

（26）［訳注］政教分離laïcité《ライシテ》――そもそもは「非宗教性、世俗性」を意味する言葉。「政教分離」は、一八世紀啓蒙主義の時代以来、とくに一七八九年のフランス革命以降、フランス共和主義の政治的伝統となっている。それは、単に政治と宗教を切り離すというのではなく、政治や公的な場から宗教をすべて排除しようとする先鋭的な思想であるのが特徴で、そのことは、これ以降の教皇とヴォルトンとの対話からも感じ取れるだろう。

（27）［訳注］マタイ22・15－22、マルコ12・13－17、ルカ20・20－26参照。

（28）［訳注］キッパ――ユダヤ教徒の男性がかぶる帽子。

（29）［訳注］カロット――頭にぴったりした縁のない小さな帽子で、司教は紫、枢機卿は赤、教皇は白のカロットをかぶっている。

（30）［訳注］政教分離に関するカトリック教会の姿勢については、第二バチカン公会議文書「現代世界憲章」*Gaudium et spes*の第四章「政治共同体の生活」（73～76）参照。76「政治共同体と教会」では、「教会の任務と権限から考えて、教会と政治共同体とは決して混同されるべきではなく、教会はいかなる政治体制にも結びついてはならない。（…）政治共同体と教会はそれぞれの分野において互いに独立し、自律している」と述べている。

（31）［訳注］バンギ――中央アフリカ共和国の首都。

（32）［訳注］パパモビル――ローマ教皇が大勢の信者たちのあいだを巡るために乗る自動車。信者たちから教皇の姿がよく見えるように設計されている。

(33)［原注］メキシコ訪問最終日、二〇一六年二月一七日水曜日。チワワ州、ファアレス、コレヒオ・デ・バチリェーレスでの、労働界との会見にて。なお、この部分の対話は二〇一七年二月二五日に行われたものである。——［訳注］教皇はこのときのスピーチで以下のように語っている。「あるとき、労働界のリーダーだった老人——とても誠実な人でした——（…）がわたしに言いました、《わたしたちが交渉の席に着かねばならないとき、いつも、わたしにはわかっていました、わたしたち皆が何かを勝ち取るためには、わたしは何かを失わねばならないと》」。

(34)［訳注］フランシスコ教皇『福音の喜び』Ⅲ「信仰伝達のための新しい福音宣教」（14〜18）参照。

(35)［原注］ラテンアメリカ・カリブ司教協議会総会にあたって、ベネディクト十六世がブラジルに使徒的訪問をした際、二〇〇七年五月一三日、ブラジルの守護聖人であるアパレシーダの聖母に捧げられた大聖堂前の広場で行われたミサの説教で述べた言葉。——［訳注］このときのベネディクト十六世の言葉は次のとおり。「教会は信者獲得をしません。教会はむしろ《人を引きつける力によって》発展するのです、キリストがその愛の力によって《ご自分のもとに一人ひとりを引きつけ》たように」。

(36)［原注］*Evangelii gaudium*（二〇一三年一一月二四日）。

(37)［原注］*Laudato si'*（二〇一五年五月二四日）。

(38)［原注］ギュンター・ロドルフォ・クーシュ Günter Rodolfo Kusch（一九二二〜一九七九）、人類学者・哲学者（フランスでは彼の著書は刊行されていない）。

(39)［原注］アパレシーダ文書——この文書のとりまとめにあたったのは当時枢機卿だったベルゴリオ［＝フランシスコ教皇］である。この文書は、ラテンアメリカ教会の活動に与えた影響のゆえに、しばしば引用されている。——［訳注］アパレシーダ文書とは、二〇〇七年五月にブラジル、アパレシーダで開催された第五回ラテンアメリカ・カリブ司教協議会総会の結果をまとめた最終報告書のこと。

(40)［訳注］インカルチュレーション inculturation（英語も同じ綴り）——カトリック教会ではこの言葉を「キリストの福音がそれぞれの文化と融合して開花すること」（教皇ヨハネ・パウロ二世使徒的勧告『家庭　愛といのちのきずな』、カトリック中央協議会、一九八七年、二六ページの注を参照）、あるいは簡略化して「福音の文化内開花」と定義している。

(41)［訳注］第二バチカン公会議文書「現代世界憲章」の第二章「文化の発展」(53〜62) 参照。とくに58「キリストのよい知らせと文化との多様な関係」では次のように述べられている。「(…) あらゆる時代あらゆる地域のすべての民に派遣されている教会は、いかなる人種にも国民にも、いかなる独特な生活様式、新旧のいかなる習慣にも、排他的、不解消的に結びついてはいない。固有の伝承に立脚していると同時に自分の普遍的な使命を自覚している教会は、種々の文化形態と交わることができ、それによって教会自身も種々の文化もともに豊かになるのである」。

(42)［訳注］World Bank によれば (https://data.worldbank.org/indicator/sp.dyn.tfrt.in)、二〇一六年におけるヨーロッパの主な国々の合計特殊出生率は、フランス二・〇、イギリス一・八、ドイツ一・五、イタリア一・四、スペイン一・四とのこと。なお日本は一・四。

(43)［原注］アーヘン国際カール大帝賞は、アーヘン市 (ドイツ) によって一九四九年に創設され、一九五〇年以来、ヨーロッパ統一に貢献した優れた人物に贈られてきた。この賞は二〇一六年五月六日、フランシスコ教皇に贈られた。

(44)［訳注］ロベール・シューマン Robert Schuman (一八八六〜一九六三)、フランスの政治家、首相・外相。独仏和解、ヨーロッパ和解を提唱し、欧州統合の父の一人とされている。

(45)［訳注］コンラート・アデナウアー Konrad Adenauer (一八七六〜一九六七)、ドイツの政治家、西ドイツ首相。シューマンとともに欧州統合の父の一人とされている。

(46)［訳注］いつくしみの特別聖年。正確には二〇一五年一二月八日から二〇一六年一一月二〇日まで。

(47)［訳注］ラテン語のことわざで、文字通りの意味は「それぞれの地方にはそれぞれの宗教」ということだが、アウクスブルクの和議 (一五五五年) でドイツにおけるルター派 (プロテスタント) 容認の決議がなされた際に決められた原則。領邦君主にカトリック、ルター派の宗教を選ぶことが認められ、領民はその信仰に従うものとした。つまり、「君主がそうなら、宗教もそうなる」＝「君主が選んだ宗教に領民は従え」ということ。

(48)［訳注］一九八六年一〇月二七日、教皇ヨハネ・パウロ二世の呼びかけによって「世界平和の祈りの集い」

がイタリア・アッシジで開催された。そのとき以来、毎年、諸宗教間の対話や集会が続けられている。
（49）［訳注］*L'Osservatore Romano* ―― 一八六一年創刊、バチカンの公的情報紙。
（50）［訳注］なぜ山羊の匂いがする羊飼いなのか？　正田陽一氏（東京大名誉教授、家畜育種学専門、一九二七～二〇一六）が次のように書いている。

　スペインを旅行した時の思い出です。（…）バスでサラマンカへ向かっている時でした。（…）［何百頭もの羊の］群れの先頭に一人の小さな男の子が、手に長い竿を持って歩いているのに気がつきました。（…）あれだけの大群を幼い少年がたった一人で率いているのが、私には不思議に思えたのですが、翌日訪れた牧場で牧夫がこう説明してくれました。

　「ヒツジは群居性の強い動物で、必ずリーダーの後ろに従って一群になって行動する。その群れにヤギを一頭入れておくと活発なヤギがリーダーになる。だから人間はそのヤギだけをコントロールすれば、どんな大きな群れでも一人で思うままに動かせるのだ」と。スペインだけではなく、中央アジアの遊牧民もモンゴルの農民たちも、ヒツジとヤギのこの性質の差を利用して放牧を行っています。

(http://nakigoe.jp/nakigoe/2003/01/hituji03.html)


　つまり、山羊のように羊の群れ（信者たち）を上手に導くことができる司祭（山羊の匂いがする羊飼い）になりなさい、ということだろう。
（51）［原注］真福八端――「心の貧しい人々は、幸いである、天の国はその人たちのものである。悲しむ人々は、幸いである、その人たちは慰められる。柔和な人々は、幸いである、その人たちは地を受け継ぐ。義に飢え渇く人々は、幸いである、その人たちは満たされる。憐れみ深い人々は、幸いである、その人たちは憐れみを受ける。心の清い人々は、幸いである、その人たちは神を見る。平和を実現する人々は、幸いである、その人たちは神の子と呼ばれる。義のために迫害される人々は、幸いである、天の国はその人たちのものである」（マタイ5・3－10）。
（52）［原注］マタイによる福音書25章。――［訳注］マタイ25章では、一〇人のおとめ（五人の賢いおとめと五人の愚かなおとめ）のたとえ、タラントンのたとえ、最後の審判のことが語られている。

（53）［訳注］このときの演説の全文は『教皇フランシスコ講話集　3』、二一五～二三〇ページに収録されている。ただし、ここで抜粋されている部分は、全面的に訳しなおした。
（54）［訳注］一九六五年一〇月四日、国連創設二〇周年にあたって、パウロ六世、国連での演説。

2

宗教と政治

二〇一六年六月、季候は良くなっている。春が定着し、春の光と心地よさをローマに降り注いでいる。別の雰囲気。同じ場所。フランシスコ教皇が、最初のときとまったく同じ自然さでやってくる。エスコートなし。すぐに仕事に取りかかる。中心となるテーマは宗教の回帰、政教分離、原理主義だ。同じように活発なやりとり、そしてたっぷり時間があるという感じ……すべてが落ち着いている。外に出てサン・ピエトロ広場のざわめきの中に戻ったときと、なんというコントラスト。広場は人と騒音で真っ黒だ。この群衆からわずか数メートルのところで、わたしは静寂の中、穏やかに、信頼して、教皇と仕事をしている。わたしたちは重大な問題を取り上げている。経験と時間のずれとの奇妙なパラドクス。わたしは、教皇とのやりとりで頭がいっぱいになりながら、黙って歩いている。なんという自由。儀礼など何一つない。

ドミニック・ヴォルトン　教会は、今日、グローバル化する世界に対してどのような貢献ができるのでしょう？

＊　＊　＊

フランシスコ教皇　対話によってです。対話なしでは、今日、何も可能とはならないとわたしは思います。ただし、誠実な対話であること、たとえ面と向かって不愉快なことを言わねばならないとしてもです。誠実な。「ええ、同感です」と言っておきながら、その後でこっそり別の話をするような、そんな対話はいけません。

教会は橋をつくることでもって貢献すべきだとわたしは思います。対話は文化と文化のあいだの「大きな橋」です。たとえば昨日、わたしは九三歳になるシモン・ペレスと五〇分間話しました。彼はビジョンをもった人で、わたしたちの対話はここやあそこに橋をつくることに終始しました。わたしは偉大な人物と向き合っていると感じていました、教会は橋を、いくつも橋をつくらねばならないというこの思いを共有できる人だと……

ヴォルトン　教会は、平和のために、世界レベルで、国連以上に何ができるでしょうか？

教　皇　国連が良いことをたくさんしていることは知っています。批判も聞いてます、根本的な批判、自らに対する厳しい批判も。この総会でまもなく次の事務総長が選ばれることになっていますが、[1]「言葉は減らし行動を増やす」べきだという健全な自己批判の動きがあります。なぜなら、教会にとっても国連にとっても危険なのは唯名論[2]だからです。つまり、「これとこれをしなければならない」と口で言うだけで、そのあとは安らかな気分で何もしない、あるいは些細なことしかしない、というような態度です。

ただ、国連と教会とは分けて考える必要があります。国連はもっと権威を、包括的かつ物的な権威をもつべきでしょう。教会がもっているのは精神的権威だけです。教会の精神的権威はそのメンバー、キリスト者による証しにかかっています。もしもキリスト者が証しをしなければ、もしも司祭が利権屋、出世主義者になったら、もしも司教がそんなだったら……あるいは、もしもキリスト者がいつも他人を搾取しようとしたり、「闇で」金を動かしたり、社会正義を無視したり、信者として行動しなかったりしたら。証しすることは国連と教会の両方において必要な行為ですが、とくに教会には必要なことです。国連は決定を下し、良いプランを練り上げ、それを実行しなければなりません。それを発表するだけではなくて。でも、確かに、国連も教会も唯名論の危険に直面しています。プラトンが『ゴルギアス』の中で、情報やソフィストのことを取り上げて、おおよそこんなことを言っています。「ソフィストの弁舌と政治との関係は、化粧と健康との関係に等しい」[3]……プラトンです！

ヴォルトン　グローバル化する世界の中で、神はどこにいるのですか？

教　皇　わたしはグローバリゼーションを多面体と理解していますが、グローバル化する世界の中で、神は至るところに、すべてのものの中にいます。進んで与え、どんなことにも貢献しようとする人それぞれのうちに。それぞれの国に、すべてのうちに。しかし――いまわたしはカトリック者として話すのですが――あなたの質問はカイサレイアの聖バシレイオス(4)に向けられたもので、聖バシレイオスを越えて行くものです。何が教会の一致を保ち、また何が教会を違うものにしているのか？　聖霊です。違い――つまり独自性、かくも偉大で美しい多種多様さ――をつくりだすこの聖霊なる神は、その次に調和をもたらす方でもあります。それで聖バシレイオスは、聖霊は調和だと言っているのです。神はグローバル化する世界に調和をつくりだすのです。

ヴォルトン　外交と福音宣教とを、どのように両立させるのでしょう？

教　皇　福音宣教はイエス・キリストから託された務めで、外交は行動、高貴な仕事です。違うレベルのものです。

ヴォルトン　外交は力の関係で、福音宣教は平等の関係ということですか？

教　皇　いいえ、そういうものかどうか、わたしにはわかりません。なぜなら、外交においては兄弟愛の関係もあるからです。「一緒に何かを探す」ことと共通するところがあります、対話がしばしばあります、よく考え抜かれた外交があります。しかし、福音宣教の方法も間違うことがしばしばあります。

ヴォルトン　教会は不平等よりも暴力の方を厳しく糾弾するという非難がしばしばなされます。場合によってやり方を変えていると。

教　皇　そういうことがあるかもしれません。しかし、わたしに関して言えば、どちらについてもはっきりと強く言っています。

ヴォルトン　しかし、歴史的には、教会は保守政権には好意的で、左翼政権に対しては警戒心を抱いてきました。あるいは進歩派に……

教　皇　どちらの政権も、良いことをしましたし、間違いもしました。しかし、福音においては非常にはっきりしています。わたしたちは神の子であり、自分はまったく正しくない人間だと思っていた者が最も正しい人となった、ということです。最も罪深い者を、イエスは高みに連れて行ってくれます。イエスは最初から平等な状態に戻してくださるのです。

ところで暴力ですが……前の世紀の独裁者たち・独裁体制のことを考えてみましょう。ドイツでは、ヒトラーのことを好意的に見ていたキリスト者たちがいましたし、彼がどういう人間かを知っていたキリスト者たちもいました。ここイタリアでも同様です。独裁体制による暴力……数多くの暴力があります。しかしわたしは、直接的な暴力よりも、白い手袋をはめた暴力の方がもっと怖いと思います。毎日の暴力、たとえば使用人への暴力とか！

ヴォルトン　グローバリゼーションが不平等や一部の人間たちへの富の集中にならないようにするには、どうしたらよいでしょう？

教　皇　今日の世界では、六二人の資産家が、彼らだけで三五億人の貧困者全体と同じだけの富を所有しています。今日の世界には、八億七一〇〇万の飢えに苦しむ人がいます。二億五〇〇〇万の移住者が、行く先もなく、何ももたずにいます。

今日、麻薬取引が三〇〇〇億ドルの金をかき集めています。そして、世界各地のタックス・ヘイブンでは、二兆四〇〇〇億ドルの金が、ここからあそこへと「飛び交っている」とみられています。

ヴォルトン　ずっと前から、教会は野放しの資本主義を糾弾してきました……さまざまな文書や声明が証明しています……なぜそれが世界でもっと聞き入れられないのでしょうか？　人々は知らないのでしょうか、それとも聞きたくない、理解したくないのでしょうか？　この野放しの資本主義の拡大を――しかもグローバリゼーションによってそれが加速される一方であるこの状況を――糾弾するために、何をすることができるのでしょう？

教　皇　労働者たちの運動を考えてみてください。世界中で民衆運動が行われています。この人たちは、ときには労働組合からも排除されたりしています。組合の活動家たちが、支配階級、少なくとも中流階級上層部の出身だったりすることがあるからです。これは自分たちの権利を要求する強力な運動です。しかし、国によっては、ひどい弾圧があったりして、強く主張しすぎると、生命の危険にさらされることもあります。ある民衆運動の女性リーダーの一人は――この人はバチカンで最初に行われた大会に参加していたのですが――中央アメリカで殺されました……

難しいのです、だから、貧しい人々が団結するときは、一緒になって大きな力をもつのです。宗教的な力もです。

ヴォルトン グローバル化によって不平等の度合いが強まっていますが、これが解放の神学の再登場を促すことになると思いますか？

教　皇 一九七〇年代の解放の神学については話したくありません。ラテンアメリカ特有のものだったからです。しかし、正しい本物の神学ならどんな神学にでも、常に解放という次元があるのです。なぜなら、イスラエルの民の記憶はエジプトからの解放に始まっていますから。そうでしょう？ 奴隷状態からの解放ですよね？ 教会の歴史全体が、いや、教会だけでなく、人類全体の歴史が、少数の支配者による圧制に満ち満ちています。

ヴォルトン ええ、でもいまや、グローバリゼーションによって、情報のグローバル化によって、それがもっとあらわになっています。日々、それが見て取れます。こんなことは、歴史が始まって以来のことです。

教　皇 それは、罪の歴史ですね……だからこそわたしたちは、わたしたち皆がもっている罪を犯す能力がどこからきたのか、罪の根っこはどこにあるのか、さかのぼって考えねばならないのです。ただし、ペシミズムに陥らないようにしないと、なぜならイエス・キリストの贖いがありましたからね。キリストはまさに罪に対する勝利です、そこに泉があります、そこに傷がありす、そこに可能性があります。もしもあなたが貧しくて、そしてわたしが金持ちですべてを支配したいと思えば、わたしはあなたを腐敗させ、あなたの腐敗を通じて、わたしはあなたを支配します。

人を腐敗させること、これこそが、力と金をもつ少数の者たちが、多くの人々を意のままにするために使う方法なのです。

ヴォルトン あわれみについて、あなたは素晴らしいことを言っておられますね。「あわれみは心に始まり手に至る旅です(5)」と。

教　皇 ほんとうにそのとおりなのです。あわれみは福音の中心にあるものだとわたしは思います(6)。イエスご自身がわたしたちにどんなことを教えておられるでしょう？「父のようにあわれみ深い者となりなさい」です。しかし、この旅をするためには、同情によって、あわれみによって、人間の惨めさによって、どんな惨めさによってでも、心が感じなければなりません。そうやって、心が感じ、旅が始まるのです。

ヴォルトン あわれみは、どのようにして世界に新たな道を開くことができるのでしょうか、競争と暴力のこの世界に？

教　皇 単純さのレベルで［フランス語］話しましょう。わたしが重要だと思うことは、業《わざ》、行いです。この暴力の世界に、たとえば、たくさんの女性、男性、司祭、シスターたちが、病院や学校で献身的に働いています……とてもたくさんの良い人たちが。この人たちは、社会に対してびんたを食らわせているのですよ。なぜならそれは、「わたしは自分の命を捧げ尽くします」という、証しの一つの形だからです。アフリカの墓地に行くと、そこで死んだ人たちがいたのがわかります、あの宣教者たち、多くはフランス出身の、若くして、四〇歳で死んだ人たち、マラリアにかかったために……あのあふれるように豊かなあわれみは感動的です。そして人々は、この証しを受けたとき、理解して変わるのです。もっと良くなりたいと思うのです……さもなくばそのとき、証しする人を殺します！　憎しみに駆られるからです。証しすることは、そうした危険を伴います。

わたしはあなたに、中央アフリカで見たことを話しましたね？　八三か八四歳のシスターが五歳の女の子を連れて来ていました。わたしは挨拶して聞きました、「どこから来ましたか？」「あそこからです、今朝、カヌーで来ました」。八三か八四歳ですよ！　「毎週買い物をしに来ます。二三歳のときからここにいます（彼女はイタリアのブレシアから来たそうです）。わたしは看護師で、二三〇〇人の子どもを出産させました。この女の子は、かわいそうに、母親が出産のときに死にました。父親もいなかったので、わたしが引き取って養女にしました。この子はわたしのことをママと呼んでいます」。

これこそ、純粋な愛情です。献身です。一生涯ですよ！　あわれみ深い人々の行う業《わざ》です。わたしの場合は、病気の人々を見舞うこと、刑務所を訪問すること、受刑者に社会復帰の希望をもつことができると感じてもらうことで、それが教会の教えです

教会は、言葉でよりも、手ですることを教えているのです。

ヴォルトン　二〇一六年のいつくしみの聖年について、どう総括されますか？

教　皇　総括はしていません。こうわたしが言うのは、ダビデ王のことを考えているからです。そ

れに、主はそのことでダビデ王を罰しました。[7] だからわたしは、その類いのことをするのは怖いのです。でも、客観的なことだけをお話ししましょう。聖年が行われたのがローマだけでなかったのは、素晴らしいことでした。それは教会のシノドス性、[8] 各司教区のシノドス性を際立たせるものでした。地方教会の司教たちは、自分の教区に二つ、三つ、四つの「聖なる扉」を設けることができました。刑務所や病院の中にも設けました……そのようにして、神の民全体がそのダイナミズムの中に入ることができたのです。ローマに来ることができる人たちは、ごくわずかしかいませんからね！　それから、もう一つ別の、特筆すべきことが。いつくしみの特別聖年で最初に開かれた聖なる扉はサン・ピエトロの扉ではなくて、中央アフリカのバンギの扉がそれより五日前に開かれたのです。周辺の……わたしがアフリカへの旅を、ケニア、ウガンダ、中央アフリカ訪問を準備していたとき、ギャラガー大司教[9] がわたしに「アフリカに行かれたことはありますか？」と聞いてきました。「一度もないです」とわたしが言ったら、こう答えたのですよ、「アフリカが大好きになって帰ってこられるでしょうね！」と……

ヴォルトン　確かにそうですね……

教　皇　でも、わたしははっきり頼んでおいたのですよ、「お願いですから、典礼では、六時間もかかるミサは予定しないでくださいよ」と。そうしたら、こう答えが返ってきました、「大丈夫、心配しないでください、四時間を越えることはありませんから」。あちらの人たちにとって、ミサとは日曜いっぱいのお祭りなのです。踊るのです、ただし宗教的に。そこでは、ダンスは神の言葉を伝えるためのものなのです。皆、感極まっていました。とても、とても美しかったです。まさしく宗教的行為でした。それから、聖年を大いに助けてくれたのが「いつくしみの宣教者」たちです。司教や修道会から推薦された司祭たちで、すべての罪を、使徒座[10]だけが赦すことのできる罪[11]も含めて、罪を赦すために、世界中の教区に派遣されたのです。それから、堕胎の罪を赦す権能[12]をすべての司祭に認めました。堕胎は重大です、重大な罪です。罪もない赤ん坊を殺すことです。しかし、罪があるのなら、赦しも与えられるようにする必要があります。そして最後には、わたしはこの措置が永続的なものとなるよう決定しました。そのときから、司祭は皆この罪を赦すことができるようになったのです。

ヴォルトン　あなたの開かれた人道的姿勢は、カトリック教会内部で反対を引き起こしていますね。

教　皇　ある女性は、体が子どものことを記憶していて――それはよくあることですから――泣いていました、何年も前から泣いていましたが、司祭に会いに行く勇気がありませんでした……それが、わたしが言ったことを聞いて……どれだけ多くの人がやっと息をつくことができるようになったか、おわかりでしょう?

ヴォルトン　ええ、堕胎はいつだって悲劇ですから。

教　皇　この人たちが少なくとも主の赦しに出会い、もう二度と罪を犯しませんように、ということです。それから、ルフェーヴル派[13]の問題があります――それにしても、あなたたちフランス人は、この分野に関しては大変独創的ですね。わたしは、ルフェーヴル派のミサに行く人たちのことを考え、ルフェーヴル派の司祭たちにすべての罪を赦す資格を与えました。彼らの罪ではないですよ、彼らはまだわたしたちに釈明していませんからね。そうではなくて、ルフェーヴル派の司祭たちのところに来る人たちの罪です。教会はすべての人に開かれています。そしてこのことでは良いことがたくさんありました。

もう一つ、同じように良かったことは、いつくしみの業《わざ》[14]についてのカテケーシス[15]です。皆、忘れてしまっていましたからね。一つの例をあげましょう。二年前に、使徒職活動をしている団体のメンバーがここに来ました。皆、一般信徒でした。ちょうどわたしがいつくしみの聖年を発表したときでした。それで、この人たちに聞いてみたのです、「皆さんの中で、いつくしみの業を全部覚えている人が何人いますか?」と。六人でした。五〇〇〇人のうち、たった六人しか……

ヴォルトン　それにですよ、その六人に一四の業を言わせたわけでもありませんよね……

教　皇　だからわたしはカテケーシスでしっかり取り上げたのですよ。わたし自身もそれをしに行きました。毎月一度、金曜日に、困難な状況にある人たちに会いに行きました。病気の人たち——終末期にある人とか子どもとか——、深刻な問題を抱えて精神療法を受けている司祭たち、難民たち、移住者たち、売春組織から救い出された娼婦たち。わたしはこの人たちと話しました。司祭職をやめた元司祭たちにも会いに行きましたよ。彼ら脱落司祭［フランス語］は軽蔑の目で見られていますから。この人たちは、あるとき、何かの理由で、続ける力がなくなってしまったと感じ、司祭職免除の特別許可を求めることを選びました。そして、一人の女性と出会い、あるいはそれ以前にその女性と出会っていたのかもしれませんが、それはわかりません。彼らは、教会の許可を得て、家庭をつくり、日曜日には教会に行っています……それでわたしは彼らに会いに行きました。思いついたことは、誰でも皆ということです。わたしの頭に浮かんだのは、福音書の中の、王が婚宴を催したのに、招かれた人々は来ようとしなかったという一節です(16)。王は僕《しもべ》になんと言ったでしょう？ 「大通りや路地に行って、誰でも皆、婚宴に招きなさい、善人も悪人も、健康な者も病人も、目の見えない者も、耳の聞こえない者も、誰でもだ、誰でも皆だ」。そこで思いついたのですよ。誰でも皆、同じ袋の中にいます。袋は神のいつくしみです。それでたくさん良いことができたと思っています。これは、司牧の面で、わたしが考え出したことではありません……公会議の後、パウロ六世からきたものです……ヨハネ・パウロ二世は、このことに関しては、三つの大事業を成し遂げました。回勅 *Dives in Misericordia*(17)、聖ファウスティナ(18)の列聖、復活祭後の最初の日曜日を「神のいつくしみの主日」としたことです。わたしはそれをとても喜んでいます。大勢の人たちが告解にやって来ましたからね。わたしが告解を聴きに広場［サン・ピエトロ広場］に降りて行ったら、何千人いるかわからないほどたくさんの若者がいました。片方に二〇〇人の聴罪司祭、もう片方にも二〇〇人、そして若者たちはコンチリアツィオーネ通り［サン・ピエトロ広場に向かう広くまっすぐな大通り］にいました。素晴らしい眺めでしたよ！ 主との出会い、イエスとの出会い。これは恵みでした。

ヴォルトン　ええ、恵みですね。

教　皇　そして、これが総括です。でも、「総括」という言葉は使わないでください。わたしはフィジケッラ大司教に感謝したいと思います、いつくしみの特別聖年を準備してくれましたから。

ヴォルトン　二〇一六年夏に、ポーランドで行われたワールドユースデー[19]で、いちばん驚かれたことはなんですか？

教　皇　クラクフは小さな町です。それが、なんと大勢の人たち！　なんと大勢の若者たち！　若者たちの熱気！　彼らは真理を聞くことを望んでいます。若者たちは面と向かって話してもらいたいと望んでいます、作り話でも、嘘でもないことを。だからわたしにとっては、若者たちが年配の人たちと接することが、とても大事なのです。高齢者は民の記憶、知恵です。若者は力です、ユートピアです。そして、若者と高齢者とのあいだのこの橋を、わたしたちは見つけ出さないといけません。若者も高齢者も、今日、この世界では、余計者扱いされているからです。高齢者を締め出すことは、民の記憶、わたしたちのルーツを捨て去ることです。若者はといえば、能力がある者だけがなんとかやっていますが、それ以外の者は、麻薬や失業で、脇に追いやられています。ところが、未来の富、世界の富、国の、民族の富は、この見捨てられた人たちの中にあるのです。彼らが互いに話し合う必要があるのです！

ヴォルトン　ええ確かに、今日、相互コミュニケーションが十分ではありません。なぜ、二〇一八年に、若者に関する世界代表司教会議《シノドス》を開催されるのですか？

教　皇　次のような仕組みになっているのです。一つのシノドスの終わりに、シノドス教父［シノドスに参加した司教］たちは、各自三つのテーマを書き残します。それを世界中の司教協議会にはかります。トップにきた三つのテーマは、第一位が若者、第二位が司祭の養成、第三位が平和と宗教間対話でした。わたしは一位と二位のテーマを考慮に入れました。わたしにとっては、第一位のテーマは若者だけに関わるのではなく、第二位のテーマにも関連するもの、つまり信仰と召命に関わる問題なのです。なぜでしょう？　なぜなら若者は、すべての若者は、信仰あるいは「不信仰」をもっているからです。ところで、人は識別することによって成長しなければなりません。それでわたしは一番目と二番目のテーマを一つにまとめ、「若者と養成」としたのです。しかし、「養成」という言葉は美しくありません。それでわたしは、「識別と召命に関する選択」としました。これはとても大事なことで、しっかり考えないといけません。若者は、正確には、何を信じているのか？　召命に関する識別について言えば、わたしは、今日教会の中で最大の問題の一つが、識別の不足だと思っています。

ヴォルトン　今日、七〇億以上の人間がいます……証しは十分なのでしょうか？

教　皇　「神の国における教会はからし種のようなものである」[20]。このことを理解しないのは、自信過剰に陥っている証拠でしょう。そのときは、教会のあり方を糾明しないといけないでしょうね。

ヴォルトン　ところで、あなたは「貧者の教皇」と呼ばれるのはお好きですか？

教　皇　好きではありませんね、イデオロギー的ですから。イデオロギー的名称です。そうではなくて、わたしはすべての人の教皇です。金持ちも貧乏人も。あわれな罪人も、そしてわたしはその罪人ナンバーワンです、そう、ほんとうですよ。

ヴォルトン　二〇一六年一月に、あなたは「移住は歴史的にみて自然な現象です」と言われました。素晴らしい言葉です、しかしヨーロッパは難民をすべて拒否しています。どうすればいいでしょう？

教　皇　そう、ヨーロッパは……

ヴォルトン　ヨーロッパは自らの価値観を裏切っています。

教　皇　ああ、確かにそうです、ヨーロッパはランゴバルド族[21]や他の蛮族たちによってつくられたのに。それから彼らは皆、混じり合いました。移住が今問題となっているのは、恐れからです。でも、誰が誰を恐れさせているのでしょう？

ヴォルトン　なぜ教会は、移住を受け入れ、移住民を迎え入れていることをもっとアピールしないのですか？

教　皇　もしも教会がそれをしなければ、自らの義務を怠ることになると思います。教会の始まりはなんだったか、思い出しましょう。聖霊降臨《ペンテコステ》[22]です！

ヴォルトン　教会はエコロジーには大変気を配っています。あなたの回勅にもそれが示されています。しかし、戦争はエコロジーではありません。戦争は人間です。とくに文化的多様性を拒否することです。

文化的多様性という政治的問題に関して教会がもっている経験は、エコロジーの問題よりもはるかに本質に関わることです。エコロジーはもちろん重要ですが、文化的多様性の偉大さと豊かさを証しすることは、たぶんもっとずっと重要でしょう……教会の姿勢は、エコロジーに関してはあなたの回勅『ラウダート・シ』を通じてはっきりと示されているのに、なぜ文化的多様性に関してはそうではないのですか？　二〇〇五年にはユネスコの宣言、文化的多様性の尊重を訴える例外的な文書がありましたが。

教　皇　教会は、文化的多様性に関しては、聖霊降臨の日に始まりました。そのとき、教会は文化的多様性を選択したのです。使徒言行録に書いてあります、フィリポがエチオピア女王カンダケの財産管理人の前に導かれ、彼に洗礼を授けたと[23]……パウロはアテネに行って神について話しました[24]……そして、何世紀も後になって、マテオ・リッチ[25]は中国を「開き」ました……たいていの場合、ローマはこうした姿勢を理解しませんでした、ローマは閉鎖的だったからです。それは、ほんとうです。教会はいつも過剰防衛の誘惑にさらされています。怖いのです。これは悪い誘惑です、良くないことです。いったい福音書のどこで、主は、安全を求めよなどと言っているでしょうか？　反対にこう言っています、「危険を冒しなさい、行きなさい、赦しなさい！」[26]（沈黙）そして福音を宣べ伝えなさいと[27]。中国ではマテオ・リッチにブレーキがかけられました。インドではロベルト・デ・ノビリ[28]に。その他にも、なんと大勢が……

ヴォルトン　あなたはエコロジーに関する回勅を出されました。でも、なぜ人間の豊かさ、文化的多様性の豊かさに関する回勅は出されないのですか？

教　皇　典礼の様式は世界各地で異なっていることはご存じでしょう。中近東で、アフリカで。それぞれが自分の典礼様式をもっています。

ヴォルトン　文化的多様性に関するカトリック教会の経験には大変なものがあります。なぜそのことについて話さないのでしょうか？　たとえ政治的人間学の観点からだけだとしても。

教　皇　誘惑はいつも規則を画一化しようとするところからきます……使徒的勧告『愛のよろこび』を例にしましょう。困難な状況にある家庭を取り上げて、わたしはこう言っています。「迎え入れ、寄り添い、見極め、受け入れる必要があります……」。そして一人ひとりに扉が開かれることになるでしょう。ところが実際に起こっているのは、「彼らは聖体を拝領することはできない」とか「彼らはこれやあれをすることはできない」などと言っている人たちがいることです。教会の誘惑がそこにあります。でも、だめです、だめ、だめなのです。この類いの禁止事項は、イエスとファリサイ派とのドラマ(29)に見られるものです。それと同じことが！　教会の偉人たちとは、彼方を見る目をもつ人たち、理解する人たち、宣教者たちです。

ヴォルトン　あなたのお考えでは、世界の平和に対する最大の脅威はなんでしょうか？

教　皇　金です。

ヴォルトン　「悪魔の糞」とは、あなたが金を指して言っておられた言葉の一つですね。

教　皇　でも、それは福音書にありますよ。イエスは二人の主人のどちらに仕えるかということでは、「あなたの妻か神か」とではなく「金か神か[30]」と言っていますから、はっきりしています。この二つは両立できないものです。

ヴォルトン　あなたは二〇一六年九月にアッシジで、「第三次世界断片的戦争」のことを言われました。なぜでしょうか？

教　皇　ええ、しかし、とてもはっきりしたことです。中東、極東での北朝鮮の脅威——どうしたら終わるのかわかりません——、アフリカ、アメリカ、中央アメリカと南アメリカで、戦争、戦争です。ヨーロッパでも、ウクライナ、ドンバス、ロシア……ヨーロッパは戦争状態です。宣戦布告はありません、それはもう古くて時代遅れのものと考えるべきでしょう。戦争をしています、実際に戦争をしているのです！　問題は、誰がその背後にいるかを知ることです。わたしの考えでは、武器密売人という幽霊です。では、武器を製造するのは合法でしょうか？　ええ、合法です。どの国も、自分を守るために必要です。しかし、それを密売人に売り、密売人は互いに戦争している国々に持ち込む……いったいなぜ？　金のためです。

いま、アフリカでは、シリアでも、いや、間違えないように中東と言いましょう……赤十字が救助活動に入り込めない場所がいろいろあります、しかし、武器は入り込むのです。武器を素通りさせる税関があります、でも人道的支援物資は通さない！　わたしの考えでは、こうした武器の「商売」は、とんでもないものです。先進国でありながら、武器の自由販売を禁止する法律を通そうとして議会で悪戦苦闘しなければならないアメリカのような国に対して、いったいなんと言うべきでしょう！

ヴォルトン　中東のキリスト者のためにできる緊急行動があるとしたら？　失敗するでしょうか、成功するでしょうか？

教　皇　彼らはひどく苦しんでいます、だからわたしたちはたくさんのことをしています。たくさんのことをしています、口には出しませんが、たくさんのことを。

ヴォルトン　それでは、うまく行きそうな兆しが？　何かが起こるとか？　彼らの権利を回復させられるような？　それとも反対に、失敗に終わるのでしょうか？

教　皇　関係は常に保たれていて、わたしたちは彼らが自分の土地にいられるよう、できることをすべてしています。

ヴォルトン　わかりました。しかし、この五年間、一〇年間で、何かうまく行きそうな変化がありましたか？

教　皇　たくさん、たくさん。教会は活動し続けています。

ヴォルトン　ということは、むしろ楽観的に考えておられると。

教　皇　それは、未来のことなので。この先、何が起こるか、わたしにはわかりません。彼らはとても苦しんでいます、とても。いくつかのところでは、現実に迫害が行われています。でも、わたしは信頼しています。

ヴォルトン　しかし、アウシュヴィッツで、神はどこにいるのですか？　中近東のキリスト者弾圧で、神はどこにいるのですか？

教　皇　神がどこにいるか、わたしにはわかりません。しかし、そうした状況の中で、人間がどこにいるかはわかります。武器を製造し、それを売る人間。それは、わたしたちです、わたしたち堕落した人類です。でも、人々にとって、こう問いかけるのは簡単です、「いったい神は、なぜそんなことを許すのか？」と。でも、そうしたことすべてを犯しているのは、わたしたちなのです！　いったいわたしたちは、なぜそんなことを許しているのか？　武器密売人が誰かと戦っている者に武器を売る、そしてその後、敵側にも武器を売る……なんという堕落でしょう！

ヴォルトン　あなたはラテンアメリカから来られました、ヨーロッパにルーツをもちながら。グローバリゼーションの中で、南アメリカの独自性はなんでしょうか？

教　皇　南アメリカは、新しくて若い諸教会からなっていて、その特性は若さです。それらの教会は、多くの欠点をもっています、すでに発展をとげた教会と同じような欠点を。若々しいからといって、たとえば、聖職者中心主義に陥らずにすむわけではありません。古くからある組織された教会の危険は、硬直です。わたしの考えでは、それが、いま教会の聖職者が直面している最大の危険の一つです。

ヴォルトン　アフリカやアジアの教会は、カトリックの経験に何をもたらすことができるでしょうか？

教　皇　たくさんのことを！　異なったたくさんのことをです。アジアには、紀元前二千年、三千年から、大きな霊的遺産があります。アフリカにはそこまではありません、でも、よろこびを、若々しさを与えてくれます。先日、ある教皇大使がわたしに話してくれたことですが、彼が赴任した国の首都大聖堂の聖なる扉の前に――聖年は世界中のすべての地域で祝われますから――、中に入って聖年を祝おうとしている人たちの長い行列ができていたそうです。中に入ると、ある人たちは告解場に行き、ある人たちは祈っていました――この人たちはカトリック、キリスト者だったからです。そして大多数の人たちは、聖母の祭壇のところまで、そのまま進んで行きました。この人たちはムスリムだったのですよ！　ムスリムの人たちも聖年を祝いたいと思ったのですが、彼らは聖母と共にそうしたのです。そしてこれが、アフリカの豊かさです、これが共に住むということなのです。

アフリカの豊かさ！　アフリカは偉大です。貧しいけれど、偉大です。祭りを祝うことを知っているのです。

ヴォルトン　ジャン＝マリー・リュスティジェがわたしに打ち明けてくれたのですが[31]、次の教皇はラテンアメリカ出身、次はアフリカ、その次はアジアだと。そしてもうすでに……でも、少しだけ、ラテンアメリカに話を戻します。あなたはそこから来られました。ラテンアメリカの経験とアイデンティティーは、世界を見る上で、あなたに何をもたらしたのでしょう？　あなたは、ヨーロッパ人、アジア人、アフリカ人と比べて、何が違うのでしょう？

教　皇　わたしの場合は少し複雑です、なぜならアルゼンチンには移住者の大きな波が何度もありましたし、混血はごく普通のことだからです。わたしはイタリア人の子で、父は二二歳の若さでアルゼンチンにやって来ました。わたしにはイタリアの血が流れています。どう言えばいいか、少し難しいのですが……

わたしが感じていることを言いましょう、それは自由〔フランス語〕です。わたしは、自分が自由だと感じています。

ヴォルトン 近東のキリスト者たちは、しばしば虐殺され不幸な目に遭っています。緊急に何をすべきでしょう？ 近東のキリスト者に対しては、何かまずいことがあるのでしょうか？ 最初に教会がつくられた場所なのに！ 考えてもみましょう、ローマに忠実な東方カトリック諸教会、ビザンチン典礼様式の正教会、アルメニア教会、コプト教会、シリア西方教会、エチオピア教会……

教　皇 とても難しい世界です。ブエノスアイレスでは、わたしは、最大限広い意味でですが、東方《オリエント》のキリスト者たちと、とても親しくしていました。ウクライナ人がとても多いのですが、彼らは東方の人ではありません。アルメニア人も違います。コンスタンチノープルやアンティオキアの人たち、メルキト派[32]も、ごく少数ですがいます。彼らは、法律上・経済上の問題が生じると、カトリックの弁護士のところに相談に行っていました。司祭に相談に行くみたいに。ときには、わたしたちの教区本部を利用することもありました。そしてわたしは、一月六日のクリスマスにロシア人たちと一緒に晩課に行っていました[33]。わたしはそのまま残って彼らと夕食を共にし、それからお祝いをしました……わたしたちのところでは、とても親しい付き合いがあったのです。

ヴォルトン　真っ先に取り組むべき緊急課題は、イスラムとの対話でしょうか、それともエキュメニズムでしょうか？

教　皇　その問いに答えるには、まず問題の場所がどこかによります。シリアでなら、間違いなくイスラムとの対話でしょうが、イスラムの中でも、アラウィー派とかスンニ派とか、セクト主義がひどすぎます。他の場所では、エキュメニズムが最重要課題でしょう。たとえばわたしが行くことにしているアルメニアは、「アルメニア使徒教会」（正教会）で、カルケドン公会議[34]のあいだのコミュニケーションの問題で苦しんでいるのです。カルケドン公会議の命題は、解釈の点でいろいろと矛盾があったのです。

ヴォルトン　なぜアルメニアに行かれるのですか？

教　皇　二〇一五年に、彼らは、「口にしてはならない言葉」――皆をいらだたせる言葉、つまり集団大虐殺《ジェノサイド》――の一〇〇周年の記念式典を行いました。ここサン・ピエトロに、アルメニア・カトリック総主教ネルセス・ベドロス十九世[35]と、他に二人の総主教とが来ました[36]。わたしは二〇一五年には行けなかったので、二〇一六年に訪問すると約束しました[37]。

ヴォルトン　ところで、イスラムとの対話についてですが、少しは相互性を要求する必要があるのではないでしょうか？　サウジアラビアやいくつかのイスラム国家では、キリスト信者にとってほんとうの自由がありません。キリスト信者にとって難しいことです。それにイスラム原理主義者が、神の名を唱えて殺戮を行っています……

教　皇　彼らは相互性を受け入れません。湾岸のある国々は開放的で、わたしたちが教会を建てるのを助けてくれています。なぜこの国々が開放的なのでしょう？　フィリピン人労働者、カトリック信者、インド人がいるからです……問題は、サウジアラビアにおいては、まさにそれがメンタリティーに関わることなのです。それでも、イスラムとの対話はずいぶんと前進していますよ、ご存じかどうかわかりませんが、アル・アズハル大学(38)のイマムがわたしたちを訪問してくれました。そちらでも会うことになっているので、わたしは行くことにしています。

コーランを批判的に研究することは、彼らにとって益となるだろうとわたしは思います、わたしたちが聖書を批判的に研究したように。歴史的・批判的解釈が彼らを進歩させるでしょう。

ヴォルトン　イスラムの首都を訪問ですか？

教　皇　わたしはトルコに、イスタンブールに行きました。アンカラとイスタンブールに。

ヴォルトン　ヨーロッパに対して、あなたは「橋をつくり、壁を壊さないといけません」と言っています。美しい言葉です。しかし、なぜ教会は、ヨーロッパに対して手本を示さないのですか？　宗教間対話・エキュメニカルな対話を企画すればよいではありませんか。ヨーロッパにはあらゆる宗教がありますよ、イスラム、ユダヤ教、キリスト教、それに自由思想や社会主義の伝統も！　見物《みもの》でしょうね、ヨーロッパを再活性化させたら。なんだかんだ言っても、ヨーロッパは世界でいちばん民主主義の経験をもっていますから。それにヨーロッパ人にとっても、エキュメニカルな対話・宗教間対話は、ほんとうに意味のあることとなるでしょう。

教　皇　でも、橋はつくられていますよ。たくさん。

ヴォルトン　別の分野に移りましょう。なぜ教会は、この一〇〇年近くのあいだ、第一次産業の破壊、労働界の破壊を、もっと強く批判していないのでしょうか？　労働人口の八〇パーセント以上が第三次産業で働いています、オフィスで、コンピュータに向かってなどなど。教会はあまり発言していませんね、人間に関わるこの重大な変化について、人間と労働との関係、人間と自然や時間との関係に関わる重大な、しかも人類の破局につながりかねない重大な変化について、教会はあまり……

教　皇　わたしは『ラウダート・シ』でずいぶん発言しましたよ。

ヴォルトン　はい、でもそれはエコロジーの観点からで、一〇〇年にわたる工業化、農村人口の流出、世界中の大都市の異常な膨張などにはふれていません……なぜこの問題について、教会はたいしたことを言わないのですか？　近代主義のイデオロギーに加担しているような、「保守的」と見なされるのを恐れているような、そんな印象があるのですが。

教　皇　今あなたが言っていることを、わたしは文書で批判していますよ。

ヴォルトン　ええ、あなたは。

教　皇　他にもそうしている人たちがいます。すべての人ではないでしょうけれど。ただ、自己破壊現象を目の前にしていることは確かです。アフリカのある政治家のことはお話ししましたね、その人が最初にしたことは、皆が田舎に戻れるように、森林を再生することでした。大地が死んでいるからです。大地は死んでいます。

ヴォルトン　カトリック教会の伝統の中には、資本主義に対する糾弾はありますが、技術主義の名のもとに、三つの産業分野――農業、工業、サービス業――のバランスの消滅や、農村と都市との関係におけるある種のバランスの消滅についての批判的考察はほとんどありません。

教　皇　なんと言えばよいか……『ラウダート・シ』に話を戻しましょう。わたしも神学者たちの著作でとらえてはいます。たとえばロマーノ・グァルディーニ。グァルディーニは不耕作地の第二の形について述べています。神は人間に、耕作するために不耕作地を与えられました。しかしその後、人間はその耕作地を独り占めして、自分勝手に扱ったので、その土地はだめになり、また一つ不耕作地ができてしまいました。大地の死です、たとえば単一作物栽培《モノカルチャー》のせいで。

ヴォルトン　ラテンアメリカでは、その危険はよく知られています。

教　皇　ええ、モノカルチャーは……ある政治家がわたしにこう説明してくれました。チャベス[39]にこう言ったそうです、「あなたの欠点はモノカルチャーだ」と。チャベスは答えました、「でも、石油がある」「石油だけでは十分ではない、タバコや小麦をつくらなくては……土地はたくさんあるのだから」。チャベスはそうしませんでした。その結果がこうです。それから多国籍企業が、新しい機械をもってやって来ました……

ヴォルトン　なぜ教会は、人間を経済に従属させたり過度の都市化に追い込んだりしてはならないと、もっとはっきり言わないのですか？

教　皇　グァルディーニがそのことについて述べています。わたしが彼のことを話すのは、彼を知っているからです。たぶん、他にもいるでしょう。『ラウダート・シ』と『福音の喜び』でたくさん引用しています……でも、たぶんあなたの言うとおりでしょう、彼らがほとんど発言していないということは……

ヴォルトン　そうです、国家が存在し関与すべきです……

教　皇　自由主義市場経済は異常です。国家が少しは規制する必要があります。ところが、それが欠けています、調整役としての国家の役割が。それでわたしは、カール大帝賞のときの演説で、ヨーロッパに対して、金の流れに左右される液体状の経済[40]をやめて具体的なもの、つまり社会的市場経済に戻るよう求めました。わたしは市場という言葉は残しておきましたよ、ただし「社会的」な市場ですが。

ヴォルトン　教会は言語的多様性を擁護する主要な世界的組織なのでしょうが、なぜ教会は、この多様性は素晴らしい財産であると、もっとはっきり言わないのですか？　とくに第二バチカン公会議で、その文化的多様性とそれぞれの地方固有の言語の重要性が、公式に認められたのですから。

教　皇　わたしたちの典礼上の原則についてお話ししましょう。それぞれの共同体は、最も小さなものであっても、固有の言語を使って典礼祭儀を行う権利をもっています。(41) それで、ミサ典書は数多くあるのです。それでわたしはこう言うのです。どうか、それぞれの教区の司教を信頼して任せてください、と。

ヴォルトン ええ、しかしそれでも、教会はそのことをもっと公式に言ってもいいと思いますがね、他のいろいろなことではそうしているわけですし。たとえばユネスコで、言語的多様性は豊かさであり全世界的な財産であると言うなど。

教　皇 ええ、そうです、聖霊降臨によって教会がつくられたときから、すでに言語的多様性が現れていましたよ！

ヴォルトン でも、二〇一六年のいま、世界に広がる暴力を前にして、「聖霊降臨」を引き合いに出すだけでは十分ではないでしょう！ グローバリゼーションの時代に、言語的・文化的多様性というこの大問題に関する回勅があってもいいのでは？

教　皇 その前に教皇は死んでしまいますよ！ あなたの言われることに、ボディーランゲージも付け加えたらと思います。というのも、ここでは、ある国々では、ミサの中で互いに挨拶を交わすとき、手で挨拶する［たとえばフランスでは握手するのが普通］のが文化的習慣ですが、たとえばアルゼンチンだと、抱擁するのです。

ヴォルトン どういった点において、カトリック教会は現代的なのですか？

教　皇 現代性という言葉は多くの意味をもった言葉です。現代性の精神［フランス語］について語ることができますし、前進するために今日必要なものという意味で現代性を語ることもできます。これは肯定的な意味ですね。否定的な精神として現代性を語ることもできます、用心せよと主が言われたような意味で。主イエスは父なる神に、弟子たちを世から守ってくださいと願いました[42]。すべて『福音の喜び』の中で言っていると思います。現代性との関係。でも、一つ別の文書があって、読めば読むほど素晴らしく思えてきます。それは『ディオグネトスへの手紙[43]』で、二世紀に書かれた手紙です。そしてまさにそれが教会の現代性の精神なのです。そこでは、キリスト者は開かれていて現代的であると説明されています。わたしはこの「開かれている」という言葉について考えました。キリスト者に最も特有のものは開かれていることだ、とわたしは思います。聖霊に対して開かれていること。

　閉じていることはキリスト教的ではありません。忠実はキリスト教的です。もしもわたしが自分を閉ざしたなら、自分の身を守ろうとしたりするなら、それはキリスト教的ではありません。身を閉ざすことで価値あるものを守ろうとするのは、キリスト者のとるべき道ではありません。価値あるものはそれ自身によって守られるのです。自分はそのようなものであると自ら宣言することで、それがイエスからわたしたちに与えられたものであると自ら宣言することで、守られるのです。それがキリスト者の言葉です。そして、人がそれを教えることによって、それは守られるのです。人がそれを伝えるからです。信仰を伝える、価値あるものを伝えること。親の役割、母親、祖母、父親、祖父たちの役割です。価値あるものは守られます、しかし、身を閉ざすことによってではありません。キリスト者の精神は開かれています。現代性とは、開かれているということです。恐れないということです。

パウロがアテネに着いたとき、気の毒に、彼が目にしたのは偶像崇拝者たちばかりでした[44]。でも、彼は恐れませんでした。彼は、ある偶像崇拝者の詩を思い出し、偶像崇拝者たちにその詩を語って聞かせました、彼らに近づくためにです、開かれた態度で。しかし彼らは、復活の話を聞いたとき、怖くなって去って行きました。それでわたしは『福音の喜び』の中で教会の回心について述べているのです。「出向いて行く」教会について[45]。

ヴォルトン　ええ、国境から、周辺から、外に出て行くのですね。

教　皇　自分から出て行くことです。閉じた教会ではなく。コンクラーヴェの前の枢機卿会議で少しばかり発言したとき、わたしはこう言いました、「黙示録の中でイエスは言っておられます、《わたしは戸口に立って、呼んでいる。誰かが戸を開けるなら、わたしは中に入る[46]》と」。でも、たいていの場合、イエスは戸口に立って呼んでいるのですが、イエスは中におられるので、わたしたちがイエスを外に出さないのです。

ヴォルトン　教会は伝統を擁護しています。なぜ教会は、わたしたちの社会のスピード偏重を是正するために、発言しないのですか？　時間について改めて考えてみることとか。教会は、この世的な現代性について、自らの考えを示すことができるでしょうに。現代は瞬時性を追い求めています。何かを伝えるための時間はもはやありません。時間について、瞬時的な時間とは反対に、何かを伝えるための時間、よく考えるための時間についてのキリスト教的な見方を知らしめるような考察はできないのでしょうか？

教　皇　あわただしい伝達があるのは確かです。しかし、とにかく伝達はあります。時間についての新しい見方においては、確かにそうです。わたしの意見としては、それは糾弾すべきものではありません。ただし、手段を見つけないといけません。

ヴォルトン　あわただしい伝達のせいで、時間がおろそかにされたり、世界が水平的になったりしなければの話ですが。同時代の情報が多すぎて、もはや歴史に目を向けることができなくなっています。

教　皇　でも、そのことについて、わたしはこれといった意見を述べることはできません。そのことについてよく考え、研究しないといけません……ただ、記憶がなければ、人は生きることはできないというのは確かです。もしもそうしたコミュニケーションの仕方が何かを伝える余地を残さないとしたら、記憶する余地も残されなくなります。ところが、記憶がなければ、人は前に進むことはできません。軌道に入ってしまいます。つまり危険があるということです、一本の線をたどるだけのような思考に陥ってしまうという危険が。受けとめることも、練り上げることも、つくりだすこともないまま、一本の線をたどるだけの思考。わたしの考えでは、人間の、そしてまたコミュニケーションの歴史的現実の三本柱は、過去の記憶――わたしの過去の、わたしの文化の過去の記憶――、わたしが受け取るデータとしての記憶――現在の現実――、そして約束、約束である希望です。注意してください、希望は楽観と同じものではありません。希望、希望としての未来です。あなたの国には偉大なキリスト者がいますね、この人は洗礼を受けずに死んだと思いますが、それでも偉大なキリスト者、ペギー[47]です。ペギーはキリスト教における希望の役割をよく理解していた人です。彼はわたしよりキリスト者ですよ！　奇妙なことに、彼は教会の中に入ることができず、戦争で死にましたが、彼は希望のことを最も謙遜な徳と呼んでいます。それはあなたを前に運んでくれるものです、ただしいつも過去と勇気と共に。記憶は現在の勇気、未来の希望です。それは楽観と同じものではありません。

その反対に、カッコ付きの現代性の世界は、「希望する」というよりは楽観する世界ですね。

ヴォルトン　なぜ、今日の世界において、カトリックの野心的な建築プロジェクトがないのでしょう？　アジアではそれがパゴダでなされているのに、イスラムでさえ……偉大なる建築ユートピアがあってもよいのでは？　過去においてはあれほどたくさんあったのに。過去の遺産はあってもユートピアはないのでしょうか？

教　皇　一つ言えることが。美は、三つの基本要素、真理・善・美のうちの一つです――そして一致も、四つ目のものとして、ただしこれはわたしたちイエズス会が言ってることですがね。人は真理について、真理を守ることについて、しばしば語ります。では、真理のどこに神を見いだすのか？　難しいです……善の中に神を見いだす――ああ、善について語るなら、もっと簡単です。美の中に神を見いだす――そのことはほとんど語られません、詩という道、つまり神の創造する力についてでは。神は詩人です、ものごとを調和をもってつくる方です。三つの基本要素のうち、たぶん美は、詳細に論じられることが最も少なかったものでしょう。中世においては、カテキズム(48)がなかった時代においては、カテケーシスは大聖堂《カテドラル》の中にありました。そして大聖堂は、信仰の美しいモニュメントです。信仰は美しいのです。

今日、二つのものがあります。スピード本位のビジネスの世界と、メーキャップの世界――そこでは美は、「それ自身として」あるのではなく、一時《いっとき》のあいだだけ人工的に与えられ、そして消えてしまうのです。

ヴォルトン　二一世紀初めにとっての偉大なる芸術的ユートピアは？

教　皇　確かに、それがあれば美しいでしょうね。でもわたしは、自分が知っていることを説明しましょう。ある建築家たち、画家たち、詩人たち――偉大な詩人たち――がいます。でも、もはやダンテはいません。確かに。それは、ビジネスの世界、「メーキャップ」の世界――つまり世俗にまみれた世界――の結果だと、わたしは思います。今日では、美しくなるよりもメーキャップする方が簡単です。そのことについてもっとよく考えねばなりません、大事な問題ですから。でも、覚えていてくださいよ、真理・善・美。そしてあとは、信仰・希望・愛(49)です。

ヴォルトン　ラテンアメリカというあなたの出自、そしてイエズス会での形成は、状況を違ったやり方で生きる手段を与えてくれましたか？

教　皇　一つのことが頭に浮かんでいます、それをどう表現したらよいのかわかりませんが、わたしは自由だ、ということです。わたしは自分が自由だと感じています。自分の好きなことをするという意味ではありません。でもわたしは、自分が牢獄に入れられているとか、かごの中にいるとかは感じません。ここ、バチカンというかごの中にいるのは確かですが、精神的には違います。そのとおりなのかどうか、わかりません……ただ、わたしには、怖いものは何もありません！おそらく意識していないだけか未熟なだけかもしれませんが！

ヴォルトン　その両方では！

教　皇　そうですね、ものごとがこんなふうに起こる、できることをする、ものごとをそれが起こるがままに受けとめる、あることはしないようにする、あることはうまく行くし、あることはそうならない……浅薄なのかもしれません。それをどう名付けたらいいかわかりません。わたしは水を得た魚のように感じています。

二〇一五年七月九日、ボリビア、サンタ・クルス・デ・ラ・シエラ、民衆運動に関する世界会議、第二回大会での演説[50]

兄弟姉妹の皆さん。

聖書は、神がその民の叫びを聞いてくださることを、わたしたちに思い出させてくれます。わたしもまた、皆さんと声を合わせて言いたいと思います。あの三つの「T」——土地、家、仕事[51]——をすべての人にと。前にも言いましたが、いま改めて繰り返します。この三つのTは神聖な権利です。

1　まず第一に、わたしたちには変化が必要であると知ることから始めましょう。(…)

(…)皆さんは(…)、さまざまな形の排除と不正義に苦しんでいることを、わたしに教えてくださいました。(…)もしもそうなら、いいですか、恐れずに言いましょう。わたしたちは変革を、本物の変化を、構造の変化を望んでいると。

今日は皆さんと共に、わたしたちが望んでいる変化について考えたいと思います。(…)資本が偶像として祭り上げられ、人間の選択すべてにわたってあれこれ指図するとき、金銭欲が社会経済システム全体を方向付けるとき、それは社会を損ない、人間をその奴隷に変え、兄弟愛を破壊し、(…)わたしたちの共通の家、わたしたちの姉妹であり母である大地をも危険にさらすのです。

（…）皆さんは、最も小さな人たちですが、多くのことができるし、しているのです。あえて申し上げますが、人類の未来の大きな部分が皆さんの手の中にあります、創造的な代案を準備し提唱する皆さんの力の中に、三つのT（仕事・家・土地）を手に入れようとする日々の努力の中に、そしてまた、変化への偉大なプロセスに参加する皆さんの中にあるのです。自分たちの力を見くびってはいけません！

2　第二に、皆さんは変化の種蒔き人です。

（…）変化といっても、いつか何らかの政治的決定がなされたために実現されることでも、なんらかの社会構造が確立されたために実現されることでもありません。心と態度がほんとうに変わることがなければ、構造の変化は、遅かれ早かれ、官僚主義体制に至り、ついには腐敗して死んでしまうということを、わたしたちはつらい経験として知ってきました。心が変わらなければならないのです。（…）

　民衆も社会活動団体も、（…）排除をもたらすグローバリゼーションの代わりとなる人間味ある枠組みを築くことが、なんとしても必要です。（…）リーダーの皆さんにお願いします。創造力豊かであってください、身近にあるものとのつながりを決して失わないでください。（…）皆さんが、堅固な土台の上に、現実的な必要の上に、皆さんの兄弟たちの生きた経験の上に築こうとするなら、（…）きっと皆さんは間違ったりはしないはずです。

3　第三に、（…）教皇も教会も、社会の現実を解釈すること、現代の問題に対する解決策を示すことは自分の専売特許だなどと思ってはいません。あえて言いましょう、レシピなど存在しないのです。（…）

それでもわたしは、民衆運動全体が断固たる決意をもって取り組むよう求められている、三つの重大任務を提案したいと思います。

3－1　第一の任務は経済を人々に仕えるものにすることです。人間も自然も、金に仕えるべきではありません。金が人間に仕える代わりに人間を支配するような、排除と不正義の経済には「ノー」と言いましょう。（…）経済は、蓄積のメカニズムであってはなりません、わたしたちが共に暮らす家を適切に管理するものであるべきです。（…）大地の実り、労働の実りを正しく分配するということは、単なる慈善ではないのです。それは倫理的義務なのです。（…）貧しい人たちのもの、民衆のものを、彼らに返すことなのです。

3－2　第二の任務は正義と平和への道を歩む諸国民を一つに結ぶことです。

世界の諸国民は、（…）自分たちの文化、言語、社会的プロセス、宗教的伝統が尊重されることを望んでいます。（…）新たな植民地主義はさまざまな顔をもっています。ときには、金銭という偶像となって目に見えない力を振るいます。（…）ときにはまた、汚職・麻薬取引・テロとの闘いという高貴な仮面をかぶりつつ（…）こうした問題の解決にはほとんどならないばかりか、事態を悪化させることもしばしばあるような対策を国家に押しつけることもあります。

3－3　第三の任務は、おそらく今日わたしたちがなすべき最も重要なもので、母なる大地を守ることです。

わたしたち皆が共に暮らす家は、強奪され、荒らされ、踏みにじられているのに、誰も罰せられません。（…）倫理的かつ決定的で、急を要する明確な課題があるのに、何も実行されていません。（…）民衆は、民衆運動は、団結し、適切な方策の早急な実施を――平和的に、しかし粘り強く――要求するよう求められています。神の名によって皆さんにお願いします。母なる大地を守ってください。

4　最後に、皆さんに言いたいと思います。人類の未来は、有力な指導者、大国、エリートの手の中だけにあるのではありません。それは基本的に民衆の手の中にあります。民衆の組織する力の中にあるのです。（…）

皆さんのために祈ります、皆さんと共に祈り、わたしたちの父である神が皆さんに寄り添い、祝福してくださるよう願います。（…）また、皆さんにお願いします。どうかわたしのために祈ってください。もし祈れないという方がおられるなら、どうぞ、わたしに好意と応援を送ってください。

ありがとうございます。

二〇一六年一一月五日、バチカン、パウロ六世ホール、民衆運動に関する世界会議、第三回大会での演説

兄弟姉妹の皆さん。

ボリビアで行われた先の大会で、（…）無関心のグローバル化に代わる、人間味ある枠組み構築に向かって進むために考えねばならない、いくつかの義務を列挙しました。一．経済を人々に仕えるものにすること、二．正義と平和を築くこと、三．母なる大地を守ること。（…）今回は皆さんから寄せられたより個別的なテーマを取り上げることにします。

恐怖と壁

いまから一〇〇年近く前に、ピオ十一世教皇は、経済の世界的独裁体制について予言し、それを「金銭の国際帝国主義」（回勅『クアドラジェジモ・アンノ』(52) 一九三一年五月、109）と名付けました。（…）そしてパウロ六世は「社会・文化の領域において、さらには政治の領域においてさえも、新しい不法な経済独占の形」(53)（『オクトジェジマ・アドヴェニエンス』一九七一年五月一四日、44）を告発しています。（…）教会の社会教説全体とわたしの先任者たちは、人間に仕えるのではなく人類を虐げ恐怖政治を行う金銭という偶像の支配に反対しています。

いかなる圧制も、わたしたちの恐怖心につけ込まない限り、勢力を増すことはできません。(…)どんな圧制も恐怖を振りまくのは、そこから来るのです。そしてこの恐怖が、周辺部では殺戮、抑圧、不正義を通じてばらまかれ、中心部ではさまざまな形による暴力を通じて爆発すると、(…)市民たちは物理的あるいは社会的な壁による偽りの安全という誘惑に駆られるのです。(…)一方には、壁の中に閉じこもり恐怖におののく市民たち、もう一方には、排除され、追放されて、もっとひどい恐怖におののく市民たち。(…)

恐怖は増殖され、操られる……恐怖はわたしたちを衰弱させ、動揺させ、わたしたちの心理的・精神的防御装置を破壊し、他人の苦痛を目の前にしてもわたしたちの感情を麻痺させ、ついにはわたしたちを残酷な人間にしてしまうのです。(…)兄弟姉妹の皆さん、壁はすべて崩れます。すべて。だまされないようにしましょう。(…)愛でもって、恐怖に立ち向かいましょう。

愛と橋

三つのT、皆さんの叫び――わたしもそれを共にしています――には、何かあの、目立たないけれども、同時に、力強く元気を回復させてくれる、あの知恵のようなものがあります。金銭の壁づくりプロジェクトに対する民衆の橋づくりプロジェクト。人間の全人的発展を目指すプロジェクトです。(…)わたしたちは、世界の倫理的萎縮症を治すよう、助けなければなりません。この萎縮を進行させるシステムは、美容のための「化粧品」を提供するのですが、それは真に人間の全き発展――消費に矮小化されたりはしない発展――につながるものではありません（…）。

す、この状況を表現しようとすれば、わたしがランペドゥーザ島で口にした「恥」という言葉以外

(…) 皆さんは大会の一日を移住者・難民の悲劇にあてました。(…) とんでもない状況がありま

にありません。(…)

もう一つの橋――破産と救済

わたしは、ギリシアのイエロニモス大主教の言葉にまったく同感です。大主教はこう言いました、「難民キャンプでわたしたちが出会う子どもたちの目を見る人は、即座に、人類は〈破産〉していると思い知るでしょう」(二〇一六年四月一六日、レスボス島モリア難民キャンプでの演説)[55]。いったいどうなっているのでしょう？　今日、ある銀行が倒産すると、その銀行を救うために即座にとんでもない額の金がかき集められます。ところが、あのような人類の破産が起こっても、あんなに苦しんでいる兄弟たちを救うためには、あの金の千分の一程度すら見つかりません。

(…) ここで二つ目のテーマに移ることにします。民衆運動は政治的党派ではありません。(…) しかし、大文字で書く「政治」において、活発な議論に加わることを恐れないでください、(…)「政治は愛徳、愛の最高の形の一つ」だからです。

民衆運動と政治との関係をめぐる二つの危険について強調しておきたいと思います。枠にはめられる危険、そして腐敗する危険です。

（…）皆さんが「社会政策」の枠の中にとどまっている限り、経済政策や大文字で書く「政治」を論じたりせずにいる限り、大目に見られるでしょう。（…）皆さんが声をあげ、権力に対してもっとしっかりとした取り組みをするよう主張したりすれば、そのときはもはや容赦されなくなります。（…）そのようにして民主主義は萎縮し、名ばかりのものとなって、代表性を失い、魂のない脱け殻となります。民衆が外に置き去りにされているからです。（…）

（…）二つ目の危険は腐敗することです。（…）腐敗は政治だけに限定された悪徳ではありません。経済活動のある分野では根深い腐敗が存在します、（…）政治的・社会的分野に直接関係する腐敗ほどは一面トップで報じられることはありませんが。（…）奉仕生活を選んだ人たちには追加される義務があり、（…）自己に対する厳しさと謙虚さを大切にして奉仕という召し出しを生きなければなりません。（…）

（…）隣人に奉仕する、自己に厳しい生き方という模範は、共通善を最も良く促進するものです。（…）リーダーの皆さんにお願いします。倦むことなく、この倫理的、個人的厳しさを実践してください。

皆さんにお願いします。わたしのために祈ってください。祈れないという方々は、どうぞ、わたしに好意と応援を送ってください。

注

（1）［原注］ポルトガル出身のアントニオ・グテーレス António Guterres が、二〇一六年一〇月一三日に、国連事務総長に選ばれた。

（2）［原注］唯名論――普遍的概念は実在せず、あるのはただそれを表すのに用いる言葉だけである、とする説。

（3）［訳注］原注では、ここで『ゴルギアス』の仏訳テキストが引用されている。それに該当する邦訳は以下のとおり。「化粧法の体育術に対する関係は、ソフィストの術の立法術に対する関係に等しく、また、料理法の医術に対する関係は、弁論術の司法（裁判）の術に対する関係に等しい」、加来彰俊訳、『プラトン全集 9 ゴルギアス メノン』、岩波書店、一九七四年、五八ページ。

（4）［原注］大聖バシレイオス（三二九～三七九）、カイサレイアの司教で教会博士、聖霊についての著作を著す。

（5）［訳注］二〇一六年八月一〇日、バチカン、パウロ六世ホールでの一般謁見にて。いつくしみの特別聖年にあたって行われた連続講話第二五回「母親へのあわれみ」（『いつくしみ――教皇講話集』一四一～一四六ページ）より。なお、「あわれみ」miséricorde は「いつくしみ」とも訳される。実際に、「いつくしみの特別聖年」の「いつくしみ」は「あわれみ」と同じ miséricorde（ラテン語では misericordia）が使われている。

（6）［原注］他者の苦しみに対する同情は、キリスト者にとって、過ちを犯しそれを悔いている人に対して寛大に赦そうとする気持ちを起こさせる善である。神のあわれみは、人間の過ちを赦す神が善そのものであることを示すものである。神が人間にあわれみをかけるとき、神は、人間に与えて当然のこと（怒り）を与えるのではなく、反対に恩恵を、つまり永遠の生命を人間に与えるのである。神は人間に対してあわれみ深い。それは神が、人間も日々の生活であわれみ深くあるように、と望むからである。「あなたがたの父が憐れみ深いように、あなたがたも憐れみ深い者となりなさい」（マタイ5・48）。――［訳注］イエス・キリストのこの言葉は、実はマタイではなく、ルカが伝えている言葉である（ルカ6・36）。マタイ5・48では「あなたがたの天の父が完全であられるように、あなたがたも完全な者となりなさい」と記されている。

(7)［原注］ダビデは傲慢にも王国の民全体の正確な数を知ろうと望んだため、神は疫病を送って彼を罰した。総括して明確な結果を知ろうとすることは、この場合、人口調査をすること、傲慢による罪を犯すのと同じようなこととなる。――［訳注］ダビデの人口調査と神の罰については、サムエル記下24章参照。

(8)［訳注］シノドス性（フランス語 synodalité）――「シノドス」（フランス語では synode）とは、ギリシャ語 σύνοδος に由来する「集会」を意味する言葉。司教が教区内の司祭を招集し、司牧上の問題や教区全体の問題を討議するために行う会議のことで、第二バチカン公会議以降は、修道者や信徒も加わるようになった。また、第二バチカン公会議を契機に、「世界代表司教会議 Synodus Episcoporum」（これも「シノドス」と呼ばれる）も行われるようになった。「世界代表司教会議」については、カトリック中央協議会のホームページで次のように解説されている。https://www.cbcj.catholic.jp/2013/10/24/6689/

「シノドス」とは、「ともに歩む」という意味のギリシア語で、一定時に会合する司教たちの集会のことです。教皇と司教たちとの関係を深め、信仰および倫理の擁護と向上、規律の遵守と強化のための助言をもって教皇を補佐するために開かれます。またそこでは、世界における教会の活動に関する諸問題を研究します。

シノドスは、第二バチカン公会議教父たちの要望に応えて、公会議の体験によって生まれた積極的な精神を生き生きと保つために、一九六五年、教皇パウロ六世が自発教令『アポストリカ・ソリチトゥード』（一九六五年九月一五日）によって設置したものです。（以下略、なお算用数字を漢数字に代えて引用した。）

(9)［訳注］ポール・リチャード・ギャラガー Paul Richard Gallagher（一九五四年生まれ）、二〇一四年よりバチカン国務省外務局長を務める。

(10)［訳注］使徒座――教皇の座、教皇の権能・統治、あるいは教皇庁のこと。聖座とも言う。

(11)［原注］使徒座だけが赦すことのできる罪――聖変化後のパンとぶどう酒（キリストのからだに変わったパン、キリストの血に変わったぶどう酒）に対する冒瀆、自分の共犯者の罪を赦すこと［姦淫の罪を犯した司祭がその相手＝共犯者の罪を赦すこと］、教皇の同意なく司教を叙階すること、告解の秘密を守る義務の侵害、教皇自身に対する暴力行為。——〔訳注〕この他に、女性を叙階すること（あるいは女性が叙階を受けること）があり、以上合わせて六つの罪を赦す権能は通常は使徒座に留保されている。なお、いつくしみの宣教者たちが赦すことを認められたのは、叙階に関する二つの罪を除く四つの罪のことである。

(12)〔訳注〕堕胎の罪を赦す権能をもつのは、通常は司教だった。

(13)〔原注〕マルセル・ルフェーヴル Marcel Lefebvre（一九〇五～一九八一）、聖霊修道会の総長、第二バチカン公会議に反対し、聖ピオ十世会、エコン神学校を創立。一九八八年に破門された。

(14)〔原注〕一四の慈善（＝いつくしみ）の業《わざ》がある。七つの身体的な業と七つの精神的な業である。身体的な慈善の業は福音書、とくにマタイ福音書25章に示されているもので、以下のとおり。「飢えている人に食べさせること、渇いている人に飲み物を与えること、着るものをもたない人に衣服を与えること、宿のない人に宿を提供すること、病者を訪問すること、受刑者を訪問すること、死者を埋葬すること」。精神的な慈善の業は、友人との付き合いや、家庭・仕事・教会での日常的な生活の中でいかに振る舞うべきかを、きわめて具体的に、次のようにリストアップしている。「疑いを抱いている人に助言すること、無知な人を教えること、罪人を戒めること、悲嘆に打ちひしがれている人を慰めること、もろもろの侮辱をゆるすこと、煩わしい人を辛抱強く耐え忍ぶこと、生者と死者のために神に祈ること」。——〔訳注〕これら一四のいつくしみの業は、いつくしみの特別聖年公布の大勅書「イエス・キリスト、父のいつくしみのみ顔」15の中で実際に示されている。また、教皇は、いつくしみの特別聖年に関する連続講話の中でも具体的に語っている。『いつくしみ——教皇講話集』一八一ページ以降を参照。

(15)〔訳注〕カテケーシス——要理教育、カトリック教会の教えの解説のこと。ただし、ここでは教皇が毎週水曜日の一般謁見で行う講話のことで、より具体的には前の訳注でも紹介した「いつくしみの特別聖年に関する連続講話」のこと。

(16)〔訳注〕マタイ22・1－14、ルカ14・15－24参照。

(17)〔原注〕『いつくしみ深い神』、ヨハネ・パウロ二世の二番目の回勅、一九八〇年に書かれ、同年一一月三〇日発布。
(18)［訳注］聖ファウスティナ・コヴァルスカ Faustyna Kowalska（一九〇五～一九三八）、ポーランドの修道女で、イエス・キリストから神のいつくしみを人々に伝える使命を託された。フランシスコ教皇が「いつくしみの偉大な使徒」（大勅書「イエス・キリスト、父のいつくしみのみ顔」24）と呼んでいるファウスティナは、二〇〇〇年にヨハネ・パウロ二世教皇によって列聖された。
(19)［訳注］ワールドユースデー「世界青年の日」、フランス語 Journées mondiales de la jeunesse（JMJ）、英語 World Youth Day（WYD）――教皇ヨハネ・パウロ二世の提唱で一九八四年に始まったカトリックの若者たちの集会で、二～三年ごとに開催される。最初は一日か二日だけの集会だったが、第四回以降は六日間にわたって行われるようになった。教皇の招きに応じて世界中から、少ないときでも数十万人、多いときは数百万人の若者が集まる。一九九五年にフィリピン・マニラで開催されたワールドユースデーには五〇〇万人の若者が参加した。
(20)［訳注］からし種のたとえ、マタイ13・31－32、マルコ4・30－32、ルカ13・18－19参照。
(21)［原注］ランゴバルド族――スカンディナヴィア半島から移住してきたゲルマン民族で、六世紀にイタリア半島に定住し、今日のロンバルディアという名前の由来となった。
(22)［原注］聖霊降臨――復活祭の五〇日後、聖霊が使徒たちとそこにいた人々に降ったことを記念するキリスト教の祭日で、そのときのことは使徒言行録［2・1以降］に記されている。復活節を締めくくるこの祭日は、教会にとって、全世界にキリストの復活という福音を告げ知らせるという使命の始まりを示すものとなった。
(23)［原注］使徒言行録8・26－40参照。
(24)［訳注］使徒言行録17・16－34参照。
(25)［原注］マテオ・リッチ Matteo Ricci（一五五二～一六一〇）、イタリア出身のイエズス会士、北京で死去、中国文化を自分のものとした最初のヨーロッパ人。北京官話をローマ字で転写する方法を発明した。
(26)［訳注］「赦しなさい」についてはマタイ6・14－15、18・21－35、マルコ11・25、ルカ6・37、17・1－4参照。「行きなさい」については、たとえばイエスが弟子たちを派遣する場面（マタイ10・5－15、28・16

−20、マルコ6・7−13、16・14−18、ルカ9・1−6、ヨハネ20・19−23）を読むとよいだろう。なお、イエスが文字通り「危険を冒しなさい」と言っている場面は福音書の中には見あたらない。しかしイエスは、自分がユダヤの指導者たちから排斥され、殺され、三日目に復活すると弟子たちに予告した後、「わたしについて来たい者は、自分を捨て、自分の十字架を背負って従いなさい」と語っている（マタイ16・21−24、マルコ8・31−34、ルカ9・22−23参照）。イエスが弟子たちに迫害を予告しつつ、「恐れてはならない」と言っている場面にも注目したい（マタイ10・16−31、またマルコ13・9−13、ルカ12・4−7、21・12−17も参照）。それに、福音書全体を読めば、イエスが身をもって、危険を恐れるなと弟子たちに教えていることがわかるだろう。

（27）［訳注］マルコ16・15参照。

（28）［原注］ロベルト・デ・ノビリ Roberto de Nobili（一五七七〜一六五六）、イタリア出身のイエズス会士、南インドで宣教し、インド研究の先駆者となったが、キリスト教信仰のインカルチュレーションが教会を不安にさせた。

（29）［原注］マタイ23・22−26参照。——［訳注］原注が指摘する福音書の箇所は、イエスが群衆と弟子たちに向かって、律法学者やファリサイ派の人々の偽善を非難する場面の一部にすぎない。イエスの非難全体は、実際にはマタイ23・1−36に記されている。ただ、「イエスとファリサイ派とのドラマ」という言葉を、イエスがファリサイ派や律法学者に対して面と向かって非難している劇的な場面ととらえるなら、むしろルカ11・37−54を選びたい。なお、ファリサイ派あるいはファリサイ派と同じように考えるユダヤ人が、律法や言い伝えで禁止されていることを理由にイエスやその弟子たちをとがめようとする場面は、四つの福音書のさまざまな箇所に記されている。

（30）［原注］マタイ6・24−34参照。——［訳注］「だれも二人の主人に仕えることはできない。一方を憎んで他方を愛するか、一方に親しんで他方を軽んじるか、どちらかである。あなたがたは、神と富とに仕えることはできない」（マタイ6・24）。ルカ16・13にも同じ内容の言葉が記されている。

（31）［原注］Jean-Marie Lustiger, *Le Choix de Dieu, entretiens avec Dominique Wolton*, B. de Fallois, 1987参照。——［訳注］

ジャン＝マリー・リュスティジェ（一九二六〜二〇〇七）、ポーランド系ユダヤ人の子としてパリで生まれる。ナチスによる占領中、母をアウシュビィッツ強制収容所で失う。少年時代にカトリック信仰と出会い、一四歳で洗礼を受ける。一九五四年に司祭叙階、一九七九年オルレアン司教、一九八一年パリ大司教、一九八三年枢機卿に任命される。二〇〇五年に引退。ベネディクト十六世は、リュスティジェ枢機卿の死を悼むメッセージの中で、彼を「神を求め、世界に福音を告げることに熱心であった司牧者」、「キリスト教徒とユダヤ教徒のより兄弟的な関係を推進した信仰と対話の人」、「社会のすべての分野に福音をもたらすために自分の資質を惜しみなく捧げた優れた知識人」と称賛している。

(32)［訳注］メルキト派 Melchites ―― 古代キリスト教会でのキリスト論論争において、当時多数派だった単性論（キリストには神の本性しかないとする説）ではなく、キリストには人間と神との二つの本性があるとするカルケドン公会議（四五一）の決定に従った人々のこと。ただし今日では、ビザンチン典礼に属し、カトリック教会とギリシア正教会に分かれ、それぞれアンチオキア、エルサレム、アレクサンドリアの総大主教区を構成する教派のことをいう。

(33)［訳注］ロシア正教会はユリウス暦を使っていて、クリスマスはグレゴリオ暦（今日普通に使われている暦）の一月七日（ユリウス暦では一二月二五日）に祝う。一月六日はクリスマス・イブにあたる。なお、教会はユダヤ暦（日没が日付の変わり目となる）の伝統を受け継ぎ、クリスマスと復活祭の典礼は前日の晩から始めている。キリストの誕生も復活も、今日の日付からすれば「前日の晩」にあったことなので、復活祭やクリスマスの盛大な典礼は、前の晩に行われるのである。

(34)［原注］カルケドン公会議（四五一）――三位一体の教義を再確認し、キリストには人間と神との二つの本性が完全に融合していることを明らかにした。しかし、アルメニアへの情報伝達に混乱があって、カルケドンで確認された教義を否定するに至り、その結果、キリスト単性論を選択することになった。――［訳注］原注の「キリストには人間と神との二つの本性が完全に融合していること」（傍点訳者）という説明は誤解を招く恐れがある。カルケドン公会議が確認したのは、キリストは「神性を完全に所有し、同時に人性を完全に所有」し、「真に神であり、同時に理性的魂と肉体とから成る真の人間」であり、「二つの本性において、混合、変化、分割、分離せずに存在」する（『カトリック教会のカテキズム』467）ということである。つまり、「イエス・キリストは神性と人性という二つの本性を持っておられます。この二つの本性は混同することなく、神の御子の唯一のペルソナのうちに結合されています」（同481）ということだ。なお、「単性論」とは、キリストには神性しかないとする説のこと。ただ、アルメニア使徒教会は、単性論を教義としているわけではないと表明しているようである。

（35）［原注］ネルセスは二〇一五年六月二五日に死去。

（36）［訳注］二〇一五年四月一五日のこと。一九一五年のアルメニア人大虐殺から一〇〇周年にあたるこの日、フランシスコ教皇は、ネルセス・ベドロス十九世と共同司式で荘厳ミサを捧げた。このミサにはアルメニア大統領セルジ・サルキシャンはじめ、多数のアルメニア人が参加した。『教皇フランシスコ講話集　3』一一〇ページ参照。

（37）［原注］二〇一六年六月二四日〜二六日にアルメニア訪問が行われた。

（38）［訳注］アル・アズハル大学——カイロに本部を置くエジプトの公立大学。イスラム教スンニ派の最高教育機関として有名。

（39）［訳注］ウゴ・チャベス Hugo Chávez（一九五四〜二〇一三）、ベネズエラの軍人、政治家、大統領（一九九九〜二〇一三）。

（40）［訳注］液体状の経済 une économie liquide（英語なら liquid economy）——直訳すれば、（具体的な形をもたない）液状的・流動的・現金の経済となる（フランス語では liquide は形容詞「現金の、すぐに換金できる」、名詞「現金」という意味でもよく使われる）。

（41）［訳注］それまでラテン語で行われたミサや典礼が、それぞれの国・地域固有の言語で行うことが可能となった。第二バチカン公会議文書「典礼憲章」*Sacrosanctum concilium* とくに36「典礼の言語」、54「ミサにおけるラテン語と国語」、63「言語」参照。

（42）［訳注］ヨハネ17・6-19参照。

（43）［原注］『ディオグネトスへの手紙』は、匿名のキリスト者がディオグネトスという異教徒の高官に宛てた手紙で、二世紀末に書かれた。異教やユダヤ教に対してキリスト教が根本的に新しいものであることを示した護教的文書。

(44)［訳註］アテネでのパウロのことは使徒言行録17・16－34参照。

(45)［訳註］『福音の喜び』第一章「教会の宣教の変革」、「Ⅰ 出向いて行く教会」(20〜24)、「Ⅱ 回心する司牧」(25〜33) 参照。

(46)［訳註］「見よ、わたしは戸口に立って、たたいている。だれかわたしの声を聞いて戸を開ける者があれば、わたしは中に入ってその者と食事をし、彼もまた、わたしと共に食事をするであろう」(ヨハネの黙示録3・20)

(47)［原注］シャルル・ペギー Charles Péguy（一八七三〜一九一四）、作家、詩人、エッセイスト。生まれたときに洗礼を受けたが、カトリックの信仰を「見いだした」のは一九〇七年になってのことだった。

(48)［訳注］カテキズム――キリスト教の教義をまとめた書物、公教要理とも言う。子どもの信仰教育に使われる場合には、平易な文章による問答形式の、小型本の形をとることが多い。ただし、ヨハネ・パウロ二世のもとで編纂された『カトリック教会のカテキズム』（一九九七年ラテン語規範版認証・公布、邦訳は二〇〇二年に刊行された）のように、大部のものもある（日本語版を例にとれば、八〇〇ページを超える分厚い本である）。

(49)「信仰・希望・愛」の三つは「対神徳《たいしんとく》」と呼ばれている徳。「対神徳とは、直接に神を対象としたものです。対神徳は、キリスト者を聖三位との交わりのうちに生きるようにさせます」（『カトリック教会のカテキズム』1812）。より詳しくは、同1813〜1829、1840〜1844参照。

(50)［訳注］このときの演説の全文は『教皇フランシスコ講話集 3』一五〇〜一七三ページに「第二回草の根市民運動国際大会における演説」と題して収録されている。ただし、ここで抜粋されている部分は、全面的に訳しなおした。

(51)［訳注］三つのTはスペイン語 tierra（土地）、techo（屋根＝雨露をしのぐための屋根、つまり住まい、家のこと）、そして trabajo（仕事）の頭文字。なお、フランス語でも terre（土地）、toit（屋根）、travail（仕事）の三つのTとなる。

(52)［訳注］邦訳は『教会の社会教書』（中央出版社、一九九一年）に収められている。同書二二八～二二九ページ参照。なお、邦訳では当該箇所の番号は109ではなく117と付されているが、イタリア語版、スペイン語版、英語版のいずれも109となっている（ラテン語版には番号は付されていない）。

(53)［訳注］前掲『教会の社会教書』三一七ページ。

(54)［訳注］ランペドゥーザ島――アラブの春による騒乱の結果、二〇一一年以降、船でヨーロッパを目指した数十万人の北アフリカ人移民・難民が、イタリアのランペドゥーザ島に次々に漂着した。二〇一三年七月八日、フランシスコ教皇はランペドゥーザ島を訪れ、難民に対する世界の無関心を厳しくとがめ、連帯を呼びかけた。

(55)［訳注］二〇一六年四月一六日、フランシスコ教皇は、東方正教会のコンスタンチノープル総主教ヴァルソロメオス一世、ギリシア正教会のアテネ大主教イエロニモス二世とともに、ギリシア・レスボス島のモリア難民登録センターを訪問し、「あなたたちは孤独ではありません、希望を失ってはなりません」と励ました。

3

ヨーロッパと文化的多様性

二〇一六年七月。三日間で三回の対談になるだろう！　なんと多くの時間、そしてわたしにとってはなんというハイレベルの要求。とても暑い。ローマに観光客が押し寄せ、サン・ピエトロ広場は信者よりも観光客の方がずっと多い。さまざまなスタイル、物腰が入り雑じっている……わたしは道がわかり始めている。教会とヨーロッパ、文化的多様性。アイデンティティーと人間、国境の復活。教会のものとは異なるグローバリゼーションに対する見方を前にした教会。古い教会と新しい教会。この小さな領土に、時間と空間の外にあるような、かくもわずかな人たちだけしかいないのに、どのようにして存在するのだろう、ほとんど目には見えないが、広大な外部の現実に向かっての絶え間なき往復運動が？「歴史」と時間とが遍在している。一種めまいのようなものに、わたしはとらえられる。そして同時に、ごく少数の個人が、もろいけれど、重大な責任に向き合い、対話する義務を負いながら、コミュニケーション不能という試練にさらされている、ごく少数の個人がいるだけだ……

＊　＊　＊

ドミニック・ヴォルトン　ヨーロッパにおいて、政治的・文化的に、移住者や難民のために何ができるのでしょうか？　どんな目を見張るような行動をとることが可能なのか、あるいはとるべきなのでしょうか？　たとえば、二〇一七年一月一五日は「第一〇三回カトリック教会移住者・難民の日」です。その機会に、ヨーロッパの諸宗教が、移住者・難民のために行動を起こすことはできないのでしょうか？

フランシスコ教皇　その件については、ヨーロッパは同意しないでしょうね。わたしはヨーロッパについて三度演説をしました。二度はストラスブールで、一度はカール大帝賞授賞式の席で、そのことはすべて話しました。すべてです。

ヴォルトン　ええ、でも、状況は変わらなかった。

教　皇　努力はなされたと思いますが。

ヴォルトン　ドイツは少しばかり。メルケルが。フランスはだめでした。最も勇気を示したのはイタリア人とギリシア人です。彼らは実際に難民たちを助けましたから。寛大に連帯したのです。

二〇一六年一〇月一三日に、あなたは「難民や助けを必要としている人に扉を閉ざすキリスト者は偽善者です」と言われましたね。それはよかったのですが、その後は？　もちろん、あなたのせいにするつもりはありません。しかし、ヨーロッパの諸宗教による難民のための象徴的行動があってもよいのでは？　キリスト教、イスラム、ユダヤ教からの。

教　皇　ええ、発言することはできますよ。諸宗教が難民について発言しています。でも、政治的な問題があります。ある国には十分な場所がありません。必要な勇気がない国もありますし、恐れている国もあります。別の国は移民を統合することができず、ゲットーに押し込めています。とても複雑なのです。たとえば、アフリカ人の問題を考えてみましょう。彼らは戦争と飢餓のために逃げています。そして、彼らの国で戦争や飢餓が起こると、その次には問題がここに移ってきます。自らに問うべきでしょう、なぜあそこで戦争が起きるのかと。誰が武器を与えているのかと。

ヴォルトン　確かに、歴史的にも経済的にも、原因ははっきりしています。ただ問題は、なぜ他者に対する憎しみがヨーロッパでこれほどまで強く現れているのか、ということではないでしょうか？　ヨーロッパが移民に対してこれほど敵意を示すとは予想していませんでした。ヨーロッパ人の多くは、自分自身、移民の二代目、三代目であるというのに……

教　皇　テロと混じり合っているからでもあるでしょうね。

ヴォルトン　ええ、でもそれだけではないでしょう。

教　皇　それだけではたぶんないでしょう。でも、とても重要なことです。

ヴォルトン　確かに二つが混じり合っていることもあるでしょうが、残念ながらわたしには、他者に対する不信感の方がテロよりも重くのしかかっているように思えるのです。

教　皇　人生とはそんなものです。それが人生です〔フランス語〕(1)。

ヴォルトン　確かに、それが人生です！　カトリックは――一九四五年から一九六〇年にかけて、ヨーロッパ創設に大変重要な役割を果たしてきましたが――、この計画を再び推進するために、どんな貢献ができるのでしょう？　政治的ヨーロッパが建設されるにつれて、諸教会の関与も薄れて行きました。ヨーロッパの起源は社会主義とキリスト教民主主義です。政治的ヨーロッパへと向かっている今、なぜヨーロッパの五つの精神グループ――キリスト教、ユダヤ教、イスラム、社会主義、自由思想の五つは、共同のイニシアティブをとることができないのでしょうか？

　あなたはカール大帝賞の席で、ヨーロッパの魂を称賛されました。いかにすれば今日、人類史上最も民主的なユートピアのために、人々を結集させることができるのでしょうか？　二七から三〇の国々が――二五の言語をもつ五億の人々が――平和的に共存しようと試みることなど、いまだかつてなかったのではないでしょうか？

教　皇　ベネディクト十六世が、在位中最後となるアッシジの集いのとき、不可知論者たちを招待しました。これは重要なことです。彼らを無視することはできません。ヨーロッパについてわたしが考えていることは、ストラスブールでの二度の演説と、カール大帝賞を受賞したときの三度目の演説で、はっきり表明しました。わたしはあの賞は受けたくありませんでした。わたしは一度も栄誉を受けたことがありません、好きではないのです。謙遜だからではありません、気が小さいからでしょう。でも、謙遜からでないことは、はっきりしています。

栄誉は好きではありません。わたしは勲章［フランス語］は嫌いです。

ヴォルトン　……厳しいですね。

教皇　厳しいからかどうかわかりません。好きではないのです。でも、ずいぶんと考えた上で、受けることにしました。ヨーロッパのためになると思って受けたのです。というのも、ヨーロッパはいま危機にあるからです。ヨーロッパの一致が危機にさらされています。わたしが言ったことの一つ、わたしが強調したことでもあるのが、対話です。子どもたちは、小学校のときから対話することを学ぶ必要があります。

学校では、数学、文学、物理、化学は教えますが、対話はどうでしょう？　これは、学校の、教育の、現象学的構造でもあります。つまり、「わたしが話し、きみは聞く。何かわからなければ、きみは質問し、わたしは答える」ということです。これはあるプロセスの始まりとなり得るでしょう、そのプロセスをさらに進めて行けば、対話することを教えられるようにもなるのでは。

一つ覚えていることがあります。わたしが司教になって最初の年、一九九二年のことでしたが、ある中学校に行ったら、一人の女子生徒がわたしに「なぜ中絶してはいけないのですか？」と質問してきたのです。わたしはすぐに考えました、もしもわたしが「なぜなら……」と答え始めたら、誰もわたしの答えを受け入れないだろうと。それでわたしは言いました、「よい質問です。

皆で一緒によく考えてみましょう」。すると、皆が「なぜ」を探し始めました。学校では、何が問題なのかを探しながら考えを進めて行くことを教えるべきです。探しながら学ぶこと。「Q&A」ではないのです。

まず学校で始めるべきですが、その後も続けないといけません。わたしたちはなくしてしまいました——議会を見てください——、わたしたちはなくしてしまったのです、耳を傾ける文化を、それも、どうしようもないほどまで！

ヴォルトン まさにそれだからこそ、五大精神グループが、このヨーロッパ建設の問題に「少しは関わろう」と声をあげてもいいのではないのでしょうか。諸宗教からの呼びかけも、非宗教的運動からの呼びかけも、あり得るでしょう。

教　皇 でも、会議や対話はありますよ……

ヴォルトン 公的・民主的な場という観点からすれば、人の目にはふれていませんね……二〇一六年二月ハバナで、あなたはロシア総主教と共に「やっとわたしたちは会うことができました」と言われましたね。それと同じことを、諸宗教と、また精神グループと共に、政治的ヨーロッパのためにしてもいいのではないでしょうか？　つまり、たとえ無神論者であっても、フリーメイソンであっても、社会主義者であっても、ユダヤ人であっても、ムスリムであっても……ともあれ、ヨーロッパは民主主義と平和の最大の作業現場なのですから。

教　皇 それは政治の技術に属することだと思います、ただし、高尚な意味での政治に関わることですが。諸教会はその対話に加わり、今日ヨーロッパで起きていることについてよく考えなければなりません。ヨーロッパは具合がよくありませんから。

ヴォルトン　それでしたら、皆で盛大に集会をしたらいかがですか？　確かに、宗教的観点からも、世界との関わり方からも、それぞれ非常に異なってはいますが、ヨーロッパという世界史上最大の平和的・民主的な作業現場が体現しているものへの愛は共通していますし、皆がそれを支持しているのですから。あなたは、大文字で書く「政治」という意味での政治的行動を、すべての宗教、すべての思想グループと共に起こすことができるでしょう。もしもわたしたちヨーロッパが成功すれば、希望のモデルとなるでしょう。もしも失敗すれば最悪です。わたしたちだけでなく、世界全体にとって。ですから、諸教会は、盛大な行事をして、「これは大事なことなのだ」と訴えたらいいじゃないですか？　いかがです、象徴的でしょう？

教　皇　確かに、あなたが憂慮されていることは、わたしもよくわかります。あなたは「すべきだ」と言われる、だからわたしは、その「すべきだ」を引き受けて、その考えを広め、ヨーロッパに関する集いをするよう試みてみましょう。ヨーロッパの知識人たちとヨーロッパに関する集いをしてみたいですね。それは頭にあるのです。諸教会と一緒にすることもできるでしょう。すてきな言葉がありますね、ヨーロッパは大西洋からウラルまで続く……

ヴォルトン　ええ、ド・ゴール将軍(2)の「大西洋からウラルまで」という言葉と同じものです。それに彼は、ロシアを共産主義から離れさせたいと思って、ロシアまで含めたのでした。

教　皇　共通の価値観がありますね。でも、わたしたちの宗教間対話では、より特殊な神学的問題もあります。二つの異なった対話方式です。しかし、ヨーロッパに関するより全般的な対話に諸宗教を巻き込みながら、その対話をすることができます。カール大帝賞のとき、オランド大統領(3)がわたしに電話をくれて、それからすてきな手紙も届きましたが、授賞式には教育大臣を代表として派遣してくれました。わたしはとても感動しましたね。

ヴォルトン　ヨーロッパは文化共存の場ですし、またカトリックの経験もあり、ひいては世界規模での共存の経験もあります。

キリスト教的普遍性と文化的共存とは、二一世紀における平和の条件として、いくつもの共通点をもっています。政治的ユートピアにおいては、ヨーロッパ的共存というむしろ非宗教的なユートピアとカトリック教会の普遍的な理想とのあいだには、一つの共通点があります。カトリック教会は、すべての人たちが集う一種象徴的な機会を提唱できるのではないでしょうか？

教　皇　はい、できますよ。

ヴォルトン　（笑い）わたしはユートピア的すぎるのかもしれませんね……多文化共存にしても、カトリック教会の歴史の、そしてまたヨーロッパの歴史の、本質をなしているものですから。カトリック教会は、他者との関係、共存、対話という問題に関しては歴史的・哲学的遺産をもっています。確かに、過去には、大虐殺や支配がありました。今日では、それも変わりましたが、すべてがあまりに閉ざされたままです。あなたにもっと開け広げてもらわないといけないでしょうね。福音宣教をどうぞということでは必ずしもありませんが！

教　皇　はい、できるでしょう。

ヴォルトン　もちろんですよ（笑い）。たとえばどんなことをお考えですか？

教　皇　それはそれでよいのでしょうが、わたしたちはいま、政治や社会のさまざまな問題について対話しているわけですね。もちろん宗教的なテーマもあって、これはこれで話は進んでいますが、まだ他にも政治や社会に関わる問題はたくさんあります。たとえば死刑のこととか。

ヴォルトン　ええ、でもヨーロッパは全体として死刑については合意していますよ。ヨーロッパでは、もう死刑はありません。

教　皇　はい、でも、わたしたちのところでそのことが問題になっているのです[4]。それに、難民の受け入れや、家族を受け入れることについても……それからヨーロッパですが、ヨーロッパとは文化的統合の歴史、あなたがおっしゃるように、多文化共存の力強い歴史です。ずっと昔からそうです。ランゴバルド族、つまり今日のロンバルディア人ですが、彼らはずっと昔にやって来た蛮族です……それからすべてが混じり合い、今のわたしたちの文化になりました。でも、そう、ヨーロッパ文化とはなんでしょう？　いま、ヨーロッパ文化をどのように定義したらいいのか？ヨーロッパ文化の重要なルーツとしてキリスト教がありますす、それは確かですが、それだけでは十分な定義とは言えません。

わたしたちにはさまざまな能力があります。他者を受け入れ同化する能力が。文化には言語もあります。スペイン語では、単語の四〇パーセントはアラビア語からきています。なぜでしょう？　アラブ人が七世紀にわたってスペインにいたからです。そうやって彼らの痕跡を残したわけです。

ヴォルトン　そのことはあまり知られていませんね。それに、ヨーロッパはアラブやユダヤのルーツ、その他すべてのルーツを忘れすぎています……

教　皇　かつての政治はユダヤ人を追放することでした。一六世紀の政治は「あまりに」カトリック的でした。あまりにというのは良くありません。「わたしたちはこのように考える」と言うのは正常ですが、もしもわたしが「あまりにこのように」考えたりすると、事はうまく運ばなくなり、極端に走って、原理主義や孤立に陥り、対話を拒み、他者の言葉に耳を閉ざすことになります。

ヴォルトン　今日のヨーロッパは、同じような自閉的誘惑にさらされています。グローバリゼーションの脅威におびえて、ありもしないようなアイデンティティーを追い求めているのです。

教　皇　社会は均質化されてはいけません……均質化は決して実りをもたらしません。その結果は常に不毛です。

ヴォルトン　分裂と均質化というこの二重の危険を前にして、なぜ精神的影響力をもつ諸グループはこの政治プロジェクトの重要性を主張しないのでしょう？　ヨーロッパは、政治プロジェクトとしては壊れやすいのです。

教　皇　一つの発言がありました。それはすでに言いましたが、他にもいくつもの発言がありました。ヴァルソロメオス一世や、他の宗教者たちです。ところで、どうしたらヨーロッパにあの一致を取り戻させることができるのでしょう？　どうしたらそれを見いだせるのでしょう？　ヨーロッパにおける女性の役割を忘れてはならないとわたしは思います。女性には一つに結びつけるあの母親としての力があります。子どもたちはけんかをしますが、母親は仲良くするよう強く言います。ヨーロッパはもっと多くの勇気ある女性たちを必要としていると思いますね。勇気ある女性たちはいます。そうなのです、もっと多くの勇気ある女性たち、女性として、諸国民を一つにまとめ和解させ対話させるというこの仕事を実現することができる勇気ある女性たちが必要なのです。いまわたしは、『オッセルヴァトーレ・ロマーノ』に掲載された、一致としての母性に関するテキストを読んでいるところです。あなたはお読みになりましたか？

ヴォルトン　いいえ。

教　皇　次のときにもってきましょう、まさに時宜を得たテキストです。まさに女性ならではのダイナミックな力、才能というものがあります。ある女性たちがわたしに「いったいなぜわたしたちは助祭になれないのですか？」と言っています。これは教会内の役務《えきむ》ですから、しっかり考えることができます。わたしとしては、先進社会における女性の職務と役割よりも、こっちの方がいいですね。というのも、ある人たちはそれを女性の権利の要求と混同しているからです、まるで「スカートをはいた男性優位主義《マチスモ》」みたいに。そうではありません。違うのです。マチスモというのは、粗暴で否定的なものです。「スカートをはいたマチスモ」もそうです。女性が社会で果たすべき役割を表してはいません。ところが、女性はヨーロッパの一致に関して大きな役割を演じることができるのです。戦争のときも。二度の世界大戦では、真の英雄は女性たちでした。

ヴォルトン　ええ、女性について言えば、女性の役割はひどく過小評価されています。ところで、政教分離に話を戻したいと思います。ヨーロッパの力、そして教会の力は、政教分離を認めることです。ところが、原理主義が復活したおかげで、宗教と政治の融合という危険が再び生じています。カトリック教会は、はっきりと「だめだ、そっちに行ってはならない」と言うことができるでしょう。カトリック教会は、そしてキリスト教は、この宗教と政治の融合という幻想を告発することができるでしょう。それが、この三〜四世紀のあいだに、どんな不幸な結果をもたらしたかを見てきたわけですから……

教　皇　奇妙なことに、ヨーロッパの原理主義者たちは、いつもキリスト教を旗印に掲げています。教会を利用する必要を感じているのでしょうが、そのやり方は教会に反するものです、教会を歪曲しているのですから。

ヴォルトン　では、なぜ何か言わないのですか？

教　皇　国の名前を出すことは控えますが、一般原則としてこう言うことはできます、教会は原理主義的態度を正当化するために利用されることがあると。

ヴォルトン　自閉的誘惑や原理主義に対して、カトリック教会が真っ先に「だめだ、そっちに行ってはならない」と言えば、画期的でしょうね。あなたは、ありとあらゆる差異にもかかわらず共にあるというヨーロッパの挑戦・ユートピアが表していることの「最前線」に立つことになるでしょう。

教皇　そのテーマについてですが、わたしはよく、ここサンタ・マルタ館での朝のミサの説教でふれていますよ。

太陽の下《もと》、新しいものは何一つない[5]ですね。イエスの時代、イエスが話し始めたときにも、同じ問題がありました。民衆はイエスを完全に理解し、熱狂しました、イエスが権威をもって話したからです。反対に、当時の教会の博士たちは閉じこもっていました。原理主義者でした。「ここまではいいが、そこまではだめだ」と。わたしはいま使徒的勧告『愛のよろこび』で闘っています。いまだにある人たちが「それはいい、それはだめ」と言っているからです。でも、別の論理が存在します。イエス・キリストは、戒律となってしまっていた慣習を守りませんでした。重い皮膚病を患っていた人たちに触れたからで[6]、これはしてはいけないことでした。イエスは姦通の女を石打ちの刑にはしませんでした[7]、皆がそうしていたのですが。イエスはサマリアの女と話しました[8]、汚れるからしてはいけなかったことだったのに。イエスは出血症を患っていた女が自分の服に触れるのを妨げませんでした[9]、それは不浄とされていたことだったのに。律法を守らなかったイエス・キリストと、皆が守っていた律法の、どちらが間違っていたのでしょう？　律法は退廃していました。そうです、原理主義のせいです。それでイエス・キリストは、逆方向をとることで答えたのです。

このことは、文化のあらゆる面にあてはまると思います。わたしが意図的に調和を破壊したとき――というのも、調和の破壊は常に意図的になされることですから――、わたしがある一つの要素を取り上げ、それを絶対視したとき、わたしは調和を破壊します。それが原理主義者のしていることです。

ヴォルトン ヨーロッパについての最後の質問です。ヨーロッパについて一言おっしゃるとすれば、どういう言葉になるでしょうか？ 夢、ユートピア、願望？

教 皇 ヨーロッパには一つ問題があります。ヨーロッパは自由ではありません。ヨーロッパの経済は、大地が生み出す経済ではありません、しっかりとした形をもった個体状の経済ではありません。「個体性」を失ってしまったのです。金の流れに左右される液体状の経済、ファイナンスです。それで、若者に仕事がないのです。

ヴォルトン ファイナンスは、あまりに不平等な自由主義[10]の一つのモデルです。ファイナンスが経済を食い尽くし、経済が政治を食い尽くす……ヨーロッパは、今日では、世界でただ一つ完全に自由主義的な地域です。至るところで規制が復活しているのに、ヨーロッパは一九八〇年代の自由主義経済の価値観を引きずったままなのです！

教 皇 リアル対バーチャルですね。現実から切り離されたバーチャル世界、そこでの唯一の行動方式が破壊を誘発することに。

ヴォルトン　先ほど「ヨーロッパは自由ではありません、なぜならファイナンスが……」と言われましたね。その続きを話していただけませんか？

教　皇　……それは、ある大使が信任状をもってきたときに、わたしにこう言ったのです、「わたしたちは、金銭という偶像崇拝に陥ってしまいました［フランス語］」。ヨーロッパも同じ罠に陥ってしまいました。そこで、わたしは個人について、ヨーロッパの指導者たちについて話したいと思います。ここにやってくる政治家たちと話しながら気づいたのですが、若い人たちは別のトーンで話すということです。彼らは、交渉せざるを得ないのですが、別の理想をもっています。わたしは、ヨーロッパの若い政治家たちを大いに信頼しています。彼らを助けるべきだと思っています。いま、ヨーロッパには偉大な指導者たちがいます……メルケルがヨーロッパの偉大な指導者であることは間違いありません。あなたはツィプラス[11]と話したことはありますか？

ヴォルトン　いいえ、話したことはありません。

教　皇　彼と話すといいですよ。わたしがレスボス島に行ったとき、彼はとても控え目でした。離れたところにいて、自分を見せびらかそうとはしませんでした。でも、最後になって、わたしがシリアからの難民一二人――全員ムスリムでした――をローマに連れて帰ろうとしたとき、彼はコメントしました。そしてわたしに、とても勇気のあることを言ったのです、「あらゆる条約に優先するものは、人間の権利です」と。そのように考える政治家です、未来を考える政治家です、ヨーロッパとは何かをしっかりと考える政治家です。そのように考える若い人たちはたくさんいます。民衆運動について考えるといいですが、そのことはあとで話すことにしましょう。

ヴォルトン ヨーロッパとラテンアメリカに話を戻しますが、この二つを比べて最も強く印象づけられたことはなんでしょうか？

教　皇 ラテンアメリカにおける民衆の信心には、とても強いものがあります。ヨーロッパのいくつかの地域にも、同じ現象が見られます。ヨーロッパでは、民衆が歴史と信仰教育の主人公でした。ラテンアメリカでも同じです。発展が遅れてはいますが、同じようにイデオロギー的・経済的植民地主義に支配されています。わたしたちは自由ではありません。確かに、わたしたちにはわたしたちのあり方がありますが、多国籍企業はわが物顔に振る舞っています！　ブラジルを見てください……でも、これはわたしが話題にすることではありませんね。

ヴォルトン ラテンアメリカについて二つ質問があります。なぜ司教団は、進歩派よりも保守派の体制の側につくことの方が多いのでしょうか？

教　皇 大多数は……なぜなら、司教団の一部には、良い意味での進歩派がいるからです。民衆の牧者たちですね。フランスの六八年五月(12)と結びついた、イデオロギー的進歩主義があります。このイデオロギー的進歩主義は消滅しました。でも、「民衆の」と言われる神学があります。民衆が信仰を前進させるというものです。これは、ラテンアメリカではとても発展しています。でも、ある国々では、オーナー司祭、君主司祭、殿様司教といった問題もあります……

ヴォルトン 「民衆の神学」というテーマで勝てますか？　グローバリゼーションによる不平等の

拡大で、マルクス主義が再び活気づき、「解放の神学(13)」というテーマも復活するのでは？　民衆の神学はどうなるでしょう？

教　皇　そうですね。民衆は、一度もあの小集団を受け入れませんでした。民衆には民衆の信心、民衆の神学があります。健全で具体的なもので、家族や仕事を基盤とした価値観に支えられているのです。民衆は、その罪さえ具体的です。反対に、あのイデオロギー的神学の罪には「天使性(14)」がありすぎます。最も重大な罪は、天使的な要素がたくさんある罪です。それ以外の罪は、天使的な要素はほとんどなくて、とても人間的なのです。おわかりいただけますか？　わたしは「天使性」という言葉を使うのが好きです。なぜなら、最悪の罪は傲慢の罪、つまり天使たちの罪だからです。

ヴォルトン　はい。一つ明確にしておきたいことがあります。あなたはよく民衆について話されますが、ヨーロッパではこの言葉は信用されていません。社会、共同体、個人という言葉は使います。しかし、「民衆」という言葉はあまり使われません、そもそもはとても良い言葉なのでしょうが、極右や極左が濫用した歴史が染みついているポピュリズム(15)と結びついているのです。

教　皇　民衆はヨーロッパにもいますよ。

ヴォルトン　もちろんです。

教　皇　でも、民衆は論理的な概念ではありません。神話的な概念です。「神話」なのです。民衆を理解しようと思ったら、フランスやイタリアやアメリカの村に行けばいいのです。皆、同じですよ。そこに、民衆の生活があります。でも、説明することはできません。国民と国と民衆との違いを説明することはできます。国は国境で囲まれているところ。国民はその国を法的に構成している人々です。でも、民衆は別のものです。最初の二つの言葉は論理的概念ですが、民衆は神話的概念です。民衆を理解しようと思ったら、民衆と共に生きなければなりません。そして、民衆と共に生きた人だけが、理解できるのです……わたしはドストエフスキーのことを考えています。彼は民衆を理解していました、「神を信じない者は民衆を信じない」。これはドストエフスキーの言葉です。

ヴォルトン　確かにそう言うべきです、繰り返し言うべきですね。なぜなら、民衆という言葉はもはや政治の領域では十分に使われていませんから。せいぜい軽蔑的にポピュリズムと一緒くたにされたり、人を扇動するためや、権威主義的に歪曲して使われるぐらいです。確かに、民衆という言葉を再評価する必要があるでしょうね、あなたの言われる人間学的な意味で。

教　皇　「民衆」という言葉を論理的概念として使いすぎるからです。ポピュリズム、たとえば「あれは、ポピュリストの政党だ」などというのは、その理屈から来ています。しかし、民衆は神話的現実です。それを生きるか、それとも生きないか、そのどちらかです。フランスにだって作家がいますよ、『オーギュスタン』を書いたジョゼフ・マレーグという作家が。彼は「聖性の中流階級」[16]という、とてもすてきなことを言っています。彼には直感があります、聖性ということについて、民衆とは何かということについて。それにペギー、彼も民衆を理解していました。

よく理解していた人です。

ヴォルトン　ええ、でもフランスでは、ペギーはほとんど「呪われた詩人」ですよ、「反動的」でしたから。もちろん、偉大な詩人ではありますが。

教　皇　彼は民衆を理解していました、それもとてもよく。反対に、レオン・ブロワ[17]は、わたしの意見では、民衆をあまりよく理解していませんでした。民衆をイデオロギーとして理解していたのかもしれません。それと、もう一人優れたフランス人がいます。ベルナノス[18]です。彼は民衆を理解していました。あの神話的概念を理解していました。反対に、アクション・フランセーズ[19]やビヨ枢機卿[20]は……ビヨがどんな結末を迎えたか、ご存じですか？

ヴォルトン　いいえ。

教　皇　ビヨ枢機卿はアクション・フランセーズと深く関わっていました。ピオ十一世教皇は彼にとてもとても厳しい手紙を送ったそうです。枢機卿団との会見のとき、ビヨは皆と一緒に来ていました。教皇は枢機卿たちに挨拶していきましたが、ビヨのところに来たとき、ビヨはこう言いました、「教皇聖下、申し訳ないことをいたしました。どうかお赦しください、枢機卿を辞任[21]いたします」。そこで、ピオ十一世はどうしたと思います？「受理します」と言って、ビレッタを取り上げたのですよ。歴史的事件です。

ヴォルトン　（笑い）それは何年のことですか？

教　皇　一九二七年だったと思います。

ヴォルトン　現代性というイデオロギーから抜け出すためにはどうしたらいいでしょう？「教会は進んでいる」とか「教会は遅れている」とか言われますが。

教　皇　わたしが思うに、現代性という言葉は二重の意味をもっています。さまざまな現代世界があって、それはチャーリー・チャップリンの映画[22]を見れば十分でしょう……いまわたしたちが目にしている現代性があります。そして教会は、今日の生活様式は受け入れなければなりません。でも、別の意味があって、それは世俗化と同一視されています。これは、キリスト者にとっては否定的な言葉です。キリスト者は世俗化してはいけません。この世界、この世の中で、現代を生きなければいけませんが、世俗化せずに生きるのです。キリスト者は世界に対して別のメッセージをもっています。世界の良い部分を取り入れて、世界と対話すべきです。

ヴォルトン　社会はこの一五〇年のあいだに大きく変わりました、公衆衛生、民主主義、政治、自由、平等の面で。こうした宗教とは関わりのない政治的進歩が、教会に何をもたらしましたか？教会は絶対に言いませんよね、「ありがとう、現代世界は素晴らしい」とは。むしろ、「注意せよ！」と言うことの方が多いですね。

教　皇　第二バチカン公会議が、そちらの方向に門を開いたと思いますが。

ヴォルトン　二つの歴史が並行してあります。教会の歴史があり、そして進歩と民主主義の歴史があります。もちろん、常につながりはありますが、現代が何をもたらしたかを教会が言うことはめったにありません……

教　皇　それはちょっと言い過ぎだと思いますよ。

ヴォルトン　どういう点でですか？

教　皇　文書や演説で、教会は現代世界を大いに称賛していると思いますがね。パウロ六世を見てください、それからピオ十一世も。ピオ十一世は、バチカン放送や、他にも現代的なことをたくさん始めました。三つのレベルで検討してみましょう。文書には、現代世界への敬意や開放が見受けられます。「これには注意せよ」との指摘や、警告もありはしますが。第二に、教会の指導者層の中には、反対する人たちもいますが、そうでない人たちは勇気をもってやっています。最後に、基本的に、最も苦しむのは神の民です。一般信徒は、現代の悪い面の奴隷に、より簡単になってしまいます。より簡単にということで、「常に」ではありませんよ。子どもの肥満を見てください、フライドポテトやホットドッグやコカコーラといった現代の食べものを食べているからです……

ヴォルトン　ファーストフードについては、もちろんそうです。しかし教会は、現代において――事実そうなのですが――進歩があると言うことができますし、それと同時に、意味のない現代性、寛大さをもたない、非常に利己的な現代性を糾弾することもできます。その二つを言うことができます。そこでわたしが言いたいのは、カトリック教会は、その歴史全体からして、教条主義に陥ることなく、「現代性と進歩において良いものはこれである、人間を一人ぼっちにしてしまうものはこれである」と言える立場にあるということです。あなたのお考えでは、教会にとって政治は、どこから始まりどこで終わるものですか？

教　皇　教会は愛の業《わざ》をすべきで、わたしの前任者たち、ピオ十一世もパウロ六世も、愛徳の最高の形の一つが政治であると言いました。教会は「高次元の」政治に関与すべきです。なぜなら教会は高次元の政治をするからです。人々を福音が示すところに向かわせるという意味での政治です。教会は、党派的な政治やその類いのすべての「低次元の」政治には手を出してはならないのです。反対に、教会は低次元の政治にひどく利用されています……ひどく利用されているのです。たとえば原理主義者にですが、そのことはすでに話しましたね。フランスの歴史を考えてみてください。例の「神父様」[23]のことを。あの「神父様」とはなんのことでしょう？　宮廷に仕え、低次元の政治に励んでいた司祭たちです。この司祭たちは牧者ではありません。本物の牧者はアルスの司祭[24]です。聖ピエール・フーリエ[25]もそうです。彼は宮廷の聴罪司祭でしたが、いつも離れた場所にいました。人が心の問題を打ち明けにやってくるのを待っていましたが、低次元の政治に関わることはありませんでした。わたしはちっともいいと思いませんね、司牧をそっちのけにしてレセプションに顔を出したり、飛行機で飛び回るのが好きな司教や司祭なんて……

ヴォルトン　二〇一五年五月、ボゴタでだったと思いますが、あなたはキリスト教共同体の会議で「カトリック信者はバルコニーから眺めるだけで満足してはならない」と言われましたね。つまり、政治に関与すべきだということですね？

教　皇　はい！　ただし、大きな政治にです。

ヴォルトン　もちろんです。

教　皇　それは、リオデジャネイロで言ったのだと思います、「バルコニーから眺める」。移りゆく歴史を眺める［フランス語］。

ヴォルトン　なぜ教会は、左翼のカトリック、労働司祭、解放の神学に対しての方が、右翼のカトリック、聖ピオ十世会、あるいはしばしば独裁政権に対してよりも、厳しいのでしょうか？　なぜです？

教　皇　何をおっしゃりたいのか、よくわかりません。なぜ教会は右翼のカトリックよりも左翼のカトリックに対して厳しいのか、ということですか？

ヴォルトン　ええ。歴史的に見て、二〇世紀には……

教　皇　それはたぶん、左翼はいつも新しい道を探すということでしょう。反対に、現状を維持し、硬直化すると、脅威にはなりませんし、平穏に暮らしていけます……しかし、それでは教会は成長しません。それは、わたしにとって脅威とはならないものです。でも、それを左翼と呼びましょう、ただの左翼ではなく、イエス・キリストの左翼です。これは彼らにはとても危険なものでした。しばしば左翼は……でも、好きじゃないですね、この言葉は。

ヴォルトン　でしょうね。しかしそれは民主主義における政治的語彙ですよ、普通は二つの陣営に分かれていますから。

教　皇　福音は……教会はしばしばファリサイ派と同一視されてきました。罪人《つみびと》と同一視されるのではなくて。貧しい人たちの教会、罪人《つみびと》の教会……

ヴォルトン　あなたは「貧しい人たちのための貧しい教会」と言われましたね。ええ、でもそれが福音です、それがあなたです。しかし、教会という組織もあります。

教　皇　教会指導者の罪があります、賢明さを欠き、操られてしまって。でも教会は、司教でも、教皇でも、司祭でもありません。教会は民衆、民です。それに第二バチカン公会議も言っています、「神の民は、全体的に見て、誤ることはない」と。(26) もしも教会を知りたければ、村に行ってみてください、教会の生活が実感できます。病院に行ってみてください、たくさんのキリスト信者が手伝いに来ています、一般信者やシスターたちが……アフリカに行ってみてください、たくさんの宣教者たちがいて、そこで身を粉にして働いています。彼らは真の革命を実行しているのですよ。改宗させるためではありません、改宗などと言っていたのは昔のことで、今は奉仕するためにそこにいるのです。

ヴォルトン　教会の最も根本的なメッセージは、昔から、福音の時代から、金銭欲という狂気を糾弾することでした。なぜこのメッセージは聞き入れられないのでしょう？

教　皇　通用しませんか？　教会の説教や神学の講義で道徳の話をするのが好きな人たちがいるからでしょうね。説教する者にとって大きな危険があります、つまらない話に陥ってしまうことです。「ベルトよりも下の」こと——こんな言い方をして恐縮ですが——そのことだけを罪だと言って非難して終わりなんですね。でも、他にもっと重大な罪がいくつもあるのです、憎しみ、妬み、傲慢、虚栄、人を殺す、命を奪う……、ところが、そういうことはあまり話しません。マフィアに入る、闇取引をする……「あんたは善良なカトリックかい？　だったら小切手をよこしな」。

ヴォルトン　同感ですね。ところで、何世紀にもわたる教会の罪や収奪を指摘してやまない人たちには、なんとお答えになりますか？

教　皇　教会が仕えることをやめて、主人になってしまったときのことですか？

ヴォルトン　はい、それが長いこと続きました。

教　皇　ええ、でもそれが当時の文化だったこともあります。教会はそうした文化はなくしました。

ヴォルトン　歴史的背景ですか……それで十分な説明だとお思いですか？

教　皇　何かを引き起こす要因として歴史的背景があり、教会はそうした状況の中で選んできました。中世の信仰教育について話したかどうかわかりませんが、それは大聖堂の中で教えられていました。民衆は大聖堂の中で真の信仰を学んだのです。一九七四年に、会(27)とローマ聖庁とのあいだにもめ事があったとき、わたしは総会に出席していました。伝統主義者たちは、クレメンス十四世の墓がある十二使徒教会に花を献げに行っていました。会の解散を願ってのことで、この教皇のときに実際そうなりましたから(28)。誇り高きイエズス会士として申し上げますが、会は光栄にもイエス・キリストの死と復活にならうことになりました。教皇の決定に従って一度は消滅しましたが、別の教皇のときに生き返ったからです。会はプロテスタントのドイツ人女性に救われました、後に正教に改宗した偉大な女性、エカチェリーナ二世[29]です。彼女が会を救ったのです。マリア・テレジア[30]は最後まで抵抗しましたが、あきらめざるを得ませんでした。彼女の子どもたちは皆ブルボン家と結婚していたからです[31]。

ヴォルトン　ええ、長い歴史ですね。政治に関わるにあたっては何を心がけるべきか、ごく簡単なメッセージをいただけますか？

教　皇　仕えるためにすること、愛ゆえにすることですね。自分の利益のためとか、金銭欲や権力欲のためにしないこと。ヨーロッパの偉大な政治家たちがしたようにすることです。欧州統合の三人の父たち、シューマン、アデナウアー、デ・ガスペリ[32]のように。模範となる三人ですが、他にもいますよ。

ヴォルトン　二〇一六年五月に、カール大帝賞の席で、あなたは「橋をつくり、壁を倒さなければならない」と言われましたね。どう考えればいいでしょう？　何か例をあげていただけますか？

教　皇　握手することです。わたしが誰かに手を差し出すとき、わたしは橋を架けようとしています。そこに人がいて、わたしがその人に関心をもつとき、わたしは橋を架け始めているわけです。
　わたしの考えでは、最も人間的な橋、すべてに共通する橋はそれです、握手することです。握手できずに、相手に対して（身振りをしながら）こんなふうにする人は、橋を架けることができません。

ヴォルトン　今日のヨーロッパで橋と言ったら？　例とかシンボルになるようなものをあげていただ

だけますか？

教　皇　難民を受け入れることですね……そしてまた、彼らのところ、彼らの国に行って、彼らが生き残れるように助けることです。平和な状態を取り戻し、仕事をつくりだして、彼らが逃げなくてもすむようにすること、投資することです。

ヴォルトン　ええ、ヨーロッパはとても金持ちですから。

教　皇　あの世に金をもっていくことはできません！　引っ越しのトラックが霊柩車の後を行くなんて見たことがないですからね……

(…) 創造力、自らの限界から抜け出し立ち上がる力、天分は、ヨーロッパの魂を特徴づけるものです。前の世紀に、ヨーロッパは人類に、新たな出発は可能であると示して見せました。今も記憶に残る最も悲惨な戦争へと至った悲劇的な衝突の年月の後に、神の恵みによって、前代未聞の新たなるものが歴史に出現したのです。瓦礫の灰は、欧州統合の父たちの心に燃えていた希望の火、他者との和解を求める熱意を消すことはできませんでした。彼らは平和の城壁の基礎を築きました、力によるのではなく、敵対を永久に放棄し、共通善を自由に選択することによって一つとなった国々による建造物の基礎を築いたのでした。ヨーロッパは、数多くの分裂の後、ついに自らを取り戻し、自分たちの家を建て始めたのです。

この「諸国民からなる家族[33]」は、これまでに目を見張るほどの発展をとげたものの、欧州統合の父たちが考えた賢明な計画からときとして離れ、共通の家につくってしまった壁を、最近ではあまり意識していないようです。あの新たなものを求める雰囲気、一致をつくりだそうという熱気は、次第に弱まっているように見えます。わたしたち——あの夢を抱いていたわたしたちは、利己主義の誘惑に負けようとしています。自分たちの利益を考え、自分たちだけの囲いをつくることを考えています。それでもわたしは確信しています、あきらめや疲れはヨーロッパの魂にはないと。そしてまた、「困難は一致に向けての強力な推進力となり得る」[34]と。

欧州議会で、わたしはあえて「おばあさんヨーロッパ」と申しました。欧州議会議員の方々に言いました、あちこちでこんな印象が、――年老いて疲れ果てているヨーロッパ、不毛で生命力をなくしたヨーロッパ、かつてヨーロッパを鼓舞した偉大な理想は魅力を失ってしまったようだ――、そんな印象が広がっています。衰えて、生み出す力も創造力も失ってしまったようなヨーロッパ。包摂と変化のプロセスを創造するよりも、空間を確保し支配しようという誘惑に駆られているヨーロッパ。社会の中に新たなダイナミズムを推進する行動を重視しようとはせず、「自分の中に閉じこもり」つつあるヨーロッパ。いまヨーロッパに必要なのは、社会を担うすべての人、すべてのグループを巻き込み動かす力をもったダイナミズムです、いまヨーロッパが抱えている諸問題に対する新たな解決策を見いだし、重要な歴史的事件において成果をもたらすよう人やグループを駆り立てるダイナミズムなのです。ヨーロッパは、空間を保持するのではなく、プロセスを生み出すことのできる母となるべきです(『福音の喜び』223参照)。

(…)ロベール・シューマンは、ヨーロッパ共同体誕生の瞬間と多くの人が認めているあのとき、こう言いました、「ヨーロッパは一挙になるものでも、一度に全体ができあがるものでもありません。ヨーロッパは、具体的な成果を積み上げることによって、まず第一に事実としての連帯をつくりだすことによって、できあがっていくのです」[35]。今まさに、この分裂し傷ついた世界において必要なのは、あの事実としての連帯に立ち返ること、第二次世界大戦後に生まれたあの具体的な寛大さに立ち返ることなのです。なぜなら――シューマンは続けてこう言っています――「世界の平和は、それを脅かす危険に立ち向かう創造的な努力なしには守ることはできないでしょう[36]」から。欧州統合の父たち、平和の先触れにして未来の予言者たちの計画は、時代遅れのものではありません。彼らから学ぶことが、今ほど必要なときはありません。橋をつくり、壁を倒すのです。（…）

ですから、ヨーロッパ諸国民からなる共同体は、自分の殻に閉じこもり一方的な対応に終始する誘惑、「イデオロギーによる植民地化」という危険を冒す誘惑に打ち勝つことができるでしょう。さまざまな文明・民族の出会いから生まれたヨーロッパの魂を、今日の欧州連合よりも広大で、新たな統合と対話のモデルとなるよう促されているヨーロッパの偉大な魂を、むしろ再発見することになるでしょう。ヨーロッパの顔は、実際に、他者との対比によるのではなく、その表情に多様な文化が刻み込まれているという事実によって、閉鎖的になることをよしとしない気高さによって、際立っているのです。

（…）わたしたちがいやというほど繰り返さなければならない言葉があるとすれば、それは対話という言葉です。わたしたちは、対話の文化を推進するよう招かれています。あらゆる手段を用いて人々の要望をくみ上げることによって、社会組織の再構築を目指すのです。対話の文化には本物の学習、地道な修練が必要です。その学習、修練を通じて、わたしたちが、他者を正当な対話者として認めることができるようになるためです。わたしたちが、外国人、移住者、他の文化に属する人を、敬意をもって耳を傾けるべき相手と見ることができるようになるためです。今日、わたしたちにとっての急務は、社会を担うすべての人々を巻き込みながら、「出会いを形づくる対話を重視する文化」を促進し、「コンセンサスと一致とを追求しつつ、誰一人排除することのない、公正で、過去をしっかりと記憶する社会の建設[37]」に取り組むことです（『福音の喜び』239）。

（…）この対話の文化は、すべての学校の教育課程に教科を横断する軸として組み込まれるべきもので、わたしたちがなじんでいるやり方とは違った形で衝突を解決する方法を、若い世代に教え込むときの助けとなるでしょう。

（…）最近わたしはこんなことを考え、自問しています。どうしたら若者たちを、そうした社会の建設に参加させることができるのだろうか、――わたしたちは、若者たちから仕事を奪っているのに、まっとうな仕事さえあれば、若者たちは自分の手、自分の頭、自分のエネルギーを使いながら、人間的な成長をとげることができるはずなのに。どうしたら若者たちに、彼らこそが主役となるべきだし、そうなれるのだということを認めさせてやれるのだろうか、――何百万というヨーロッパの若者が失業し、あるいは不安定な仕事にしかつけずにいるというのに、しかもその比率は高まる一方なのに。どうしたら若者たちの流出を食い止めることができるのだろうか、――ここ、彼らの生まれ育ったこの土地で、わたしたちが彼らにチャンスも意義も与えることができないために、彼らは理想と落ち着く場所を求めて、ついにはよそに行くしかないというのに。

（…）わたしは夢見ています、若々しいヨーロッパを。まだ母となる力があるヨーロッパを。生命を尊重し、生命への希望を約束してくれる、生命力あふれる母であるヨーロッパを。わたしは夢見ています、子どもを世話するヨーロッパを。兄弟として貧しい人を助け、すべてを失い避難所を求めてやってくる人を助けるヨーロッパを。わたしは夢見ています、病気に苦しむ人々、年老いた人々を大切にし、その声に耳を傾け、この人たちが非生産的な役立たずとして見捨てられることがないようにするヨーロッパを。わたしは夢見ています、難民や移住者を厄介者と見なすのではなく、人間としての全き尊厳をもつ者として暖かく迎え入れるヨーロッパを。わたしは夢見ています、若者たちが、誠実というすがすがしい空気を呼吸し、文化の美しさを愛し、消費主義からくる果てしない欲求に汚染されていない簡素な生活の美しさを愛することができるようなヨーロッパを。結婚し子どもをもつことが、安定した仕事がないために問題となってしまうのではなく、責任と大きな喜びとなるようなヨーロッパを。わたしは夢見ています、家族たちと共にあるヨーロッパ、数字よりも一人ひとりの顔を見据え、富の増加よりも子どもの誕生を中心に据えた、真に有効な政治が行われるヨーロッパを。わたしは夢見ています、すべての人に対する義務を忘れることなく、一人ひとりの人間の権利を促進し擁護するヨーロッパを。わたしは夢見ています、人間の権利に対する責任はただのユートピアにすぎないなどとは言わせないようなヨーロッパを。

ありがとうございました。

二〇一七年三月二四日、バチカン宮殿、ローマ条約締結六〇周年を記念しイタリアに集まった欧州連合加盟国首脳たちへの演説

ようこそ皆さま。

ヨーロッパ経済共同体とヨーロッパ原子力共同体の創設となる条約調印六〇周年記念日の前夜にあたる今晩、こうしてお集まりいただいたことを心から感謝申し上げます。皆さま方お一人おひとりに、それぞれのお国とヨーロッパ全体に対してわたしたち聖座(38)が抱いている親愛の念を、表明したいと思います。皆さま方のお国とわたしたち聖座は、神のみ摂理によって、固く結ばれているのです。(…)一九五七年三月二五日は、期待と希望、熱意と不安に満ちた一日でした。それだけでも例外的な事件であったこの日は、その影響が及んだ範囲の大きさと歴史的な結果とによって、歴史上類を見ぬ日であったと申せましょう。(…)

ヨーロッパ創設の父たち、責任を担ってこの日に臨んだ人たちは、二つの条約に署名しながら、今日わたしたちが欧州連合と呼んでいるこの政治的、経済的、文化的な現実に、そして何にもまして人間的なこの現実に、自分たちがいま生命を与えつつあるのだと意識していました。(…)ヨーロッパ統合政治プロジェクトという鼓動する心臓が人間へと発展・成長しなければならないことは最初から明白ではありましたが、二つの条約が死文化する危険もまた明らかにありました。条約は

命の霊に満たされねばなりませんでした。そして、ヨーロッパに最初に生命力を与えたのが連帯精神でした。(…)他者に対して自らを開く力は連帯精神から生まれます。「わたしたちのプランは利己的なものではありません」とドイツ首相アデナウアーは言いました。フランス外相ピノーもそれに呼応してこう言っています、「わたしたち各国は、互いに団結しますが(…)他の世界から孤立しようとしているのでもなければ、越えることのできぬ壁を周囲に築こうとしているわけでもありません」。壁と分裂による悲劇を知っていた世界において、統一され開かれたヨーロッパのために働くことの重要性は明らかでしたし、大陸を分断していたバルト海からアドリア海に至るあの人工的な障壁をなくすために力を合わせようとする意志も同様です。あの壁を倒すのにどれだけ苦労したことでしょう！(…)記憶の不在は今の時代を特徴づけるものですが、人々は、一九五七年に示された連帯精神の実りであるもう一つの偉大な成果——この何世紀かのあいだで最も長く続いた平和という成果——を忘れがちです。(…)[39]

この六〇年のあいだに、世界は大きく変わりました。ヨーロッパ統合の父たちは、破壊的な戦争を生き延び、より良い未来への希望に駆り立てられ、新たな戦争が起こるのを防ぐためにも、断固たる決意をもってその仕事を続けていました。ところが今の時代は、危機がさらに蔓延していきます。この一〇年間を特徴づける経済危機があります、家庭の危機、安定した社会モデルの危機があります、「制度の危機」が広がり、難民の危機があります。多くの危機の背後には、現代人の恐れと深い混乱が隠されており、未来のための新たな解釈が必要となっています。しかしながら、「危機」という言葉それ自体は、否定的な意味合いをもっているわけではありません。乗り越えるべき悪い時期という意味だけをもつのではありません。危機という言葉はギリシア語の、検討する、評価する、判断するという意味の動詞 crino（κρίνω）からきています。（…）それではどう解釈すればよいのでしょうか？　現在の困難を読み解き、未来のための答えを見いだすための鍵となるのはなんでしょうか？　欧州統合の父たちの思想を思い出すことは、はたして不毛な行為なのでしょうか？　それはわたしたちに道を示してはくれないのでしょうか？　未来へと向かおうとする気持ちを鼓舞してはくれないのでしょうか？　希望の源とはならないのでしょうか？（…）

答えはまさに、彼らがヨーロッパ経済共同体を構築しようとしたときに柱としたことの中にあります。わたしがすでに指摘したように、それは、人間を中心に据えること、実効性のある連帯、世界に開かれていること、平和と発展の追求、未来へと開かれていることです。（…）

ヨーロッパは希望を取り戻すことができるのです、もしも人間がその組織の中心に、その心になるならば。それには、個人からくる要請だけでなく、社会、そして欧州連合を構成する諸国民からくる要請を、注意深く信頼をもって聴くことが必要である、とわたしは考えます。不幸なことに、市民と欧州諸機構とのあいだに「感情的齟齬」が生じているという印象を受けることがしばしばあります。欧州機構は遠い存在で、欧州連合加盟諸国民のさまざまな感性に配慮していないと見なされるようなことがしばしばあるからです。（…）欧州連合は異なるものたちの一致として、異なるものたちの中での一致として誕生しました。それゆえ、独自性は、恐れを与えるものであってはなりませんし、一致は画一性によって守られると考えてはいけないのです。それはむしろ、一つの共同体としての調和であるべきです。欧州統合の父たちは、まさにこの言葉を、条約によって誕生した実体のかなめとして選び、各々がもつ資源と能力を共同のものとすることを強調したのです。(…)反対に、ポピュリズムがはびこるのはまさに利己主義からで、それが人間を、息が詰まるような狭い輪の中に閉じ込め、自分自身の考えの狭さを克服することも、「彼方を見る」ことも、できなくさせてしまうのです。ヨーロッパ的に考えることを再び始めなければなりません、灰色の画一性という危険を払いのけ、それぞれの独自性の勝利を目指すのです。(…)

ヨーロッパは希望を取り戻すことができるのです、もしも恐れの中に、偽りの安全の中に、閉じこもったりしなければ。反対に、ヨーロッパの歴史をはっきり決定づけてきたものは、他の民族、他の文化との出会いであり、ヨーロッパのアイデンティティーは「ダイナミックで多文化的なアイデンティティーであり、また常にそうであり続けてきました」[40]。(…)近年の深刻な難民危機は、単なる数値上の問題、経済的問題、安全上の問題にすぎないかのように見なして管理すればよいというものではありません。難民問題は、より深い問題、何よりもまず文化的な問題なのです。今日ヨーロッパはいかなる文化を提示しているのでしょうか? 理想を失ったヨーロッパで、確かにいま、それもしばしば目に見える形で、恐れがその根本的な原因となっています。理想という真の展望がなければ、ついには恐れに支配されてしまいます、――他者がわたしたちの慣れ親しんだ慣習をもぎ取り、わたしたちが獲得した快適な生活を奪い取り、物的な安楽だけからなる生活様式が問われることになるのではないかという恐れに支配されるようになってしまうのです。反対に、ヨーロッパの豊かさは、常に精神的に開かれていることに、存在することの意味を根本から問うことができる力にありました。(…)ヨーロッパは、世界でも独自な理想、精神性という遺産をもっています。それは、情熱をもって、心を新たにして、改めて提示する価値があるものです、――今の時代の、ありとあらゆる過激思想の温床となる、価値観を失った空虚さに対する、最良の解毒剤となるものです。(…)

ヨーロッパは希望を取り戻すことができるのです、もしも未来に向けて自らを開くなら。もしも若者たちに対して自らを開き、彼らに、しっかりとした教育が受けられるという確たる展望と、仕事が得られるという確かな可能性とを示してやれるなら。もしも、社会の第一にして基本的な細胞である家庭に投資するなら。(…)

皆さま、

人間の寿命が全体的に延びていることを思えば、今日では六〇歳は円熟期と見なしてよいでしょう。いま一度自分自身を見つめなおすよう招かれている、決定的な時期と言えるでしょう。欧州連合も、今日、自分自身を見つめなおすよう招かれています、年月と共に避けがたくやってくる健康上の不安に気を配り、新たな道筋を見いだして歩みを続けるよう招かれているのです。しかしながら、人間の六〇歳と違い、欧州連合の前にあるのは、避けがたい老いではありません、新たな青春の可能性があるのです。(…)わたしの側からお約束できることは、聖座と教会が全ヨーロッパのそばに寄り添うことしかありません、教会がはるか昔から寄与してきた、そしてこれからもずっと寄与し続けるべきヨーロッパという大きな家に、主の祝福がありますように、主がヨーロッパを守り、平和と進歩を与えてくださいますようにと祈りつつ、寄り添うことです。ですからわたしは、カピトリーノの丘[41]でジョゼフ・ベッシュ[42]が語った言葉を、いま一度繰り返したいと思います。*Ceterum censeo Europam esse aedificandam.*「そしてわたしは思うのです、ヨーロッパは建設されてしかるべきだと」。

ありがとうございました。

注

（1）［訳注］C'est la vie.（セ・ラ・ヴィ）――人生とはままならぬもの、ものごととはそうしたもの、仕方がない、とあきらめの気持ちを表す言葉。

（2）［訳注］シャルル・ド・ゴール Charles de Gaulle（一八九〇～一九七〇）、フランスの軍人・政治家。一九四〇年、フランスがドイツに降伏した後、ロンドンに亡命、自由フランス政府をつくり、対独抗戦を指揮する。パリ解放後、臨時政府首班となるが、まもなく下野。一九五八年、アルジェリアをめぐる危機打開のため政界に復帰。一九五九年、第五共和政成立とともに初代大統領に就任し、植民地独立、核保有、中国承認、NATO離脱など独自の政治・外交路線を進めるが、一九六九年、国民投票に敗れ政界を引退する。

（3）［訳注］フランソワ・オランド François Hollande（一九五四年生まれ）、フランスの政治家、大統領（二〇一二

〜二〇一七)。

(4)[訳注] 教皇の「わたしたちのところでそのことが問題になっているのです」という言葉だが、バチカン内部で、死刑に対する教会の姿勢をどう示すか問題になっている、という意味のことをさりげなく示しているのではないか。フランシスコ教皇は一貫して死刑に反対しており、『カトリック教会のカテキズム』刊行二五周年にあたる二〇一七年一〇月には、死刑を容認することはできないという姿勢を改めて明確に打ち出すとともに、死刑に関するカテキズムの記述を改訂することも示唆している。なお死刑については、『カトリック教会のカテキズム』2267に次のように記されている。

教会の伝統的教えによれば、違反者の身元や責任が完全に確認された場合、それが不当な侵犯者から効果的に人命を守ることが可能な唯一の道であるならば、死刑を科すことも排除されていません。

攻撃する者に対して血を流さずにすむ手段で人命を十分に守ることができ、また公共の秩序と人々の安全を守ることができるのであれば、公権の発動はそのような手段に制限されるべきです。そのような手段は、共通善の具体的な状況にいっそうよく合致するからであり、人間の尊厳にいっそうかなうからです。

実際、今日では、国家が犯罪を効果的に防ぎ、償いの機会を罪びとから決定的に取り上げることなしに罪びとにそれ以上罪を犯させないようにすることが可能になってきたので、死刑執行が絶対に必要とされる事例は、「皆無ではないにしても、非常に稀なことになりました」(ヨハネ・パウロ二世回勅『いのちの福音』56)。

二〇一八年八月二日、バチカン公式サイトの発表によると、教皇フランシスコは『カトリック教会のカテキズム』の中の死刑に関する二二六七項の変更を承認した。改訂された同項の邦訳は以下のとおり(カトリック中央協議会が二〇一八年一二月一三日にウェブサイトで発表した訳による。https://www.cbcj.catholic.jp/2018/12/13/18152/ 参照)。

2267　合法的権威がしかるべき手続きを経た後に死刑を科すことは、ある種の犯罪の重大性に応じた適切なこたえであり、極端ではあっても、共通善を守るために容認できる手段であると長い間考えられてきました。

しかし今日、たとえ非常に重大な罪を犯した後であっても人格の尊厳は失われないという意識がますます高まっています。加えて、国家が科す刑事制裁の意義に関して、新たな理解が広まってきています。最後に、市民にしかるべき安全を保障すると同時に、犯罪者から回心の可能性を決定的に奪うことのない、より効果的な拘禁システムが整えられてきています。

したがって教会は、福音の光のもとに「死刑は許容できません。それは人格の不可侵性と尊厳への攻撃だからです」[1]と教え、また、全世界で死刑が廃止されるために決意をもって取り組みます。

（1）教皇フランシスコ「『カトリック教会のカテキズム』公布25周年の集い参加者への講話（二〇一七年一〇月一一日）」（*L'Osservatore Romano*, 13 ottobre 2017, 5）。

（5）［訳注］コヘレトの言葉1・9からの引用。
（6）［訳注］マタイ8・1－4、マルコ1・40－45、ルカ5・12－16参照。
（7）［訳注］ヨハネ8・1－11参照。
（8）［訳注］ヨハネ4・1－42参照。
（9）［訳注］マタイ9・20－22、マルコ5・25－34、ルカ8・43－48参照。
（10）［訳注］自由主義 libéralisme という言葉は、大陸ヨーロッパとくに社会民主主義的な経済政策を行う国々では否定的なニュアンスで使われるのが普通である。フランスでも経済的自由主義は警戒の目で見られることが多い。
（11）［訳注］アレクシス・ツィプラス Alexis Tsipras（一九七四年生まれ）、ギリシアの政治家、二〇一五年から首相。
（12）［訳注］六八年五月――一九六八年五月、民主化を要求する学生運動をきっかけに、パリで行われたゼネストが全国的な反体制運動へと発展し、ド・ゴール体制＝第五共和政を揺るがせたフランスの社会危機。フランスでは「六八年五月」Mai 68という名称が定着しているが、日本では「五月危機」あるいは「五月革命」と呼ばれることが多い。
（13）［原注］「解放の神学」はラテンアメリカで生まれたが、この「解放の神学」という言葉は、ペルーの司祭グスタボ・グティエレス Gustavo Gutiérrez が一九七二年に刊行した同じ名前の著書で最初に用いたものである。この神学は、資本主義を糾弾し、それとは別の政治的理論と実践を主張する。そして、マルクス主義的分析方法を用い、民衆を解放してキリスト教的連帯の伝統を取り戻すことを説き勧める。

(14)［訳注］「天使性」angélicalité——形容詞「天使的」angélique を名詞形にした造語。天使とは、神に奉仕し、神の使信を人間に伝え、また神の命令を実行に移す天上的存在のこと。人間同様、天使も神の被造物であるが、人間のような肉体をもたない、純粋に霊的な存在である。フランシスコ教皇の「天使性」という言葉は、天使的であること、つまり純粋で精神的なものを希求する態度、さらには肉体を否定し純粋に霊的・精神的存在であろうとする、傲慢の罪に陥る危険に満ちた傾向・姿勢、という意味で用いられていると考えてよいだろう。なお、悪魔はもともと天使だったが、罪を犯して堕落し、悪魔となった。つまり、悪魔も天使と同様、純粋に霊的な存在である。そして、悪魔となった天使の罪とは、傲慢の罪、神に仕えることを拒否した罪である。教皇がこの後で「天使たちの罪」と言っているのは、その意味である。

(15)［訳注］ポピュリズム——本来は「民衆」を中心とする「民衆」のための政治・経済政策を要求する運動や主張を意味したが、とくにヨーロッパでは「大衆迎合主義」という否定的な意味で使われることが多い。

(16)［原注］ジョゼフ・マレーグ Joseph Malègue（一八七六～一九四〇）、『オーギュスタンあるいは師はそこに』*Augustin ou Le Maître est là*、一九三三年。

(17)［訳注］レオン・ブロワ Léon Bloy（一八四六～一九一七）、フランスの作家。

(18)［訳注］ジョルジュ・ベルナノス Georges Bernanos（一八八八～一九四八）、フランスの作家。

(19)［訳注］アクション・フランセーズ——一九世紀末に結成された、反ユダヤ主義を掲げたフランスの王党派・国粋主義団体。

(20)［原注］ルイ・ビヨ Louis Billot（一八四六～一九三一）、一九一一年にピオ十世教皇より枢機卿に任じられる。一九二六年にローマはアクション・フランセーズを断罪したが、それに同意しなかったため、翌年、辞任に追い込まれる。

(21)［訳注］ビレッタ——枢機卿がかぶる赤い帽子。

（22）［訳注］チャーリー・チャップリン監督・製作・脚本・作曲・主演による喜劇映画『モダン・タイムス』（*Modern Times*、一九三六年）のことを言っているとみてよいだろう。
（23）［訳注］具体的に何をあるいは誰を示唆しているのかは、残念ながらわからない。
（24）［原注］ジャン＝マリー・ヴィアンネ Jean-Marie Vianney（一七八六〜一八五九）、アルス Ars の主任司祭。カトリック教会では崇敬されている。――［訳注］アルスはフランス、リヨンの北にある村で、ヴィアンネは教区司祭の守護聖人として崇敬されている。
（25）［原注］ピエール・フーリエ Pierre Fourier（一五六五〜一六四〇）、アウグスティノ会員で、マタンクールの主任司祭。ロレーヌ公家との関係が深かった。司牧神学の刷新に関わり、カトリック改革の先駆者の一人とされる。――［訳注］マタンクール Mattaincourt はフランス東部、ロレーヌ地方の町。
（26）［訳注］第二バチカン公会議文書「教会憲章」*Lumen gentium* の第二章「神の民について」（9〜17）、とくに12「信仰と感覚のカリスマ」参照。そこでは「聖なるかたから油を注がれた信者の総体は（一ヨハネ2・20、27参照）、信仰において誤ることができない」と述べられている。
（27）［原注］イエズス会のこと。
（28）［訳注］一八世紀になると、イエズス会はヨーロッパ各国で弾圧の対象となり、一七五九年にポルトガルでイエズス会員の国外追放が決定されると、フランス、スペイン、イタリアのナポリ王国やパルマ公国も次々にこれにならった。イエズス会は、教皇クレメンス十四世のとき解散させられた（一七七三年）が、その後、教皇ピオ七世がイエズス会の復興を許可した（一八一四年）。
（29）［訳注］エカチェリーナ二世（一七二九〜一七九六）、ロシア女帝（在位一七六二〜一七九六）。
（30）［訳注］マリア・テレジア（一七一七〜一七八〇）、神聖ローマ帝国皇后、オーストリア・ハプスブルク帝国の実質的「女帝」。
（31）［訳注］当時ブルボン家は、フランス王家であっただけでなく、スペイン王家、さらにはイタリアのナポリ王国やシチリア王国などにも家系を広げていた。これらブルボン家が支配する国々はイエズス会を弾圧し、会員を国外に追放しただけでなく、教皇クレメンス十四世に圧力をかけ、イエズス会を解散に追い込んだ。

(32)［訳注］アルチーデ・デ・ガスペリ Alcide De Gasperi（一八八一～一九五四）、イタリアの政治家、首相。シューマン、アデナウアーとともに欧州統合の父の一人とされている。
(33)［原注］二〇一四年一一月二五日、ストラスブール、欧州議会での演説。
(34)［原注］同前。
(35)［原注］一九五〇年五月九日、フランス外務省、時計の間における宣言。
(36)［原注］同前。
(37)［訳注］引用部分は文脈にあわせて訳し直した。
(38)［訳注］聖座――教皇の座、教皇の権能・統治、あるいは教皇庁のこと。使徒座とも言う。
(39)［原注］西ドイツ首相コンラート・アデナウアー、一九五七年三月二五日「ローマ条約署名に際しての演説」。
(40)［原注］二〇一六年五月六日、カール大帝賞授賞式での演説。
(41)［訳注］カピトリーノの丘――ローマの七つの丘の一つで、この丘にあるコンセルヴァトーリ宮殿（現在はカピトリーノ美術館）でローマ条約が署名された。
(42)［訳注］ジョゼフ・ベッシュ（またはベック）Joseph Bech（一八八七～一九七五）、ルクセンブルクの政治家、首相。欧州統合の父の一人。

4 文化とコミュニケーション

二〇一六年七月。朝の空気はいつも軽やかだ。保安係とスイス衛兵はわたしたちの顔を覚え始めたようだ。それに、彼らはフランス語が話せる。いつも変わらぬあの信頼感。教皇はいつもなんと率直で闊達なことか……気兼ねせず、直接入ってきて、直接出て行く。一緒に仕事をするが、笑ったりもするし、おしゃべりもする、ごく自然に、果てしなく、尽きることなく、ときには悲劇的なテーマを取り上げることもあるが。教皇の気取らない話しぶりにはいつも驚かされる。なんと鮮明で、しかもわかりやすく、少しも格式張らない。どうしたらこんなふうにできるのだろう？　わたしは自分の体をつねって、いま自分が誰と話しているのか確かめねばならないほどだ。フランス的「スタイル」——確かにそういうのがある——、それが教皇のお気に召しているのだ。なんという自由、しかもほとんど静謐そのもの。信頼と共感がこの対話を包んでいる。またしても、そしていつものように、「歴史」が問題となる。福音宣教が、開かれた世界における教会が、司牧が、過去の経験が、独裁体制と民主主義が、教会の行動が問題となる。通訳が必要となることはあまりない。教皇は、自分で言うよりは、ずっと上手にフランス語を話す。いずれにせよ、教皇はよく理解しておられる。そしてあの、目配せや身振りしぐさによる、この上なく雄弁な言語が、わたしたちのやりとりを補ってくれる。そこには、奇跡的と言えなくもないような雰囲気が漂っているのだ……

＊　＊　＊

ドミニック・ヴォルトン　あの、あなたはここでは、ある程度孤独な生活を送っておられると思うのですが。いかがでしょう？

フランシスコ教皇　ええ。

ヴォルトン　たった一人で。

教　皇　いいえ。

ヴォルトン　もちろん、そうではないでしょうが、外には出られない、歩くことも、散歩することもできないのでしょう？

教　皇　ええ、でもわたしは幸せですよ……

ヴォルトン　わたしがこれまで何年にもわたって主張してきたコミュニケーション理論は、人間や政治に関わるもので、技術や経済に関わるものではありません。あなたと同じです！　ただ、この人間に関わる理論を唱える者はごくわずかしかいません、皆が技術や経済の方を好むからです。しかしながら、最も重要なのは人間であり対話であって、技術ではありません。それに、よくよく考えれば、驚異的な技術的パフォーマンスを越えて人々が求めているのは、常に人間的な関係です……これは、あなたの橋づくりに通じると思います。橋づくりの第一歩は握手することでしたね！

教　皇　わたしはボディーランゲージについて話すのが好きなのです。すてきなコミュニケーションの仕方です。五感の中で、いちばん重要なのは触覚、触れることですから……

ヴォルトン　話が合いましたね。実は『ヘルメス』誌の最新号で「感覚の道」(1)を特集したのです。とくに、今日突出している視覚と聴覚に対して、触覚、味覚、嗅覚を再評価するために特集を組みました。

教　皇　わたしは二一歳のとき、重い肺炎にかかり、死の一歩手前まで行きました。肺の一部が切除されました。皆が見舞いに来てくれました、友だちも、家族も、そして皆が「大丈夫、がんばって！」と言うのです。そのときわたしがまさに望んでいたことは、皆帰ってくれ、村に帰ってくれ！　ということでした。それから、一人のシスターが会いに来てくれました、年配の人で、わたしの初聖体を準備してくれたシスターです。彼女はわたしの手を取ってくれました。わたしに平和をもたらしてくれました……帰り際に、彼女はわたしに言いました、「あなたはいまイエス様にならっているのですよ」と。そんなふうにして帰って行ったのです！　想像してみてください、葬式に行く道で、「ああ、ママ！」という声が聞こえたとしたら！　抱きしめて、抱擁するでしょう！　自分とは別の人という神秘を前にしたとき、何も言うことができません。誰かに何かを伝えたいと思うとき、わたしはいま別の人という神秘を前にしているのだと考えるよう努めるべきです。そしてわたしは、わたしという神秘の最も奥深いところにあるものを、わたしの経験を、できる限りひそやかに伝えねばなりません。そして、限界状態にある場合には、そっと触れることだけでもって。考えてみれば、これは子どもの言語です。わたしが一人の子どもを見ているとき、一人の子どもを前にしたとき、わたしはその子に「どう、学校は？」なんて聞こうとは思いません。わたしはこんなふうにします、こんなふうに（身振り）。そばに寄り添っていることを身振りで表すのですよ。

ヴォルトン　初めてお会いしたとき、あなたにさわってみたくなりました。触れてみたいと。教皇にさわってよいものかどうか知りませんが、わたしはそうしたいと感じたのです……

教　皇　哲学を勉強していた二八歳のとき、すでにお話ししたかどうかわかりませんが、あるドイツ人作家の記事を読んだことがあります。その作家は、最も人間的な感覚は触れることだ、と言っていました。

ヴォルトン　その点に関してですが、沈黙について、沈黙とコミュニケーションについて、いくつか質問があります。

教　皇　わたしの経験からすれば、沈黙なしにコミュニケーションすることはできないと言えます。友情、そして愛――父母や兄弟への愛――といった本物の経験において、最も美しい瞬間は、言葉と身振りと沈黙とが混じり合うときです。先週、友人が会いに来ました。「どう、調子は？」「いいよ」。彼とわたしはそこにいました……いくつかのことを話しました。彼はわたしに奥さんのこと、子どもたちのこと、孫たちのことを話してくれました。よかったですよ。それから、あるとき、黙ったままでいました。和やかに。すてきでした。それから彼はわたしにあることを質問し、わたしは彼に別のことを質問しました。一時間一緒にいましたが、その半分くらいの時間はしゃべらずにいました。和やかさと友情のコミュニケーションがありました。すてきでしたよ。わたしは幸せでしたし、彼もです。それに、この沈黙は、ワイシャツをぴしっとさせるためにつける糊のようなものであってはいけません。それは硬直です、形だけの沈黙で、もう沈黙ではなくなります。

ヴォルトン　儀礼ですね……

教　皇　そんなのはもう沈黙ではありません。沈黙は、優しくて、愛情がこもったもの、暖かくて、熱のこもったものです。そして、困難なときには苦しいものでもあります。沈黙する力なしに質の高いコミュニケーションはできません。沈黙の中にこそ、耳を傾ける力、理解する力、理解しようとする力が生まれ、理解できないときには苦しみが生まれます。わたしは理解できず、苦しみます。でも、本物のコミュニケーションは人間的なのです。

話を神に移しましょう。コミュニケーションは三位一体です、三位一体が伝える神秘です。でも聖書には、神はご自分にかたどって男と女を創造されたと書かれています。(2) 男と女がコミュニケーションするときの仕方も同様です。言葉でもって、優しく触れ合って、セックスで、沈黙で……そして、これらはすべて聖なるものです。コミュニケーションは金で買えるものではありません。売るものでもありません。自分を与えることです。本物のコミュニケーションは可能です、いまわたしたちがしているように。反対に、コミュニケーションするふりをするのは、偽装工作です、ごまかしです。わたしはテレビでよく番組を見ました——一九九〇年代以降はもう見なくなりました、聖母に誓ったので——、著名人たち——芸術家、医者、科学者、学生——が登場して討論していました。でも、本物のコミュニケーションを見たことはほとんどありませんでした。

ヴォルトン 役割を演じていただけだったのではないでしょうか？ でも、ご承知でしょうが、コミュニケーションというのは、いつだってもっと厄介なものです。当事者の思い通りにならないようなことが起こるものです……

教 皇 二〇一六年、クラクフでのワールドユースデーの前に、若者たちに伝える言葉を書いていたときのことを、いま思い返しています。壁ではなく橋をつくることをイメージしていました。前にお話ししたかどうかわかりませんが、すでに頭の中にあったのです。そもそも橋とはどういうものか？ ある人が別のある人と、どのようにつながることができるのか？ 最も人間的な橋は？　手を取ること。わたしが誰かの手を握るとき、わたしは橋を架けているのだと。

ヴォルトン　ええ、もちろんです……それが最初の橋ですね。あなたはすべての人に、わたしの前で橋を架けてくださいと頼まれるのでしょうか？

教　皇　ええ。このことを最初にふっと思いついたのは、ケニアにいたときでした。ナイロビの大スタジアムに、若者たち全員がいました。大統領も、政府閣僚たちもいました。アフリカで最も「ホットな」テーマは部族主義だと、前もって人から言われていました。ケニアは、国民の大部分がキリスト教徒――カトリックとアングリカン――という国で、大統領はカトリックです。しかし、そこには皆がいました、キリスト教徒もムスリムも、皆です。対立する部族の人たちもいました。ところでわたしはというと、英語はうまく話せません。発音に問題があるからです。スペイン語でさえ、うまく話せないのです。わたしは発音するのが下手で、正しく発音するためにはたくさん練習しなければいけません。でも、わたしはその演説をしなければいけませんでした。ありがたいことに――神に感謝です――素晴らしい通訳がいたのです。ここの司祭の一人で、ジブラルタル出身の、スペイン語と英語の両方を母語とする人です。彼はわたしが何を言いたいか理解していて、わたしが言うことをそのまま伝えてくれます。わたしのことをよく知っているからです。話の途中で、わたしは彼に言いました、「若者たちでいっぱいのスタジアムで、こんなふうに話すことはできませんよ」と。それで、スペイン語で即興で話し始めました。すると彼は、すぐさま後を続けてくれました。わからないことがあると、適当に話をつくりだしました。同じ考えに沿って。そうするうちに、部族主義に関わる決定的なところにさしかかったので、わたしは言いました、「部族主義はやめろ！　さあ、わたしと一緒に言ってください、《部族主義はやめろ！》。でも、手を使って言ってください、橋をつくりましょう！」。すると、スタジアム全体が手を取り合ったのです、大統領まで一緒に。彼らは橋をつくりました、そして彼らはしっかり考え始めたのです、最初の人間的な橋は、互いに手を取り合うことだと。

ヴォルトン　それに、ミサのときも、そうなりましたね。確かに、コミュニケーションとは、まず人間的なものです、身体的なものです。

教　皇　わたしたちは天使じゃありませんからね！

ヴォルトン　もちろんです。それに、わたしがラテンアメリカで好きなところは、アフリカと同じように、皆が互いに触れ合うところです。反対に、アメリカ合衆国では、にこやかに微笑み合っているのに、ひどく距離を感じることがよくあります。よそよそしいのです。誰も互いに触れ合おうとしない、皆がハラスメントを恐れています……

教　皇　それはなぜでしょうね？　すでにお話ししたと思いますが、『バベットの晩餐会』という映画のことは。

わたしはカトリック信者として話していますが、こういう言い方は少し危険ですね、エキュメニカルでないように受け取られるかもしれませんから。それはそうですが、キリスト者同士が、言葉だけからなる礼拝を捧げることは、想像しにくいです。パンを裂き、杯を飲み、抱擁し合い、敬意を表し合うのでなくては……この映画の中ではっきりわかることは、言葉の中に「閉じこもっていた」人たちが変わっていったこと、そしてこの難破状態の後、あの女性シェフのおかげで、いままでとは違って幸せになれるのだと知るチャンスが得られたことです。

それから、コミュニケーションについては、言いたいことは他にもあるのです。

個人的には、わたしはほとんど飲みません。毎日ではありません。でも、人間的に見れば、飲むことなしに、あるいは食べたり、一緒に何かしたりすることなしには、質の高いコミュニケーションなど考えられないでしょう。触れること、食べること、飲むこと。ぶどう酒はその象徴です。ぶどう酒は、聖書にもあるように、人の心を楽しませます。エズラ記でネヘミヤは、律法の言葉を聞いた民が泣いているのを見て、彼らに言いました、「泣いたりしてはならない、行って良い肉を食べ、甘い飲み物を飲みなさい。その備えのない者には、それを分け与えてやりなさい[3]」。これが、神の祭典の終わり方です……コミュニケーションは必ず終わりますが、わたしがそう言うのは宗教的な意味ではなく、また神聖なものとしてでもなく、人間的な意味で言っているのです……食べることと飲むことには本物の交わり[4]があります。

アルゼンチンにはとてもすてきな言葉があります。誰かと話したくなったら、こう言うのですよ、「また会ってコーヒーを飲みましょう」と。コーヒーを飲む。話すのではなくて、「コーヒーを飲む」のです。それでわかるのです、ビジネスの話をするため、コミュニケーションするためだと……でも、それでも「コーヒー」なのですよ。ここでは、その原型はぶどう酒だと思います。一つ、笑える話があります。アルメニアに行ったとき、ノアの箱舟をプレゼントにもらいました。あなたもきっとテレビで見たでしょう。ブロンズ製の大きな箱舟で、重さは一トンくらいあったと思います。それから、ここバチカンに小さなオリーブの木があります、本物のオリーブの木で、総主教と一緒に植樹したものです。でも箱舟は、いまだ届いていません。重すぎるので、特別の船で届けられることになっています。わたしは総主教にたずねました。「ところで、ノアは中にいるのですか?」。彼が「いいえ、いいえ!」と答えたので、わたしはこう続けました、「ノアがまだ酔っ払っているのかと思ったものですから……」。ぶどう酒を初めてつくったのはノアですからね(5)。ところで、アルメニアの人たちは、世界最高のコニャックはアルメニアのものだと言っています。アララトという銘柄で売られています。総主教はわたしに答えてこう言いました、いいえ、ノアはぶどう酒ではなくアララトで酔っ払っているのですよ……とてもすてきな聖書の場面があります、ぶどう酒の飲み過ぎの場面もあるのですよ。ノアが酔っ払った場面がそれで、優しさあふれる場面ですね。酔って裸になっていた父(ノア)を見て笑う息子がいます。他の二人の息子は、話しかけ、父の裸を覆いました。ぶどう酒の飲み過ぎは優しさも引き出します。こうしたことすべては、橋をつくることなしに、食べることなしには、真のコミュニケーションをつくりあげることはできないということを示しているのです。言葉だけでは十分ではありません。もう一つ、金のかからないコミュニケーションの方法があります。ダンスです。

ヴォルトン　ええ、ダンスは素晴らしいですし、身体的ですね。

教　皇　民衆はダンスを通じてコミュニケーションをします。つまり、身体《からだ》を使って、身体全体を使ってコミュニケーションするわけです。もう一つ別のコミュニケーションの方法があります。涙です。一緒に泣くことです。女とその夫が病気の子どもを看病しているとき、二人は子どもの恢復を願って一緒に泣きます。ダンスをする、握手をする、抱き合う、一緒に食べて飲む、泣く……もしもこうしたことをしなければ、コミュニケーションは成り立たないでしょう。これは真面目な話ですが、時々わたしは泣きたくなって、説教を中断しなければならなくなります。わたしが心を打ち込んで説教できたとき、わたしは民衆とコミュニケーションができていたのです。わたしはコミュニケーションの仕方について、最後に大事な言葉で締めくくりましょう、それなしにはコミュニケーションなどあり得ないもの、つまり遊びです。子どもたちは遊びでコミュニケーションします。遊びは創意工夫する力を伸ばします。創造的なのです、子どもたちは！

ヴォルトン　ええ、子どもはいつだって創意工夫にあふれていますからね。

教　皇　今日のサッカーは堕落しています。アマチュア・サッカーがもっていたコミュニケーションの人間的な意味を失っています。忘れてほしくないとわたしが願っているあの次元――無償性なしには真のコミュニケーションはないということ――の実例です。無償性とは、時間を無駄にすることができるということです。結婚六〇周年を祝ったあのカップルのことはお話ししましたっけ？　ここで、水曜日の一般謁見のときには、若いカップルがたくさん来ます。あるカップルは結婚してまだ六か月でしたが、祝福してもらいに来たとき、奥さんはすでにお腹が大きくなっていて、二人はわたしにそのお腹を祝福してくださいと頼んだのですよ。実にすてきじゃないですか。それから、中には結婚五〇周年、六〇周年などという、年配の人たちもいます。それでわたしは、いつも「どちらが我慢強かったですか?」と言って笑わせるのです。すると、答えはいつもきまって「二人ともです!」なんですね。そんなふうにしてわたしは、まだ若いあるカップルに会ったのです、というのも、奥さんは一五歳、ご主人は一七歳で結婚したからです。それで結婚六〇周年、二人は七五歳と七七歳というわけです。二人ともすてきでしたよ、目がキラキラしていました。わたしは二人に聞きました、「けんかはしますか?」。すると二人は答えました、「いつもです」「でもあなたたちは、こうしてやってこれて幸せですね?」。二人はしばらく黙っていて、それから見つめ合い、こう言いました、「愛し合っていますから」。でも、二人はどうやって愛についてコミュニケーションしたのでしょう? まず見つめ合い、それから答えたのです。動作そのものが語っていたのです。

高齢者はわたしに多くのことを語ってくれます。わたしは年長者が大好きです。高齢者を見かけると、主としてご婦人たちですが、目が輝いているのですね、それでパパモビルを止めてもらいます。彼女たちは実に賢明なことを言ってくれますよ。今日の世界は老人の時、おじいさんおばあさんの時だとわたしは思います。

この世界は効率や仕事を優先していますが、若者を遠ざけています。若者に仕事を与えていないですから。老人も遠ざけて、老人ホームに入れてしまいます。この世界は自殺への道をたどっています。ヨエル書3章1節にこういう預言があります、「老人は夢を見、若者は預言する」[6]。年長者が夢を見て、その夢をわたしたちに語るべき時が来ているのです。若者が実際に預言し、世界を変えられるようにするために。大人、壮年の時ではありません。世界を救うはずの主役は、その二つのグループ、老人と若者でしょう。老人が夢を見て、その夢を語り、若者がその夢を受けとめ、その夢を実現させようとするなら。

　福音書の中に、わたしをとても感動させる場面があります。神殿でイエスを献げる場面です。四回も、この福音書の箇所[7]は、律法に定められたことを実行しようとしているのは若者たち[8]であると明言し、そして三回も、「霊」に導かれていたのはシメオンとアンナという二人の老人であると言っています。彼らは「霊」の夢を見る力をもっているのです。若者はこの夢を受け入れ、預言を実現させねばなりません。おや、どうも説教をしているみたいですね！

ヴォルトン　国家元首などが訪問してきて個人的に会談するときは、沈黙の時間はありますか？

教　皇　普通はないですね。外交上の儀礼がありますから。相手が若い人の場合は、国家元首ではありませんが、二人の政府首班や何人かの議員とは、沈黙の時間をとることができました。

ヴォルトン　なぜ国家元首たちにも一貫して沈黙の時を要求しないのですか？　たぶん、国際的な会議で沈黙の時を提案したらよいのではないでしょうか。そうすれば、たぶん何かが起きるでしょう、本物のコミュニケーションが。なぜなら、今日の世界はスピード、双方向性《インタラクティビティー》、騒音に熱中しすぎていますから、もしもあなたが公式訪問のときに「よろしければ、しばらく黙っていませんか」とおっしゃれば、それがたぶん可能になるでしょうし、実際に影響力をもつと思いますよ。

教皇　でもわたしは、サン・ピエトロ広場で大勢の人たちといるときは、うまくできていますよ。お告げの祈りやその他のとき、わたしは沈黙してくださいと頼みますが、皆さんはそれに応えてくれます。

ヴォルトン　教皇に選出された日の晩、バルコニーに現れたとき、あなたは集まっていた人たちにしばらく沈黙してくださいと頼みましたね。

教皇　しばらくの沈黙、祈りです。皆さんはそれによく応えてくれました。

ヴォルトン　この沈黙というテーマは、もしもあなたがそれを広めることができれば、この四六時中騒音だらけでスピードを追い求めている世界に対する根本的な問いかけとなります。少しの沈黙を取り戻すことは、人々への素晴らしい貢献となるでしょう。騒音と言葉と双方向関係《インタラクション》でいっぱいになったこの世界で、善を、他者への愛を、いつくしみを、どのように語ったらよいでしょうか？

教皇　メディアやコミュニケーションの世界を相手にしたときのわたしの経験では、彼らは自分たちに都合のよいことを取り上げます。メディアは四つの危険に立ち向かわなければなりません。わたしはコミュニケーションではなく、メディアについて話しています。一つ目の危険は情報操作です。事の一部分しか、自分たちに都合のいいことしか言わないことです。わたしは情報紙のことを考えています。彼らは読者が、現実について誤った判断をするよう仕向けます。事実の半分しか伝えないからです。二つ目の危険は誹謗中傷です。他人の評判を傷つけることです。誹謗中傷は、セビリアの理髪師が言うように[9]、そよ風なんかではありません、暴風です。三つ目は名誉毀損です。ある人が過去に過ちを犯したかもしれません。その後、その人は変わったかもしれませんし、赦しを求めたかもしれません。今では別人になっています。ところがメディアは、その人を貶めるために、過去を蒸し返します。これが名誉毀損です。四つ目の危険はメディア特有のあの「病気」、スキャンダルを探し出しては露骨に書き立てて面白がる、あの下劣で不愉快な病気です。

この四つの危険はマスメディアの至るところに見られます。

ヴォルトン　インターネットでも同様です。

教　皇　しかも、わたしたちはそれに慣れています。慣れてしまっているのです。メディアの世界で、誰かを貶めたり、事の一部しか言わなかったり、他人の尊厳を傷つけたりせずに語る人を見つけるのは、とても難しいです。

ヴォルトン　ええ、人格の尊厳ですね。

教　皇　わたしの考えでは、メディアは人格の尊厳を守るべきです。

ヴォルトン　あなたが言われていることを、わたしは二〇年、三〇年前から書き続けてきました。でも、わたしの言うことは聞いてもらえませんでした。あなただったら、もっと耳を傾ける人がいるのでは……なぜ教会は「コミュニケーション」ではなく「ソーシャル・コミュニケーション[10]」について語るのですか？　とくに第二バチカン公会議以後、その傾向が。

教　皇　でも、コミュニケーションの人間学に関しては、公会議文書にはたいしたことは見あたりません。たぶん何かあるのですが、どこにあるか、あなたはご存じですか？　ヨハネ・パウロ二世の「からだの神学[11]」の中にあります。彼は結婚について語り、このからだの神学を打ち出したのです。これは多くの人の顰蹙を買いましたが、ヨハネ・パウロ二世は女と男がどのようにコミュニケーションするか、恐れず自然に語っています。教皇が、あるいは教会が公式に、ソーシャルではなくパーソナルなコミュニケーションについて語ったのは、これが最初だったと思います。でも、コミュニケーションは常にソーシャルなものです、たとえそれがパーソナルなものだったとしても。

ヴォルトン　ええ、常にそういうものです。なぜなら、コミュニケーションとは一つの関係であり、他者と関わることですから。

教　皇　そして、コミュニケーションするということは、自分自身を他者の手の中に委ねることです［フランス語］。

ヴォルトン　それから、ぜひ、わたしのコミュニケーション理論を五ページにまとめたテキストをお読みください、まさにそれが、わたしが三〇年前から書いてきたことです……

教　皇　でも、それならなぜこの対談を本にするのですか？

ヴォルトン　たぶんこの本は、非宗教的な人たちの方が関心を示すでしょう、あなたはカトリック信者より非宗教的な人たちや無神論者に好かれることがままありますからね（笑い）。あなたはヨーロッパ最後の「コミュニスト」ですよ……

教　皇　先日、フランスの国会議員たちの訪問を受けました。バルバラン枢機卿[12]が一緒でした。その前には、王たるキリストの祝日の前の日曜日[13]に、ヨーロッパの貧しい人たちの巡礼団に会いました。このときも、バルバラン枢機卿が一緒でした。

ヴォルトン　ええ、枢機卿のことは知っています。

教　皇　いい人ですよ。

ヴォルトン　とても頭のいい人です。

教　皇　彼は、コンクラーヴェに自転車で来たのですよ！

ヴォルトン　貧しい人たちをここに集めるという考えは、とてもいいと思います。ところで、あなたの後継者はどうするでしょう？　続けざるを得ないでしょうね！（笑い）

教　皇　きっと、聖霊が配慮してくださるでしょう……

ヴォルトン　たぶん、そうなるでしょう。でも、わたしたち二人が違うのは、あなたにはいつも聖霊がいて、わたしにはそれが確かではないということです。でしょう？（笑い）

教　皇　あなたは地獄に行きますよ［フランス語］！（笑い）

ヴォルトン　（笑い）ええ。あなたの方がわたしよりも権威があります。でも、わたしたちは大いに意見が一致していますね。ところで、今日、科学技術、メディア、インターネット、ソーシャル・ネットワークが大流行です。スピード、双方向性も大流行です。技術的コミュニケーションは人間的コミュニケーションよりも常に容易であるとわたしは主張していますが、技術的コミュニケーションが成功するのもそのためです、実際に抵抗がありますから。技術は実に魅力的で、人間関係は実に難しい。そうではありますが、ただ一つ大事なことは、他者、それに愛と他者性です。

教皇　でも……ある日曜日に、こんなことがありました。わたしはお告げの祈りのために、宮殿に行こうとしていました(14)。そこにある司教がわたしに会いにきて、こう言ったのです。一〇〇人ほどの小グループを中に入れましたので、祝福していただきたいのです。近くまで行かれる必要はありません、祝福を受けるためだけですので、と。わたしはまず考えました、「遠くから祝福するなら、こんなふうにすればいいかな」（身振り）と。ところが部屋から出ると、人々がわたしを待っていたのです。そしてこれは、理論でもなければ政治でもありません、人間的欲求なのですね。たちまち皆がわたしをさわりに来たのです、子どもたちも親たちも……皆が写真を撮ろう、自撮りをしようとしました。わたしは一言も言えませんでした。いや、その中に一二歳の男の子がいて、「ぼくのママはいつもすてきだよ、でもぼくには大袈裟なんだ」って書いたとてもすてきなTシャツを着ていたのですよ。それで、その子に聞いたのです、「きみのママはどこにいるの？」と。そうしたら、「あの人だよ」と答えてくれたのですが、そのとたんに、皆がお互いに接近し合ったのです。とうとうわたしは事態を収拾するために、こう言わざるを得ませんでした、「一つ提案です、皆で一緒に写真を撮りましょう、そしてさよならとしましょう」。わたしはお告げの祈りに行かなければなりませんでしたし、あまり時間がありませんでした。そのことを説明したら、皆、わかってくれました。わたしたちは聖母にお祈りし、アヴェ・マリアを一つ唱えて、祝福を与え、挨拶をして別れました。「でも、どんなカテケーシスをされたのですか？」と聞かれるかもしれませんね。わかりませんが、カテケーシスは自分の民のそばにいる司祭、民と一緒に笑い、民のために心を煩わせる司祭がするべきだとわたしは思います。それがコミュニケーションです。司祭館に面会時間を「何時から何時まで、何時から何時まで……」なんて張り出すような司祭には出会いたくないですね。しかも、信者が「わかりました」と思ってその時間に出向いてみると、司祭の代わりに秘書が、それも少し気難しそうだったりする秘書が出てきて、神父様はご多忙なので、なんて言ったりする！　そんなのはアンチ・コミュニケーション、アンチ福音です……

ヴォルトン　ええ、そのとおりです。司祭たちはしばしば多忙で、人の相手をする時間がありません。話しかけるのもしづらいほどです。とても大事なことをしているのでしょうね、神様と話しているのでしたら、もちろんわたしたちより大事なのでしょうが……

教皇　イエス自身も多忙な身でした。それでも誰かに、息子か僕《しもべ》が――どっちだったか覚えていませんが――病気です、治してくださいと言われたりすると、イエスは「行こう」と言いました。[15] その人が、わざわざおいでいただかなくとも、と言っても、イエスは「いや、行こう！」と言い張るのです。ナインの町の門で、やもめの一人息子が死んで棺が担ぎ出されるのをイエスが見て、やもめに近づき手を触れました。やもめは泣き出しました。それからイエスは棺に手を触れて奇跡を行いました。[16] 近づくことです。そして、わたしが言いたい結論は、人々から離れたイエス・キリストの教会などあり得ない、ということです。イエス・キリストの教会は民衆と結びついていなければなりません、人々とつながっていなければなりません。その反対が、ある政治家たち――政治家全員じゃありませんよ、ひとまとめにして非難するのはよくありませんからね――、選挙のあいだだけ人々に関心をもつけれど、選挙がすんだら忘れてしまう、そんな政治家たちのようにすることでしょうね。それに、わたしにとって、そばに寄り添うということは、司牧生活においてさえ福音宣教の鍵となるものです。そばに寄り添うことなしに福音宣教することはできません。

一つの話を聞いたことがあります。話してくれたのは、ある一般信者の女性です。「一人の男の人がいて、それなりの財産をもっていましたが、家族と離れ、一切の関係を絶っていました。最後に彼は、末期的症状の病気で入院しました。隣のベッドには、同じ病気の男がいました。病院付きの司祭が来て、隣の男といろいろ話しましたが、彼には一言も言わせることができませんでした。自分の中に完全に閉じこもっているこの男は、誰とも口をききませんでした。ところがある日、隣のベッドの男が彼に痰壺をもってきてほしいと頼んだのです。それで彼は、初めて起き上がり、取りに行きました。それから隣の男が、痰壺を洗ってほしいと彼に頼みました。彼は浴室に行き、痰壺を洗い、隣の男にもってきてやりました。そのとき彼は不安を感じ始めました、ひどい不安を……それから彼は、看護師たちと、他の人たちと、話し始めました。この奉仕の行為が、そばに寄り添い、苦しんでいるからだを通じての肉体的コミュニケーションが、彼の心の扉を開いたかのようでした。その三日後、病院付きの司祭がやってくると、彼は司祭を呼び、自分の人生について語り始めました……彼が司祭にどんなことを話したのか、わたしにはわかりませんが、彼は司祭に聖体を拝領したいと頼み、そしてその日の晩に亡くなりました」。この話を聞いてわたしは、午後五時に雇われて皆と同じ報酬にあずかる労働者のたとえを思い出しました。[17]他の誰かのそばに寄り添い、汚くて卑しい仕事をしてやったことで、彼の心は開かれました。それが彼を自由にしたのです。

歴史的事実であるコミュニケーションの話をしましょう。リソルジメント広場にポーランド人のホームレスがいました。彼はよく酔っ払っていました。そして酔っ払っては、おれはヨハネ・パウロ二世とは神学生仲間で一緒に司祭になったんだが、その後、司祭をやめたんだと言っていました。誰も彼の言うことを信じませんでした。誰かがそのことをヨハネ・パウロ二世に伝えました。ヨハネ・パウロ二世は「彼の名前を聞いてきてください」と言いました。その話はほんとうだったのです！「彼を連れてきてください」。彼はシャワーを浴びてから、教皇のところに連れて行かれました。教皇は「どう、元気にしてるかな?!」と言って、彼を抱きしめました。確かに彼は、司祭職を捨てて、ある女性と出奔していたのです。「どう、元気にしてるかな?」。それからややあって、ヨハネ・パウロ二世は彼をじっと見つめて言いました、「わたしの聴罪司祭が今日来るはずだったのだが、来られなくなった。だから、わたしの告白を聴いてほしい」「でもどうしてそんな?」「いいのだよ、わたしが許可するから」。教皇はひざまずいて、告白しました。それから教皇は相手にも同じことをさせました。そしてこの男は、病院付き司祭となり、病人たちのために尽くしながら、生涯を終えました。そばに寄り添う謙遜な行為です。

傲慢な心ではコミュニケーションはできません。コミュニケーションの扉を開けるたった一つの鍵は、謙遜です。完全とは言えないにせよ、少なくとも謙遜な態度が必要です。コミュニケーションは対等な関係でするか、下から上へとするものです。でも、上から下へという関係だけでコミュニケーションしようとしたら、失敗に終わるでしょう。

ヴォルトン　それだと序列化ですね。

教　皇　地獄の話をすれば――わたしとしてはふれたくないテーマの一つですが、とにかく……ヴェズレーの柱頭の話はしましたっけ?

ヴォルトン　いいえ。

教　皇　ヴェズレーの聖マリア・マグダレナ大聖堂からサンティアゴ・デ・コンポステーラへの巡礼の道が始まります。すてきな柱頭があるのですよ。一方にはユダが首をつって死んでいます、もう一方には良き牧者がユダを背負っています。それを見ると、ユダは救われたのだろうかと考えてしまいますね。でも、良き牧者つまりイエスの顔を見ると、顔の半分は悲しそうで、もう半分はにっこりと微笑んでいるのです。これが地獄の神秘です。無償性と謙遜、それが良きコミュニケーションをするための言葉です。食事を共にすること。飲んで、踊って、祝うことです。

ヴォルトン　でもそれでは、あなたは技術に対してはっきり距離を置いていらっしゃるのに、なぜツイッターのチャンピオン(18)になるのですか？　なぜあなたが？　人間的コミュニケーションは技術的コミュニケーションよりもずっと重要だとあなたはおっしゃっているのに、なぜですか？

教　皇　でも、わたしとしては、人々に近づくためにあらゆる手段を使わなければいけないのです。これは、近づくための手段の一つなのですよ。

ヴォルトン　ええ、でも、人と同じようなことをしているのでは、もう違いはないじゃありませんか。どこにでも顔を出すあの技術的コミュニケーションには限界があると言いながら、あなたはそれを保証しているのですか？

教　皇　わたしはそれに満足しているわけではありませんよ。扉を開けるためにやっているだけです。でも、わたしはその先に行きたいのです。二〇一六年に、世界中から来た一一人か一二人のユーチューバーに会い、直接彼らと話しました。一人の娘が、どの国から来たか覚えていませんが、わたしにこう言いました、「どうしたら人とコミュニケーションすることができるでしょう……」。それでわたしは答えました、「コミュニケーションするためには帰属関係が必要です。もしもあなたが帰属関係をもっていなければ、あなたにはアイデンティティーがないことになります。もしもあなたにアイデンティティーがなければ、あなたはコミュニケーションすることができません」。すると彼女が言いました、「でも、どうしたらわたしはアイデンティティーがない人、帰属関係をもたない人とコミュニケーションすることができるのでしょうか?」。そこでわたしはこう答えました、「あなた自身がその人にバーチャルな帰属関係をつくってあげればいいのです。そのバーチャルな関係から、実際の、リアルな関係へと移って行くのですよ」。わたしは扉を開くためにツイッターをしています、そのツイートが人々の心に触れていると確信しています……

ヴォルトン　でも、コミュニケーション技術のグローバル化が進むにつれて、人間的コミュニケーションはますます難しくなっています。技術的コミュニケーションの力と限界について、冷静に距離を置いた発言をしてもよいのではありませんか?　個人の自由はありますが、その背後にはＧＡＦＡ（Google・Apple・Facebook・Amazon）という途方もない力が控えているのです。その他にもいろいろ……大きな力、金、支配力、監視能力をもった、世界最大のネットワークですよ!　これは人間的コミュニケーションとはなんの関係もありません。たとえ一人ひとりは自分が自由であると感じているとしてもです。使う側からすれば自由なのでしょうが、組織の側から見ればとてつもないほど囲い込まれ、監視されているのです。なぜ教会は「気をつけろ、気をつけるのだ」と言わないのでしょうか?　あなたは「技術的コミュニケーションは結構だが、ほどほどに」と言うことができるでしょうし、とくに人間的コミュニケーションの価値とその特性を高く評価することもできるのではないでしょうか。実際に、技術的コミュニケーションは駆け足で進んで行きますが、人間的コミュニケーションはゆっくりとしか進みません。しかも、人間的コミュニケーションの方が難しいけれど大切で、守るべきものなのです。そのようなことを、あなたは言うことができるでしょう。なぜ教会は何も言わないのですか？

人間的・技術的コミュニケーションの挑戦に関する回勅があってもよいのではないでしょうか？　いま何も言わずにいることに比べれば有益だと思いますが。教会はラジオとテレビについては非常に早くから態度を明らかにしていただけに、なおさらです。コンピュータ、それからネットワークについては何も言っていませんね。技術的進歩についてはどちらも肯定できるでしょうが、人間的コミュニケーションについては注意するよう言うべきでしょう……

教　皇　たぶんそうでしょう。それに、とても重大な問題がいくつもあります。たとえば、技術的コミュニケーションだけの世界に閉じこもっている人たち。パパもママも子どもたちも、皆自分のコンピュータを見ながら食事をしている家族……彼らは言葉を交わすこともせずに、ひたすら何かを書いています。以前は、彼らは皆でテレビを見ていましたが、いまでは父親と母親しかテレビを見ていません。少なくとも以前は、皆が一緒にああだこうだと言うことができました。このことについて語るべきだということには、わたしも同感です。

ヴォルトン　ええ、教会は「注意せよ」と言うことができます。今日の世界において、技術・ファイナンス・経済の問題は無視できませんから。アメリカのコミュニケーション技術産業は、軍需産業よりも金を稼いでいます。でも、皆がそのパフォーマンスの良さに惑わされて、見過ごしているのです。インターネットはいまだに「自由」と同一視され、どんな規制も反動扱いされる有様です……多くの著名人が「知識社会」[19]や「デジタル文明」について語っています。それはそうなのでしょうが、問題は、技術を人間化することではなく、「人間」を人間化し、守ることです……

二〇一六年九月二二日、バチカン、クレメンス・ホール、イタリア・ジャーナリスト会議に集まった四〇〇人のジャーナリストたちと会見した際の談話

（…）ジャーナリズムほど社会に対して大きな影響力をもつ職業はわずかしかありません。ジャーナリストが担うべき役割は、大変重要であると同時に重大な責任を伴うものでもあります。ある意味で皆さんは、ニュースを書き留め人々に事件を解説することによって、「歴史の最初の下書き」とでも言うべきものを書いているのです。これは大変重要なことです。時代は変わり、ジャーナリズムのあり方も変わります。新聞・雑誌は、テレビと同様、デジタル世界の新しいメディアを前にして――とくに若者のあいだでは――その重要性を失いつつあります。しかしジャーナリストは、プロとしてその仕事を行うなら、自由で多元的な社会の活力を支える柱、主要な担い手であり続けるでしょう。（…）

今日わたしは、皆さんの専門職であるジャーナリズムのいくつかの面について、またそれを、わたしたちが生きるこの社会をより良いものとするために、どのように役立てることができるかについて、皆さんと共に考えてみたいと思います。わたしたち全員にとって、立ち止まって考えてみること、わたしたちがいま何をし、それをどのように行っているかをしっかりと考えることが、ぜひとも必要です。霊的生活においては、それは内的な糾明を深める一日の黙想という形をとること

がよくあります。専門職を行う上でも、それと同じようなこと、立ち止まってしっかりと考える時間を少しとることが必要だと、わたしは思うのです。確かにそれは、ジャーナリズムのような分野、常に「締め切り」に追われる毎日を送っている職業では、簡単なことではないかもしれません。しかし、短い時間ではありますが、ジャーナリズムが置かれている現実について、少しは掘り下げてみようではありませんか。

わたしは三つの要素を取り上げてみたいと思います。まず真理を愛すること、これはすべての人にとって、とくにジャーナリストにとってはとりわけ大切なことです。次にプロとして生きること、そこには法律や規則を超える何かがあります。そして最後に人間の尊厳を尊重すること、これは一見したところよりもはるかに難しいことです。(…)

真理を愛するとは、真理を主張するだけでなく、真理を生きること、自分の仕事を通じて真理を証しすることです。つまり、新聞記事やテレビのルポルタージュで使っている言葉との整合性をもった生き方、働き方をするということです。ここで問題となるのは「信者であるか否か」ではありません。「自分自身に対して、また他者に対して誠実であるか否か」が問題なのです。そうした関係が、あらゆるコミュニケーションの核心をなしています。ましてや、コミュニケーションを仕事としている人にとってはなおさらのことでしょう。不誠実な関係は、どんなものであれ、長続きすることはありません。今日のジャーナリズムの状況をみると——大量の事件が一日二四時間、一週七日間、途切れることなく報道されていますが——真理に到達するのは必ずしも容易ではありませんし、真理に近づくことさえ難しいと言わざるを得ないでしょう。人生においては、すべてが白黒はっきりしているわけではありません。ジャーナリズムにおいても、報道しようとする事件がもつ灰色のニュアンスをしっかりと識別する力をもつ必要があります。政治的議論、さらには多くの紛争を見ても、誰が正しくて誰が間違っているかはっきりと見極められるようなケースはごく稀です。対立やときには衝突が生じるのも、結局のところ、さまざまな立場をまとめることがまさに難しいところからくるのです。可能な限り事の真相に近づき、正しくないと心の中で思っていることは決して言ったり書いたりしてはならない――それがジャーナリストの困難ではあるが必要な仕事であり、それがジャーナリストの使命であると言ってもよいでしょう。

二つ目の要素、プロとして生きるとは、何よりもまず――職業倫理規定に記されていることを超えて――自分自身の仕事がもつ深い意味を理解し、内面化することです。政治的利害であれ経済的利害であれ、党派的利害に引きずられて仕事をしてはならないのも、そこからくるのです。ですから、ジャーナリストの義務は、いや、あえて使命と言いましょう、それは――真理を追究しようと心がけ気を配ることを通じて――人間の社会的次元を高め、真の市民社会を築き上げるために働くことです。こうした広い視野に立って見るなら、プロとして働くとは、つまり、ある階層の関心事に――たとえそれが正当なものだとしても――ただそれに応えるだけではなく、民主的な社会の一翼を担っているのだと自覚することでもあるのです。いつの時代であれ、独裁体制は――方向や「色合い」は異なるにせよ――常にコミュニケーション手段を支配しようとしてきたこと、常にジャーナリズムに新たな規制を課そうとしてきたことを、わたしたちは忘れてはならないでしょう。

　そして三つ目の要素、人間の尊厳を尊重することは、どんな職業にも言えることではありますが、とりわけジャーナリズムにとって大切なことです。なぜなら、一つの事件の背後には、それがどれほど簡潔に語られているとしても、人間の感情や喜怒哀楽、つまりは当事者たちの人生が隠されているからです。わたしはしばしば悪口のことを、言葉でもって人を殺すことができる「テロリズム」のようなものだと語ってきました。もしも家庭内や職場での個人的な悪口がそうだとしたら、ジャーナリストの場合はなおさらです。というのも、ジャーナリストの言葉はすべての人に届くので、非常に強力な武器となるからです。ジャーナリズムは常に人格の尊厳を尊重しなければなりません。今日掲載された一本の記事は、明日には別の記事に取って代わられるでしょう。けれども、不当に誹謗中傷された一個人の人生は、いつまでも台無しにされたままかもしれません。確かに批判は正当ですし、悪を「告発する」ような場合は、必要とさえ言えるでしょう。しかし、常にそれは、相手の人格を、相手の人生、気持ちを尊重しつつ、なされねばなりません。ジャーナリズムは人々を攻撃する「破壊兵器」などに、ましてや国民を攻撃する兵器などになってはならないのです。変化を前にして、あるいは戦争や飢餓のために自分の土地を離れざるを得なかった移住者・難民に対して、恐怖心をあおるようなことをしてはならないのです。

　わたしは願っています、ジャーナリズムがますます至るところで建設のための道具、共通善の担い手、和解のプロセスの推進者となることを。分裂の火をかき立てる言葉で対立をあおる誘惑を退け、和解の文化を促すことを。ジャーナリストの皆さんには、毎日思い起こしていただきたいのです、善意の女性たち男性たちによって解決され得ない対立はないということを。

こうして皆さんとお会いできたことを感謝しています。皆さんがよい仕事ができるよう願っています。主が皆さんを祝福してくださいますように。わたしも祈りと心で皆さんに寄り添っています。どうかわたしのためにも祈ってください。ありがとうございます。

二〇一六年九月一六日、バチカン、クレメンス・ホール、新司教たちのための研修での演説

(…)神が皆さんを教会の司教となるよう呼ばれたことの神秘の豊かさを深く知るために、皆さんがローマで過ごしているこの実り多き日々も、ほとんど終わりに近づきました。(…)

こうして皆さんを迎え、聖なる民を導くため神の御心によって「漁《すなど》られた」方々を前にしつつ、ペトロの後継者の心に浮かぶいくつかの思いを共に分かち合うことができるのは、うれしいことです。

1　先に愛されたということを震える心で感じる

そうです！　神はその愛に満ちた知識で皆さんの先を越されたのです。神はその驚くべきいつくしみという仕掛けでもって、皆さんを「漁られた」のです。神の網がひそかに引き上げられ、皆さんはもうそのまま捕らえられるしかありませんでした。(…)

2　感嘆すべき心遣い

神の愛に満ちた知識を心にしみ通らせることは、素晴らしいことです。神はわたしたちが何者であるかをほんとうによくご存じで、わたしたちの卑小さを恐れてはおられないと知ることは、励ましです。(…)

3　キリストの御心という、いつくしみの真の扉を通って行く

このことについては、今度の日曜日に、ローマと世界中から何百万もの巡礼者をキリストのもとに引き寄せている、いつくしみの特別聖年の聖なる扉を通りながら、感謝、和解、そして皆さんの命を牧者の中の牧者である方にすべて委ねる完全な自己放棄という大いなる経験を、深く味わっていただきたいと思います。(…)

4　いつくしみを人々に告げ知らせる司牧上の務め

これは難しい務めです。神はいつくしみ豊かな方ですから、そのいつくしみを皆さんの教区でどう人々に告げ知らせればよいか、神にたずねてください。(…)

どうか恐れずに伝えてください、神が世に与えてくださるものを一言で言うなら、それがいつくしみなのだと。なぜなら、人間の心が切望するもので、これ以上偉大なものはないからです。(…)

5　いつくしみを告げ知らせるための三つの勧め (…)

5-1　人々を魅了し引きつけることができる司教になってください

皆さんの司牧活動がいつくしみのイコンとなるようにしてください。いつくしみだけが、人間の心を絶えずとらえ引きつける力なのです。(…)

5-2　皆さんに委ねられた人々を導くことができる司教になってください

すべて偉大なものを深く知ることができるようになるためには、そこに至るまでの道のりを歩むことが必要です。神のいつくしみは、いくら汲んでも汲み尽くせないものです！　一度いつくしみ

にとらえられると、その道を歩み始めずにはいられなくなります。その道を歩んで行くよう、導かれるのです。(…)

皆さんの教会を、この愛の深淵へと導くことができる司教になってください。今日、人々は、木の手入れはろくにしないのに、果実だけは際限なく求めています。人々は導きの意味を忘れてしまっています。ところが、導きがあって初めて、人生でほんとうに大切なものに至ることができるのです。(…)

皆さんの教会の導きの仕組み、とくに神学校を、特別な配慮をもって大切にしてください。召し出しの数や量を増やそうとする誘惑に負けず、むしろ導きの質を求めてください。大事なのは数でも量でもなく、ただただ質なのです。(…)

5-3 人々に寄り添うことができる司教になってください

(…)

兄弟の皆さん、いまから共に祈りましょう、そしてわたしは、牧者として、父として、兄弟として、心をこめて皆さんを祝福いたします。祝福は常に、み顔をわたしたちに向けてくださるよう神に願う祈りです。決して曇ることのない神のみ顔はキリストです。皆さんを祝福しつつ、わたしはキリストに願います、キリストが皆さんと共に歩んでくださいますように、そして皆さんにキリストと共に歩む勇気を与えてくださいますようにと。キリストのみ顔が、わたしたちを引きつけ、わたしたちの心に刻み込まれ、わたしたちに寄り添ってくださるのです。アーメン!

注

（1）［原注］「感覚の道」《La voie des sens》、『ヘルメス』*Hermès* 七四号、ＣＮＲＳ出版、二〇一六年三月。『ヘルメス』は、一九八八年にドミニック・ヴォルトンが創刊した、コミュニケーションの問題を科学的・政治的争点として取り上げる国際的専門誌で、今もヴォルトンが主宰している。

（2）［訳注］創世記1・27参照。

（3）［訳注］ネヘミヤ記8・9－10参照。フランシスコ教皇が「エズラ記で」と言っているのは、エズラ記とネヘミヤ記が本来一つの書でエズラ記と称されていたことによる。紀元前五八六年、ユダ王国がバビロニアに滅ぼされ、エルサレムの神殿は破壊され、多くの民がバビロンに連行された（バビロンの捕囚）。その後、バビロニアはペルシアに滅ぼされ、イスラエルの民はペルシア王キュロスによって故郷に帰り神殿を再建することを許された。エズラ記とネヘミヤ記には、民の帰還とエルサレムの神殿・城壁の再建の経緯が記されている。

（4）［訳注］交わり communion ――「交わり、一致」の意味だが、カトリック教会では、「聖体拝領」（キリストのからだに変わったパン＝聖体を拝領することによる信者とキリストとの交わり・一致）、神と信者との「交わり」、信者同士の「交わり」、「聖徒の交わり＝諸聖人の通功」communion des saints（地上の教会＝この世に生きる信者たち、苦しみの教会＝煉獄で清めを受けている霊魂、天国の教会＝天国の至福に与っている霊魂の交わり・一致）などの意味で使われる言葉でもある。

（5）［訳注］ノアの箱舟とぶどう酒については創世記6－9章参照。

（6）［訳注］ヨエル書3・1には次のように記されている、「その後／わたしはすべての人にわが霊を注ぐ。／あなたたちの息子や娘は預言し／老人は夢を見、若者は幻を見る」。

（7）［原注］ルカ2・22－38参照。

（8）［訳注］若者たちというのは、イエスの母マリア、そしてマリアの夫でイエスの育ての親となるヨセフである。生まれて間もないイエスを神に捧げるために神殿に来たとき、マリアもヨセフも若者だった。当時のユダヤ人の習慣では、「一般に娘の結婚は、その娘が一三歳から一四歳の時に行なわれた（…）。天使が現れた時のマリアの年齢も、そのぐらいであっただろう。男は、一八歳から二四歳ごろまでに婚約していたが、それがヨゼフの年齢にあてはめられるだろう」(ジュゼッペ・リッチョッティ『キリスト伝』二九五ページ)。ヨーロッパの絵画ではヨセフを老人として描いていることがよくあるが、これはマリアの処女性を際立たせるための《配慮》からきたことで、ヨセフが老人だったという証拠はどこにもない。ヨセフは、イエスとその母マリアを守るという使命を神から委ねられた人であり、実際に神のお告げを受けるたびに機敏に行動してその使命を果たしている(マタイ1・18－25、2・13－23参照)。こうしたことを考え合わせれば、ヨセフは、マリアとは釣り合いのとれた年齢の、たくましい若者であったと思う方が自然である。

(9)[訳注]フランスの劇作家ボーマルシェ Beaumarchais(一七三二～一七九九)の戯曲『セビリアの理髪師』(一七七五年初演)の第二幕第八場で、登場人物の一人が誹謗中傷の絶大な効果を語る場面がある。

(10)[訳注]ソーシャル・コミュニケーション communication sociale ── 文字通りの意味は「社会的コミュニケーション」だが、第二バチカン公会議の文書の一つに「広報メディアに関する教令」*Decretum de instrumentis communicationis socialis*(直訳すれば「社会的コミュニケーションの手段に関する教令」)があり、ヴォルトンの指摘はこの文書をふまえていると思われる。なお、この文書が言う「社会的コミュニケーションの手段」とは、広い意味での「広報機関、広報メディア」、具体的には「出版、映画、ラジオ、テレビおよびこれに類するもの」(同文書1)を指している。

(11)[訳注]からだの神学 ── ヨハネ・パウロ二世教皇が一九七九年九月から一九八四年一一月まで、毎週水曜日に行われる一般謁見で行った一二九回に及ぶ連続講話のテーマ。従来、人間のからだ、とくに性の問題については、否定的・抑圧的にとらえられることが多かった。ヨハネ・パウロ二世は、福音書、パウロの書簡、創世記などをふまえながら、人間の愛と神の計画とについて教え、人間のからだ、男女の愛、性、結婚の意味を肯定的にとらえなおしている。

(12)[訳注]フィリップ・バルバラン Philippe Barbarin(一九五〇生まれ)、二〇〇二年からリヨン大司教(フランス首座司教)、二〇〇三年から枢機卿。

(13)[原注]二〇一六年一一月一三日。

(14)〔訳注〕毎週日曜日の正午になると、教皇は、教皇公邸の書斎の窓から、サン・ピエトロ広場に集まった信者たちとともに「お告げの祈り」(復活節のあいだは「アレルヤの祈り」)を唱える習慣がある。そのとき教皇は、祈りの前に(しばしば祈りの後にも)「ことば」を述べるので、祈りと合わせると一五分くらいの時間を信者たちと過ごすことになる。

(15)〔訳注〕マタイ8・5-13、ルカ7・1-10(百人隊長の僕をいやす)、ヨハネ4・43-54(役人の息子をいやす)参照。

(16)〔訳注〕ルカ7・11-17(やもめの息子を生き返らせる)参照。

(17)〔訳注〕マタイ20・1-16(ぶどう園の労働者)参照。

(18)〔原注〕Twiplomacy 二〇一五年のレポートによれば、フランシスコ教皇はツイッターで最も影響力のある指導者であり、三五〇〇万人のフォロワーが登録されている。その内訳は、まずスペイン語(一二五〇万人)、それから英語(一〇二〇万人)、イタリア語(四二〇万人)となっている。一〇〇万人以下では、ポーランド語(七五万一〇〇〇人)、ラテン語(七三万五〇〇〇人)、ドイツ語(四一万二〇〇〇人)、アラビア語(三五万人)と続いている。

(19)〔訳注〕知識社会——アメリカの経営学者ドラッカー Peter Ferdinand Drucker(一九〇九~二〇〇五)が『断絶の時代』*The Age of Discontinuity*(一九六九)の中で使った「知識社会」knowledge society に由来するものと思われる。

5

他者性、時間、喜び

二〇一六年七月。わたしたちはほとんど親しい友のようになっている。というのも、三日続けて会っているからだ。時間を超えた、そして同時に、この長い歴史すべての時間の中にあるこの対話においては、すべてが単純で気取りがない。ここではすべてがつつましくなる。ほんのちっぽけな領土、だが、なんという長い歴史。事件と直接性とに蝕まれた現代社会と、この見るからに平穏で静止した永遠の空間とが、明らかに重なり合っている。わたしたちは、本のプランの順序に従って、真剣に対話を続ける。教皇は几帳面で、わたしたちの対話は相変わらず実に自然でユーモアにあふれている。ユーモア、この永遠かつ広大無辺の知的短絡……現代社会の中の教会。相互の寄与と対立。教会、コミュニケーション、人間と技術、経験と世界観のギャップ。現代性はどこにあるのか？　どうやってこの人は、自分が表象している巨大なシンボルを担っていられるのだろう？　その責任を背負って生きていられるのだろう？　この建物はつつましい、だがそのすぐ脇にはサン・ピエトロ大聖堂が厳かにそびえ立ち、決まった時間に鳴り響く鐘は、世界への開放、諸文明の相対性、そして文化的共存という大きな困難を告げ知らせている。時間、それはわたしたちすべてを規定する。なんという瞑想。そして、彼のうちには、彼の言葉には、常に祈りの役割についての、本質的で死活的重要性をもった存在論的な呼びかけがある。実物教育、昔はそう言っていた。いずれにせよ、沈黙、夢想、そして深い思索……それに、わたしたちのやりとりは、宗教者と非宗教者とのあいだの困難だがどうしても必要な対話の例証となっている。そしてわたしが対話している相手は、知識人とは別の、そして人間学に最も近い規範をもつ価値観、基準を生きている人なのだ。

＊　＊　＊

ドミニック・ヴォルトン　無神論者や信仰をもたない人、原罪も過ちも認めない人々と、どうすれば対話できるようになるのでしょう？　彼らとどのように対話すればいいのでしょう？　たいていは世俗的で非宗教的な世界に生きているわけですから。

フランシスコ教皇　彼らは現実の一部をなしています。複数の力の一部をなしています。ところで、現実を話題にすると、すぐに観点の違いにぶつかります。でも、現実はさまざまな観点のあいだに橋を架けてくれます。そしてこれは、逆なのです。現実は事実です。橋はわたしたちの会話です。とにかく、理論からではなく、現実から出発しなければなりません。円積問題(1)について世の終わりまで語ることはできるでしょうが、無駄なことです。

現実はどうでしょう？　各々が自分流に現実を見ています。そしてわたしは、現実とはかくあるものとわたしが思っているように、現実を見ています。わたしは現実をそのように理解しています。だから、一緒に探さないといけません。これは探求の道なのです。探すのです。

ヴォルトン　でも、無神論者たちを相手に、何をし、何を言うのでしょう？　神を否定する人たちをどうやって尊敬するのでしょう、どんな対話をするのでしょう？　無神論者たちは、社会的・政治的解放のために、民主主義のために、一八世紀以来、実に多くのことをしてきました。教会は何をしているのでしょう？　「彼らを待っています」としばしば言っています。ですが、彼らは無神論者で、あなたたちに待っていてもらいたいとは思っていません。それに、何も期待していないのです。だったら、どうやって対話するのでしょう？　それに彼らはたいていは平和の人です！　無神論者を相手に何をするのでしょう？　なぜなら教会は無神論者を大勢殺しましたし……

教　皇　別の時代には、こう言っていた人たちもいましたよ、「とにかく彼らをそっとしておきなさい、彼らは地獄に行くのですから！」

ヴォルトン　(笑い) なるほど！

教　皇　でも、形容詞を使って話すべきでは絶対にありません。真のコミュニケーションは名詞を使ってなされるのです。つまり、一人の人として話すのです。その人は不可知論者かもしれないし、無神論者、カトリック、ユダヤ人かもしれません……でも、それはみな形容詞です。わたしは、相手を一人の人として、その人と話します。一人の人として相手と話すべきなのです。その人は、わたしと同じように、一人の男性、一人の女性なのです。クラクフで、一二歳か一四歳の若者たちのグループと昼食を共にしたとき、一人の少年がわたしに同じ質問をしました。男子と女子、各大陸から二人ずつ、それにポーランドから二人でした。彼はわたしに聞いたのです、「でも、無神論者になんと言えばいいのでしょう?」と。

ヴォルトン　でも、わたしはそうは言っていませんよ。無神論者とどのように対話するのでしょう、と言ったのです。

教　皇　無神論者になんと言えばいいのでしょう?　わたしは彼にこう答えました、「たぶんきみがいちばんしてはいけないことは、無神論者のところに出向いてあれこれ言う（説教する）ことです。きみはきみの好きなように生きるべきです、きみが彼の話を聞くとしても、信仰を擁護すべきではありません。信仰の擁護は必要ないのです。もしも彼がきみに何か聞いてきたら、きみが人間として経験したことをもとに話せばいいのです」。対話は人間としての経験に基づいてなされるべきです。わたしは神を信じていますが、信仰は賜物です、神からの賜物です。誰も自分の力だけで信仰を得ることはできません。誰もです。たとえ図書館の本をすべて読んで研究してもです。これは賜物なのです。あなたにこの賜物が与えられなかったとしても、神は別の方法であなたを救ってくださるでしょう。それに、わたしたちが共通してもっている話題はたくさんありますから、それについて話すことができます、倫理的な問題とか、神話に関することとか、人間に関わることとか……たくさんありますよ。自分が考えていること、人間に関わる問題、どのように振る舞うべきか……人類の発展について議論することもできます……共通することを話題にするのです。彼は違った見方をしているでしょうし、わたしもまた違った見方をしているでしょう。でも、話すことはできますし、話題が神のことになったら、それぞれが自分の選んだ立場を語ればよいのです。ただし、相手の言うことを敬意をもって聞くことですね。

一度、こんな経験をしました。あるご婦人がわたしに言ったのです、その人は説教を、いや、講演だったかもしれませんが、聞いたそうです。その人は無神論者でしたが、そのとき、神は存在しないという考えを疑い始めたそうで、それが彼女には衝撃だったそうです。不可知論者もです。違う考えをもった人たちです。

ヴォルトン　一つ、教会の言葉があります、わたしが恐ろしいと思う言葉です、「神を忘れようとすると、ついには人間を忘れてしまう」。

教　皇　ええ。

ヴォルトン　ええ、でも、無神論者の場合は？

教　皇　そのことでしたら、一つ別の考え方があります。あなたがおっしゃるとおりです。具体的にヒトラーのような無神論者を例にして、いまあなたが言った言葉をあてはめてみると……

ヴォルトン　彼は並の無神論者じゃありませんよ。

教　皇　でも、神を忘れようとすると、ついには人間を忘れてしまうのです。

ヴォルトン　それは、わたしがジャン＝マリー・リュスティジェ枢機卿と対話しているとき、枢機卿が言っておられたことです。でも、問題は残ります。神を忘れようとすると、ついには人間を忘れてしまうものでしょうか？　まず第一に、歴史をみれば、大勢の人を殺した司祭や信者がいます。次に、今日では、信者と同じくらいヒューマニストな無神論者が大勢います……

なぜなら、「神を忘れようとすると、ついには人間を忘れてしまう」ということは、神以外には解決はないことを意味するからです。ところで、ある無神論者がこう言うとします、「わたしは無神論者だが、ときには良いことをする、信者と同じくらい良いことを」。ただ、何か変ですね。宗教間対話があり、エキュメニズムがありますが、無神論者を相手に何をするのでしょう？　たとえば、いつくしみの年のメッセージをどうやって聞いてもらうのでしょう？　無神論者たちにそれをどうやって語るのでしょう？　彼らには理解できません。

教　皇　何か良いことを誰かのためにすることです。それをすることです。もしもあなたがこのテーマに関心がないのなら、困っている人たちのことを考えてみてください。シリアの子どもたちのことを考えてみてください。いつくしみについて考えてみてください。心の中の感動を。

ヴォルトン　あなたはしばしば口にされますね、「人類は傷ついていると同時に救われているということを、どうやって理解させればよいか？」と。

教　皇　一人ひとりの経験ですね。男性でも女性でも、誰でも倒れてはまた立ち上がります。どうしたら人は何度も何度も倒れた後、また立ち上がり、新たな道を見つけ出すことができるのでしょう？　恐れることなく話すことができるのです――きみは無神論者で、わたしはそうじゃない……でも話し合おうじゃないか！　二人とも、最後には同じ場所に行き着くのだから。二人とも、ウジ虫に食べられてしまうのだから！

ヴォルトン　ピオ十二世教皇の「現代の悲劇は罪の感覚を失ったことだ」という言葉について、どう思われますか？　あなたもそうお考えですか？

教　皇　ええ、それはほんとうです。ほんとうに、現代は罪の感覚を失ってしまったと思います。今日、一人のテロリストが自爆して五〇人の人を殺しました。麻薬密売人たちがシチリアの運河で人々を溺死させるようなことも……まともな人なら「なぜ彼らはこんなことをするのか？」と思うでしょうが、その答えは、彼らは道徳の羅針盤を失っているということです。少なくともそうです。ところで、道徳の羅針盤とは、すべての人に受け入れられているものです。そこから罪について話すところまで行くには、一定の歩みが必要です。なぜなら、罪について話すことは、神との関係について話すことでもあるからです。罪は信仰を前提としていますから。でも、道徳の羅針盤をもたないという考え方は、すべての人に通じるものです。無神論者にもです。筋金入りのまっとうな無神論者であっても、確かに今のこの世界には道徳の羅針盤がないと思うでしょう。超自由主義のエコノミストでも、『ラウダート・シ』のいくつかの文章を読んだら、経済に道徳の羅針盤がないと最後には思うでしょう。道徳はわたしたちの社会的な振る舞い方を規制するものです。でも、それは厳格主義でも硬直した律法主義でもありません。道徳とは労働者に正当な賃金を支払うこと、召使いに正当な給料を支払うことです……ところが、ときとして、ひどい矛盾があります。

とても活発な慈善団体に加わっている、慈善に熱心でとてもカトリック的なご婦人がいました。子どもは三人で、一六歳、一七歳、二〇歳の男の子でしたが、その人はよくこう言っていました、「家政婦を雇うときはとても気を遣っているのですよ」、なぜなら、いいですか、「息子たちには外で変な付き合いをしてほしくありませんもの、家で十分にすませられるようにしたいのです」。これこそまさに不道徳です。

いま、一つの社会問題があって、そのことでわたしはメディアをさんざん批判しています。いま世界中が、ありがたいことに、未成年者に対する虐待に憤慨しています。ところがこの世界には、インターネット用のビデオを制作しているビジネスマンがいるのです——少年、少女、男性、女性に、「わいせつ行為」、未成年との性行為、ホモセックス、ヘテロセックスなど、ありとあらゆることを見せるビデオをつくっているのです。

ヴォルトン　ええ、まさに偽善ですね。

教　皇　ところで、誰がそれを許可しているのでしょう？　未成年者に対する虐待を禁じているのと同じ政府です。ところが、未成年者を虐待しているところを見せる映画を流すものがいる……

ヴォルトン　ポルノグラフィーは世界最大の産業の一つですから……

教　皇　それがわたしの主張する矛盾です。道徳の羅針盤を、わたしたちは皆、心の内にもっています。わたしたちは皆、あることが良いか悪いか感じ取るのです。

ヴォルトン　この三〇年、金が支配しています！　ひたすら金です、経済的自由主義を振りかざして。いずれは道徳が復権することでしょう、一連の禁止事項としてではなく、意味を問いなおす形で。

教　皇　主があなたの言うことを聞いてくださいますように！　ところで、わたしたちカトリックはどのように道徳を教えているでしょうか？「これをしてはならない、これをすべきだ、すべきだ、すべきでない、できる、できない」などといった規則でもって教えることはできません。道徳はキリストとの出会いの結果なのです。わたしたちカトリックにとっては、それは信仰の結果です。カトリックでない人たちにとっては、道徳は理想との出会い、神との出会い、あるいは自分自身――ただし自分自身の最良の部分――との出会いの結果です。道徳は常に結果なのです。

ヴォルトン　でも、経済には道徳はないとよく言われてきました。それは間違いです、経済にも道徳はあります。自由主義的資本主義がこのように道徳なしの状態になって三〇年になります。グローバル化の進展とコミュニズムの失墜以来、とくにそれがひどくなっています。

教　皇　いずれはそれも崩壊するでしょう。

ヴォルトン　ええ、もちろんです。

教　皇　わたしはそれを見ることはないでしょうが……

ヴォルトン　教会は、他者への愛、移住者への愛については進歩的なのに、家族、カップル、風紀、同性愛についてはもっとずっと「厳格」であるように感じられます。あなたは「笞《むち》」も引き合いに出されましたね、笞は「香部屋[2]に掛け」たままにしておくべきだと[3]。ところが、風紀、家族、性については、教会はいまだに「笞」だという印象があります。

教　皇　でも、教会の姿勢についての説明では、ピオ十一世教皇から今日まで、大きな進歩がありましたよ。たとえば、ヨハネ・パウロ二世教皇がまとめあげた家族の人間学は、その全体がとても重要です。それから、二度のシノドスを受けてわたしがまとめた『愛のよろこび』があります……これは明快でポジティブなもので、極端に伝統主義的なある人たちは、これは正しい教理ではないと言って、抵抗しています。傷ついた家族については、わたしは第八章で、四つの基準があります、迎え入れ、寄り添い、状況を見極め、受け入れることです、と言っています。そしてこれは、硬直した規範ではありません。一つの道、コミュニケーションの道を開くものです。「でも、離婚した人たちに聖体拝領させることができるのでしょうか？」とすぐに聞かれました。わたしはこう答えています、「離婚したその男性、その女性と話をしてください、迎え入れ、寄り添い、見極め、受け入れてください！」と。残念なことに、わたしたち司祭は、硬直した規範、固定した規範になじんでいます。それでわたしたちには、この「寄り添って歩み、受け入れ、見極め、励ます」ことが難しいのです。でも、わたしが提案するのは、まさにそのことなのです。ヨハネ・パウロ二世も、あの大変重要なからだの神学で、性と家族の問題については実に大胆なことを言っています。わたしは使徒的勧告『愛のよろこび』の中でそれを参照し、引用しています。そこですべてが言われているからです。その中の「性は善いもの、美しいものです」という一節は、ある人たちの顰蹙を買いました。

ヴォルトン　でも、一般信者にはわかりにくいのではないですか、肉体的愛を捨てた司祭たちが、肉体的愛は美しいと語るのを聞いたりするのは。

教　皇　性の欲求を捨てて、貞潔、童貞を選ぶ、それが奉献生活です。では、それがなければこの道が死んでしまう条件とはなんでしょう？　それは、この道が霊的な父性、母性に向かうものだということです。教会にとっての災いの一つは、「独身男」の司祭、「オールドミス」のシスターです。なぜなら、この人たちはとげとげしいからです。反対に、あの霊的な父性に到達した人たちは、小教区にいても、学校や病院にいても、元気なのです……シスターの場合も同じです、「母親」なのですから。

ヴォルトン　フィリップ・バルバランは、このことに関連して、大変苦しい思いをしました。パリのアンドレ・ヴァント＝トロワ[4]、それから何人かが彼を支持しましたが……

教　皇　それ以外の人たちはピラト[5]のようだったのですか？

ヴォルトン　多くの人たち、大勢が、ピラトのように、自分の手を洗ってすまそうとしました。

教　皇　バルバラン枢機卿はよく知っています。彼はここに来ました、勇気のある人です。あれは四〇年前に起こった問題で、彼は時効が成立していると考えていました。彼は自由です。自由な人で、とても心の広い人でもあります。マダガスカルで宣教師をしていたこともあります……

ヴォルトン　教皇の権威が必要でした、メディアと世論からの圧力が非常に強くて、「辞任せよ！辞任せよ！」と声高に叫んでいたからです。

教　皇　小児性愛者のうちカトリック司祭の占める割合は二パーセント程度です。わずかなように見えますが、それでも多すぎます。たった一人のカトリック司祭がそれをするというだけでも、おぞましいことです。寛容ゼロです！(6)　司祭は子どもを神へと導かねばなりません、子どもの人生を台無しにしてはならないのです。それに、虐待には連鎖性があります、虐待を受けた子ども四人のうち二人が虐待する側になるのです。

ヴォルトン　小児性愛について、教会は防御姿勢をとりすぎていると感じました。確かに教会は目をつぶりすぎました、容認できないことを覆い隠しすぎました。しかし同時に、教会の時間は社会の時間とは必ずしも同じではありません。メディアの時間とも違います。ところが今日では、メディアが風紀問題の裁判官になってしまっているのです。

なぜ教会は言わないのですか、「もちろん教会は法律を尊重する、しかし教会が責任を負っているのは良心の問題、平和や道徳の問題で、メディアや世論の論理やリズムとは異なる問題なのだ」と。この五〇年間、カトリック教会は、時間感覚や論理の違いを説明せぬまま、しばしば防御姿勢をとってきた、とわたしは思っています。教会は現代に適応しようとしすぎています。教会は、法の埒外にあるわけではありませんが、法律とは違うものです。

教　皇　それに、医者もいますよ、違いはあるとしても、職業上の守秘義務とか、その他のことか、あなたが提起した問題と同じ方向を向いているものが。未成年者に対する虐待の大部分は、家庭内とか近隣の範囲で起こっています。

ヴォルトン　そして、家庭の絶対権力については何も言われません。

教　皇　昔は司祭を移動させていました。しかし、その司祭と一緒に問題も移動していました。現在の方針は、ベネディクト十六世とわたしが決定したもので、一二年前に未成年者保護委員会を設置しました。すべての未成年者の保護です。これがどういう問題なのか、自覚させるためです。母なる教会は、どのように予防すればよいか、どのように子どもに話させ、親に真実を、何が起こったのか語れるようにすればよいか、などを教えています。建設的な方向に進んでいるのです。

教会は防御姿勢をとるべきではありません。虐待を行う司祭は病人なのです。虐待者四人のうち、二人は子どものとき虐待を受けていました。これが精神科医たちの統計です。でも、教会はこのようにして子どもたちを守ろうとしています。

ヴォルトン　それが、さっきわたしが質問したことです。もちろん教会は法律を尊重すべきですが、時間や価値観という、法律とは違うことも扱っているのだということを、どのようにして理解させるのでしょうか？

教　皇　教会はそのことを理解させねばなりません。時間――成長するため、成熟するため、悔い改めるため、涙を流すためには、時間が必要なのです。何事にも時があります。それが時間の神秘です。

ヴォルトン　ええ、でもいまは、すべてがせわしなく進んでいます。そして、教会もだんだんと急いで進むようになっています。教会は、別の時間感覚、別のものの見方を受け入れさせることに成功せず、現代性にすり寄り、時代の法律に順応しようとしています。あなたがおっしゃるように、すべてはもっとずっと複雑だというのに。ところで、精神科医や精神分析学者は、あなたと同じように、すべては非常に緩慢で複雑だと言っています。それに、このこと、時代の複雑さということについては、精神科医も精神分析学者もあまりよくわかっていません……

教　皇　まず経験することから始める必要があります。時間をかけて経験することです。人々の手を取り、共に歩むことです。使徒的勧告『愛のよろこび』の四つの基準、迎え入れ、寄り添い、見極め、受け入れることです。

迎え入れることはわずかの時間でできます。でも、寄り添うとは長い道のりを行くことです。見極めるとは識別の知恵で、父性の知恵、母性の知恵、年長者の知恵です。それを学び取るには一生かかります。

ヴォルトン　グローバル化の中で、キリスト教諸教会、とくにカトリック教会は、イベント熱・瞬時性嗜好・世論の横暴から抜け出すために、何か発言することができるのではないでしょうか。教会が受け継いできた理論的・歴史的遺産に基づいて、現代という時代の時間だけしかないわけではない、スピードだけしかないわけではない、個人の自由だけしかないわけではないと、尊大にならずに言うべきではないでしょうか。教会には誤りもありましたが、その経験から別のことを言えるのです。そしてこの別のことは、しばらくすれば理解されるかもしれません。

そこで一つ、喜びについてお聞きしたいのです。昨日あなたは、喜びは好きな言葉の一つだとおっしゃいましたが、なぜ教会にはもっと喜びがないのでしょう？

教　皇　でも、喜びはありますよ、教会には……

ヴォルトン　ええ、でも全体的に見て、教会はあまり楽しそうじゃないですね……若者たちの喜びにあふれているワールドユースデーは別ですが。六〇歳より二〇歳の方が楽しいでしょうし。でも、教会の愛と喜びのメッセージはどうでしょう？　キリスト者と原理主義者の違いは喜びにあるはずです。そして、この文化的・心理的・日常的な違いは、目には見えません。教会の喜びは、政治的にみても、平和のために最高の意味をもっているのではないでしょうか。それと同じ精神で、喜びについて一言あってしかるべきでしょう。エゴイズムや原理主義からくる憎しみに対して、人は喜びを、幸福を必要としているのです。

教　皇　確かに、教会の指導者たち、牧者、司教、司祭と呼ばれる人たちが民衆——つまり神の民のことですが——民衆から離れているとき、彼らが真面目にな、り、す、ぎ、て窮屈になっているとき、彼らは「こわばった」顔をしています。

ヴォルトン　ええ、顔がこわばった教会、まさにそれです。

教　皇　彼らが民衆から、そしてことによったら神からも離れているとき、そうなります。

ヴォルトン　でも、ご承知のように、その観点からすれば、コミュニズムも当初は同じように民衆のユートピアをもっていました。同様に、一八五〇年から一九〇〇年にかけて、空想的社会主義も「民衆」について語っていました。コミュニズムは挫折しましたが、価値観においてはコミュニズムは見事でした。自由、平等、愛です。キリスト教もそうじゃないですか！

教　皇　あるとき、わたしにこう言った人がいます、「まったく、あなたはコミュニストです！」。違うのです。コミュニストとは、キリスト者なのですよ。あちらがわたしたちの旗を盗んだのです！

ヴォルトン　（笑い）確かに。でもあまりうまくいきませんでしたが。教会はいつも素晴らしいというわけではありませんが、一〇世紀、一五世紀というタイムスパンで考えれば、コミュニズムよりは優れている、ということでしょうか……

教　皇　パウロ六世教皇が喜びについて回勅を書いていますよ。とても立派な回勅で、一九七五年に出た *Gaudete in Domino*(7) です。

ヴォルトン　ええ、忘れていました……でも、新たに見直した方がいいかもしれませんね、グローバル化する世界における喜びということで、パウロ六世の時代とは状況が違いますから。それに、ぎょっとしますよ、この四〇年のあいだに、すべてが変わってしまいましたから。ひどく不安でもあります、あの「ガラス張り」で双方向的《インタラクティブ》な世界、そこにいるのに何も理解できない世界です。見えはするのですが、理解することはできません。この「理解」という重大なテーマについて、あなたには何か言うことがあるはずです。

パウロ六世の時代には、まだ世界には構造がありました、まだ東西の対立があり、資本主義、社会主義がありました。いまは、他には何もありません。もう、資本主義しかないのです。価値観もない、アイデンティティーもありません。教会は何をぐずぐずしているのです？　喜びだけでなく、謙遜です。皆が意味あるものを求めています。そして、宗教的な意味とは、誰かが独り占めするようなものではありません、それは証しとなることです。一つ回勅を書きませんか？

教　皇　もう三つも書きましたよ。回勅が一つに、使徒的勧告が二つです。三つとも、「喜び」をタイトルとしています。*Evangelii gaudium*［福音の喜び］、*Amoris laetitia*［愛のよろこび］、それに *Laudato si'*［ラウダート・シ＝（主よ、）あなたはたたえられますように］です。

ヴォルトン　確かに。でも、喜びはまず第一に人間的なものです。ところで、あなたはツイッター、技術的コミュニケーション、インターネットをよく使っておられますね。ネットで三二〇〇万人のフォロワーが——これは新記録です——あなたをフォローしています、大変結構なことだと思います。あなたは、メッセージを伝えるために、技術を利用しておられます。しかし同時に、このコミュニケーション技術は、とくにインターネットは、経済・金融・政治において支配的な力となっています。ＧＡＦＡ〔Google, Apple, Facebook, Amazon〕がすべてのソーシャル・ネットワークを管理・支配しているのです。インターネットの限界について、人間的というよりあまりに技術依存的な経験について、このように批判的に考察することによって、教会は何か別のことが言えるようになるでしょう。それに、いま世界では、誰もたいしたことを言いません。国家レベルでは皆無、個人でもごくわずかしかいません。自分は「自由に」コミュニケーションしていると皆が思っているからです。こうした技術的コミュニケーションの成功を放置していたら、人間的コミュニケーションの価値が過小評価されてしまうでしょう。教会は、技術的コミュニケーションを絶対視してはならないと警告することもできるのに、何も言わずにいます。

教会が言わなければ、誰も言わないでしょう。いつか、国家がそれをするかもしれません。きっと人々は目覚めるでしょう。でも、それはいつのことか？　どんな犠牲を払うことになるのでしょう？

司祭には陰気な人が多いですね。あるときわたしは、ルルドでフランスの司教たちに講演をしました。わたしが講堂に入ると、司教が八〇人いましたが、ずいぶん陰気な様子でした。それで言ったのです、「どうか笑顔になってください！　神が皆さんと共にいるではありませんか！」

教皇　アビラの聖テレジアが言っていたと思いますが、陰気な聖人はくだらない聖人です。それではいけません、喜びは福音の中心です！　福音書の最初の数ページを開いてください。喜びのページです。人々がどのようにイエスの話を聞いていたか、見てください。喜びがいっぱいです。

陰気くさい人たちのようにではなく、権威をもった人として話したからです。

ヴォルトン　ええ。でも、あなたの司祭としての経験から、陰気くさい司祭が多いのはなぜだと思われますか？

教　皇　でも、マザー・テレサのシスターたちを見に行ってください、陰気じゃないってわかりますよ。喜びです！　喜びにあふれています！

ヴォルトン　ええ、でも、大部分はそうとは限りませんよ。

教　皇　あなたは陰気な人のことを取り上げて「教会」と言っていますが、そんなのはイエスがいないキリスト者です。

ヴォルトン　それは面白い。

教　皇　そんなのはイデオロギー的キリスト者です。彼らのキリスト教はイデオロギーです。教理だと言ってもいいでしょう。カテキズムをすべて知っています。デンツィンガー(8)を全部暗記してさえいます。イエスはその反対です。

ヴォルトン　わたしは知識人の一人ですが、知識人の冷たさは好きではありません。知識人は、司祭のように、いつも……

教　皇　でも、福音書の中で、イエスはわたしたちにそれを警戒するよう教えています。子どものようにならなければ、あなたたちは天の国には入れないと(9)。子どもの喜び、子どもの希望……自分の中に閉じこもったりはしません。陰気な人たちは視界を閉ざしてしまいました。でも、黙示録にはイエスのあの美しい言葉があります、イエスは教会の前で言っています、「わたしは戸口に立ってたたいている、わたしを中に入れなさい」。イエスは戸口に立ってたたいています。でも、イエスは中にいて、わたしたちがイエスを外に出させないのです。だから、陰気になる人たちがいるのでしょう。

ヴォルトン　アフリカ、ベトナム、ラテンアメリカの教会では、歌ったり踊ったりします。東ヨーロッパでも楽しそうです。なぜ楽しそうに言わないのですか、「われわれは人間の弱さ、裏切りを知っている、人間のことはなんでもわかる、それでも別のものがある」と……わたしが言いたいのは、つまり、教会は人間の霊魂の「エキスパート」であって、どんな組織もこの点では教会にはかなわないということです。なぜなら教会は、ありとあらゆる裏切りを経験してきたからです。それに、ありとあらゆる償いも。要するに、教会は人間的コミュニケーションの最高のエキスパートだっていうことです。

教　皇　教会はそういうことを言っていますよ。でも、ただ言っているだけで、それでは十分ではありません。一つ区別してみましょう。あなたが求めておられるのは、教会がもっと証しすること、つまり証しの問題ですね。キリスト教は科学ではありません。イデオロギーではないし、NGOでもありません。キリスト教は人との出会いです。神と、イエス・キリストと、神の御言葉と出会ったという驚愕、驚嘆の経験です、わたしを驚愕させることなのです。そして教会は、この驚嘆すべきこと、この出会いを助ける教師、母親です。教会がそれを忘れ、それ以上のことをしようとすると、NGOになってしまうのです。それでは、証しすることにはなりません。驚嘆があるとき、証しがあるのです。

ヴォルトン　教会は、もっとよく理解されるようになるために、別のことを考え出すことはできないのですか？　いつくしみについての文書で、あなたは「耳を傾ける使徒職」について語っておられます。他の人々に対して耳を傾ける条件をどのように広げるのでしょう？

教　皇　そのためには教会は大きく変わらなければなりません。『愛のよろこび』でわたしは四つの基準――迎え入れ、寄り添い、見極め、受け入れること――を示しましたが、あなたの言われていることはまさにそれと関係しているのです……

ヴォルトン　これは大がかりな政策プログラムですね、実際に……

教　皇　教会が道学者になってしまうと……教会は道徳ではありません、キリスト教は道徳ではありません。道徳は、イエス・キリストとの出会いの結果です。でも、もしもイエス・キリストとの出会いがなければ、その「キリスト教」道徳はなんの価値もありません。

ヴォルトン　あなたがそうおっしゃるとは、驚きです……言葉の問題に戻りたいと思います。世界には、ロマンス語つまりラテン語に由来する言葉を話す人が一〇億人います。[10]ラテン語は、この一〇億の話者の母胎です。これは途方もない、革新的な力で、過去に由来する死語なんかではまったくありません……なぜ教会はこの豊かさの価値を伝えないのですか？　なぜ厳かに訴えようとしないのですか？　言語的多様性は明日の世界にとって戦争か平和かの鍵となると。文化的多様性を守るには、アイデンティティー、とくに言語的アイデンティティーを保護する必要があると。それに、第二バチカン公会議はこの方面ではパイオニアでした。現地の言葉をすべて認めましたから！　今日では、皆がそれぞれ自分の言葉で祈っています。これは大きな進歩で、一〇〇年前には考えられないことでした。カトリック世界にとって、そしてさらに広くキリスト教世界にとって、なんという途方もない力でしょう！

これは、英語、ロシア語、中国語に対して、新たな空間を切り拓くものなのです。一〇億人の共同体、イタリア人、フランス人、スペイン人、ルーマニア人の……そして五億のラテンアメリカ人の共同体を目覚めさせるものなのです。それに、西欧世界だけではありません。グローバルなコミュニケーションにおいて、カトリック教会は、うぬぼれでも独りよがりでもなんでもなく、ロマンス語は人類共通の遺産、豊かで文化的多様性を示す重要な遺産であると言うことができるでしょう。要するに、ラテン語という宝をもっているということです。

教　皇　母胎ですか？　ひいおばあさんですね！

ヴォルトン　（笑い）ええ。ヨーロッパはすでにおばあさんですから。

教　皇　現用語は同じ祖語から派生しています。でも、現用語は生きています。前進しています。

ヴォルトン　ええ、でも、これら現用語の多くがラテン語を起源としているということは、つまり共同の遺産を受け継いでいるということですね。

教　皇　ええ、共同の遺産です。家族の遺産です。でも、教会の普遍性は、今日、すべての人に語りかけることを前提としています。それは母親の特性です。加えること、止めないことです。教会はすべてにおいて善いものを選び取らねばなりません。自らのアイデンティティーを失うことなく、それを豊かなものにするのです。アイデンティティーを抑制したりしないのです。それが第二バチカン公会議が直感したことでした。でも、そのあと何が起こったか？　罪の重み、習慣、利害、イデオロギーの重みが、そのすべてを止めてしまったのです。

ヴォルトン　反対に、この五〇年のあいだに、世界は教会に何をもたらしましたか？

教　皇　実に多くのものを。コミュニケーションについては、実に多くの善いものをもたらしました。いま、コミュニケーションの技術だけでなく、その深さも知っているコミュニーケーターがいます。そのことを、教会は彼らから学びました。いいですか、わたしが子どものころは、聖土曜日の典礼(11)ではラテン語で一二の朗読がありました。いつまでたっても終わりません。ほんとうにうんざりでした。それから鐘が鳴りました。そして、おばあさんとママが、家にいた子どもたちに何をしたでしょう？　水道の蛇口を開けて、わたしたちの目を洗ってくれたのです。キリストの水がわたしたちを洗ってくれるようにと。三時間も続いた典礼よりも、この動作の方が子どもにはよく伝わりましたね。

コミュニケーションについて、忘れられない思い出がもう一つあります。わたしの家には壁がありました、わが家の庭と隣の家の庭のあいだにある、あまり高くない壁でした。女性たち、わたしの母や隣の奥さんたちは壁越しにおしゃべりし、わたしたちは遊んでいました。あのときのことを、わたしは決して忘れないでしょう。一九四五年のことでした。隣の奥さんが壁の向こう側から言うのです、「ママはどこ?」「家の中だよ」「呼んできて!」「ママ、ママ、おばさんが呼んでるよ!」。そしてわたしの母が聞きました、「何かあったの?」「戦争が終わったのよ!」

　このときのコミュニケーションの動作を、わたしは決して忘れないでしょう。彼女たちは喜んでいました、ヨーロッパに家族はいなかったので戦争には直接関係ありませんでしたが、それでも、良い知らせを伝えることの喜びをしっかりと感じていたのです。良い知らせを知って喜びを伝え合っていたのです。このときの母たちの動作を、わたしは決して忘れないでしょう。抱き合い、うれし泣きしていました。まるで昨日のことのように覚えています。わたしは九歳でした。八歳か九歳でした。素晴らしいことでしたよ!

　コミュニケーションについて言えば、わたしたちは最も基本的な動作を思い出すべきです。コミュニケーションの最も基本的な動作、言葉を取り戻すのです。そしてそこから、あの味も素っ気もない、薬局で売られている薬みたいな、技術だけしかない、生命力を失ったコミュニケーションを、しっかりと立て直すのです。

ヴォルトン　今日では、新しい技術的手段、コンピュータ、ソーシャルネットワーク、ラジオ、テレビのおかげで、至るところに技術的コミュニケーションがあります。ところが、これほど無理解が広がったこともありませんでした。いやむしろ、コミュニケーションのグローバル化がより多くの平和をもたらしたわけではない、と言うべきでしょう。

教　皇　そのとおりです。でも、それは相手となる他者がいないからです……

ヴォルトン　わたしも同じことを……なぜ教会はもっと積極的にならないのですか、あの魅力的ではあっても限界がある技術的成果を、厳しく批判するのではなく、笑って見ているのですか……？　少しばかり皮肉をこめて、技術というイデオロギーを笑っているのですか？

教　皇　ある種の恥ずかしさがあるからだと思いますね。遅れているという、ある種のコンプレックスです。それは、新しいものに対する嘆かわしい考え方です、新しいものはすべて良いと思ったりして。違うのです、そんなことはないのです……

ヴォルトン　同感です。残念ながら、教会にはそうしたコンプレックス、現代的ではないことに対するコンプレックスがあるのですね。でも現代的であることなど実はなんの役にも立たないのですが。とくにコミュニケーションに関してはそうです。それに、もしも教会が楽しそうにそう言ったなら、役に立つでしょうに。というのも、この三〇年間、世界中が技術というイデオロギーの前にひざまずいていて、しかもこの状態はまだ続いていくからです。コミュニケーションに関する回勅の他に、あと三つ回勅があってもよさそうですね、文化的多様性という重大な政治問題に関する回勅、教育に関する回勅、それにグローバル化する世界における知識の位置づけに関する回勅です。政治的・文化的・人間学的挑戦が試みられるべき三つの分野で、教会がその経験を生かして異なった観点から有益なことが言えるでしょう……

　多くの人が、文化的多様性・知識・人間的コミュニケーションというこの三つの重要な問題に関して、教会は今のところ「遅れて」いると思っています……でも、よく考えれば、これらのテーマについて、教会は遅れてはいません、むしろ進んでさえいるのです！

教　皇　ええ。でも、わたしにはどう答えたらよいかわかりません。そのことについて研究する必要がありますね。

ヴォルトン　教会には、何世紀にもわたって蓄積されてきた、人間的コミュニケーションに関する膨大な経験があります。今日、二つのコミュニケーションの対立があります、一つは技術とスピードによるコミュニケーション、もう一つは教会のコミュニケーション――沈黙とゆるやかさと言葉とによるコミュニケーションです……

教　皇　オランダ人が四〇年ほど前に《rapidation》という言葉を発明しました。幾何級数的加速化というような意味の言葉です。止まれとは言いませんが、少なくとも、もう少しちぐはぐでないことをすべきでしょう。家族が食卓を囲んでいて、子どもたちもそこにいますが、パパはテレビを見ているし、母親は別のことをしていて、誰も言葉を交わさない。まったくちぐはぐです。それぞれがコミュニケーションしているみたいですが……いったいどこを向いているのでしょう？　わたしたちはもっと具体的なコミュニケーションをすべきです。「具体度」です。それは人間同士の関わり合いから実現されるものです。

一つ、笑わせるようなコミュニケーション方式を取り上げてみましょう、――別に新技術もコンピュータも使っていないのですが。葬式のときや墓地で、故人をたたえるスピーチをしますね、

「故人はあれをしました、これをしました……」「言葉《パローレ》、言葉《パローレ》、言葉《パローレ》……」、ミーナ(12)の歌みたいですね。まさにこれはちぐはぐで、具体度ゼロのコミュニケーションの例です。愛する人の死で苦しんでいる人たちに近づくということは、その人たちを抱きしめ、手を差し出し、触れることです、言葉はいりません。具体的なコミュニケーションです。触れることの意味を取り戻すことです。完全なコミュニケーションは、触れることによって実現されます。触れることこそ最良のコミュニケーションなのです。

ヴォルトン 前にもお話ししましたが、二〇一六年五月にわたしの雑誌で五感とコミュニケーションについて特集を組みました(13)。あなたとまさに同じことを、わたしは言っています。視覚と聴覚に対して、触覚、嗅覚の重要性を述べているのです。

カトリックと改革派教会との交流のためにあなたがスウェーデンを訪問した際、フランスのカトリック紙『ラ・クロワ』は「かくも近く、かくも遠い」というすてきなタイトルで報じました。エキュメニズムの一つのイメージではないでしょうか?

教　皇 ええ。緊張を恐れないことです。あそこでわたしは緊張について話しました。どうやって緊張を解消するか? より高いところに立つことです。

ヴォルトン それは、ドイツの哲学者ヘーゲルですか……

教　皇 ヘーゲルなら総合つまりジンテーゼですね。でも、わたしは別の言い方をします、総合は当事者双方よりも高いところで実現されると言うのです。ところで、より高いところで見つかったものの根には、当事者双方の最初の視点が二つとも残っています。というのも、生きるということは総合にあるのではなく、常に緊張のうちにあるからです。総合は人生にとって真に不可欠なものではありません。緊張こそが、生命には不可欠なものです。生理学的にも、からだの中で、流体の均衡、心臓の電気信号、肺の空気とのあいだの緊張を失うと、からだ全体のバランスがおかしくなります。

ヴォルトン 一〇〇年、一五〇年のあいだに、人間的コミュニケーションにおいては大きな進歩がありました——そしてこれは技術とは無関係なことでした——、たとえば自由、平等、男女の平等、子どもといった観念において……なぜ教会は、コミュニケーションについてはその語源に至るまで（ラテン語の動詞 communicare は「共有する、分け合う、共にする」という意味）あのように実際に経験を積んでいるのに、もっと自由で本物のコミュニケーションのための闘いに、もっと寄り添おうとしないのですか？

教皇 たぶん、あなたのおっしゃることは正しいでしょう。でも、教会にはたくさんのコミュニケーションがあるのですよ。教会が最も良くコミュニケーションするのは、貧しい人、病気の人とコミュニケーションするときです……そのとき教会は真福八端《しんぷくはったん》に向かって進んでいるのです。

真福八端をふまえつつコミュニケーションに取り組む、とても興味深いことですね。注意してそこを読んでみてください、もっとよくコミュニケーションするための規則でもありますから。

ブエノスアイレスで一度そのことを経験しました。わたしたちは病院をもっていて、ドイツ人のシスターたちがそこで働いていました。残念なことに、修道会の人数がひどく減ってしまったため、シスターたちは病院を去らなければいけなくなりました。そのとき、ある韓国人の司祭がわたしに言ったのです、ここに来たがっている韓国のシスターたちを知っていると。そして実際に、数人のシスターが韓国からやって来ました。彼女たちはスペイン語ができませんでした、わたしが中国語ができないみたいに。一言もしゃべれなかったのです。彼女たちは月曜に着いて、火曜に引っ越しをすませ、水曜に仕事にかかりました。一言もスペイン語をしゃべらずに。でも、病人たちは皆、喜んでいました。なぜでしょう？　シスターたちが眼差しと笑顔でコミュニケーションできたからです。この点では、教会はコミュニケーションの先生ですね。言葉を学ぶ前に、もうコミュニケーションができているのです。これは具体的な経験です。いつくしみの業《わざ》があるところ、真福八端が基準としてあるところでは、教会は常に並外れたコミュニケーションのレベルに達してきました。これはほんとうに、ほんとうに素晴らしいことです。

そして、キリスト教の、教会の二本の柱を忘れてはいけません。真福八端、そしてマタイ福音書25章で、そこにはわたしたちが何をもって裁かれるかが示されています。それは、いつくしみの業です。

この二本の柱が——真福八端によるかマタイ25章によるかはともかく——教会をコミュニケーションのチャンピオンにしているのです。教会はコミュニケーションしていないとあなたは言いますが、それはエリートの教会、閉ざされた教会、主知主義者の教会のことを言っているのです。知識人ではありませんよ、知性偏重の主知主義者だと言っているのです。

ヴォルトン　コミュニケーション解放のための長い歴史の中にとどまるなら、教会はマタイ25章をよりどころとすることもできたでしょう。なぜ教会は一〇〇年前から、「人々がより良いコミュニケーションをしようと試みていることを、われわれは喜んでいる、それはわれわれの哲学なのだ、だから共に行こうではないか」と言ってこなかったのですか？　教会の歴史の責任をあなたに押しつけるつもりは、もちろんありませんが！

教　皇　ええ、教会のいくつかの文書を読めば、それが真実を語っていることはわかるのですが、ひどく退屈なのです。そこには喜びがありません、快いコミュニケーションの軽やかさがないのです。

ヴォルトン　ずいぶんと前から、教会はコミュニケーションにおける技術万能についてたいしたことを言っていません。教会は「反動的」と思われたくないからではありませんか？

教　皇　「反動的」と思われることを恐れているのは、たぶん事実でしょう。ただ、それだけではありません。今日の教会の誘惑です。「現代的」であらねばならないという誘惑です。現代的であろうとするなら、子どもは自分一人で学び、一六歳になったら車のキーをもつ必要があるとか……それが今日の誘惑です、そうなのです。現代的でないことを恐れるという誘惑です。そんな誘惑に陥ったら、ひどいことになりかねません。

ヴォルトン　教育を例にとってみましょう。インターネットにとって、世界最大のマーケットは教育です。つまり、至るところにコンピュータ、携帯電子機器、カスタマイズされた双方向《インタラクティブ》システムがあるのです。三歳の子どもがすでにコンピュータを使えるようになれば、その子にとって有利となる、などと言われています……教会は教育を独占しているわけではありませんが、経験をもっています。こうした技術の経済・金融・政治的な力について、教会は何も言っていません。現代性というイデオロギーと反対の立場をとるのを恐れているのでしょうか？ たとえば風紀についてはいろいろと言っているのに、それと比べてなんという不釣り合いでしょう……

教　皇　教会は教育の分野でもいくつか経験を重ねつつある、とわたしは思っています。ブエノスアイレスにいたころ、わたしは隣人学校をつくりました、相互教育のためです。今ではこの学校は世界レベルにまでなっていて、世界中の若者たちの出会いの場となっています。ブエノスアイレスでは、この「隣人学校」のシステムを通じて、若者たちの議論を出発点にした二五の条例が市議会で承認されました。でも、これはささやかなことです。あなたの言うとおりです、教育協定[14]は破られています。だから教会は率先して教育の立て直しに尽力すべきです。

ヴォルトン　ええ、なぜなら、今のところ、教育や他の分野における技術絶対主義に対して、皆が沈黙しているからです。そのことに、わたしは関心があるのです。この沈黙は何かと。なぜ教会はこの沈黙に加わっているのでしょう？ 生命倫理や風紀に関しては、教会の声は聞き入れられているではありませんか！ 教会は、教育の分野では実際にエキスパートであるのに、なぜ何も発言しないのですか？

教　皇　発言している人はいますよ。公式には、わたしはなんと答えたらよいかわかりませんが。でも、言うべきだと思います。

ヴォルトン　これは教育、知識、人と人との関係に関わることです。いま絶対的な力をもっているのは「マンモン[15]という神」、つまり金のようなものです。今日、世界的イデオロギーはコミュニケーション技術です。なぜならこれは、ヒューマニズムのユートピアでもありますが、とくに大がかりな経済・金融・政治的な事業でもあるからです。ところが、誰も急いでこれを制御しようとしません。それに、かつては教会が教育、科学、さらには労働についてさえ何かを語っていました……それが今ではずっと少なくなっています。まるで、労働、教育、科学、技術、そして文化全般について、とくに考えていないかのようです……

教　皇　カトリックの諸大学は素晴らしい仕事をしていますよ。

ヴォルトン　そうかもしれません。でも、ずれがあります。生命倫理に関しては、教会は自分の考えを語っていますが、たとえば文化、科学、技術については、それからまた化学、核について、科学と技術と社会との関係については、実際のところ、ほんとうに関心をもっているようには思えないのです。

教　皇　関心をもっていますよ、大学では。

ヴォルトン　「他者」との関わりにおいて、この五〇年間で何が変わったのでしょう？

教　皇　ある言葉を思いついたのですが、間違っているかもしれません。すべては変わってしまった、しかし基盤はそのままである。関係の形態は変わった。しかし基本は、本質的なものは、人間を真に人間たらしめている諸要素は変わらぬままである。コミュニケーションしたいという欲求は変わっていない、たとえ多くのものが変わったとしても。

ヴォルトン　一つ例をあげましょう。社会はますます多文化的になっていますが、教会はずっと昔から兄弟愛というコンセプトを使ってきました。この遺産を、多文化社会における平和を考える上で、どのように生かすことができるでしょう？

教　皇　それはしばしばなされていますし、うまくいっていますよ。たとえばこの二〇年間うまくいっているものがあります、バレンボイムのイスラエル＝パレスチナ管弦楽団です……このバレンボイムはアルゼンチン出身ですよ！（笑い）ヨハネ・パウロ二世が一九八六年に始めた[16]ワールドユースデーもあります。そこでは、若者たちが出会い、異なった文化、異なった考え方を目の当たりにします。彼らは橋を架けるのです。橋を架けるという経験は、束の間のものかもしれませんが、後まで残るでしょう。今日は、まさに出会いの時代です、社会的な規範、労働や医療に関する規範などを考えてみても……出会いたい、経験したいという欲求があるのです、それは学術会議をするためだけにとどまりません。「きみはそれをどんなふうにしているの？」「ぼくは、こんなふうにしているよ」……与えることです。それは、とてもとても大事なことです。出会いというこの遠回しの手段によって、コミュニケーションへの道をもっとずっと遠くまで行くことができるのです。なぜなら、こうした出会いには、金では買えないものがたくさんあるからです。普段とは違った雰囲気があります。出会いがどのように発展していくか、考えてみましょう。最初の日は、皆が真面目くさっています。皆が真面目そうな様子をしています。

それから話が弾んでいき、最後には「じゃあ、また今度会おうよ、じゃあね」となります。たぶん、彼らはもう二度と会うことがないかもしれません。でも、心の中には、決して消え去ることのない経験が残るのです。

ヴォルトン　スピードと騒音の社会において、教会の力はいまも沈黙、ゆるやかさ、巡礼、修道院のままです。もっとはっきりそう言ってもいいのではないですか？

教　皇　ええ。今日では、シャルル・ド・フーコー(17)や教会の聖人たち、観想《かんそう》修道会(18)のシスターたちのことがよく話題になりますよ。

ヴォルトン　世界との関わりについての古典的な質問です。カトリシズムは愛と分かち合いの宗教ですが、それにもかかわらず、なぜ司祭は肉体的、性的快楽を捨てねばならないのでしょうか？

教　皇　これは自発的放棄なのです。童貞性は、男性の場合も女性の場合も、カトリシズム以前から存在する修道的伝統です。人間的な追求で、そもそもは神を求めるため、観想のための放棄でした。でも、この放棄は実り豊かな放棄、肉体的・性的な生殖とは異なる実りをもたらす豊かさを保った放棄でなければなりません。教会の中にも、結婚している司祭はいます。東方教会の司祭は皆、結婚しています。でも、神の国のために結婚を放棄することは、それ自体価値あることです。仕えるため、より良く観想するために放棄するのですから。

ヴォルトン　おかしなことに、教会は資本主義、金、不平等を糾弾していますが、そうした批判が聞き入れられることはほとんどありません。反対に、風紀に関わることとなると、教会の批判や糾弾は非常によく人の耳に届くのです……

教　皇　最も軽い罪は肉体的な罪です。

ヴォルトン　同感です。でも、もっと声を大にして言う必要があるでしょう、人々の耳に入りませんから……

教　皇　肉体的罪は、必ずしも（常に）最も重いとは限りません。なぜなら肉体は弱いからです。最も危険な罪は精神的な罪です。天使的純粋主義についてはは以前お話ししましたね。傲慢、虚栄は天使的純粋主義の罪です。あなたの質問は理解しました。教会は教会です。司祭たちは——全員ではありませんが、多くの司祭が——性的な罪に注意を集中するという誘惑に陥りました。すでにあなたにはお話ししましたが、わたしがベルトよりも下の道徳と呼んでいることです。最も重い罪は他にあります。

ヴォルトン　あなたが言われていることは、人の耳に届いていませんよ。

教　皇　ええ。でも、良い司祭はいるのですよ……良い例になるような枢機卿が一人ここにいるのです。あのことに触れながら、その枢機卿がわたしに話してくれたのですが、ある人が告解に来て例のベルトよりも下の罪のことを話したので、枢機卿はすぐに「わかりました、別のことに移りましょう」と言ったのです。その人の話をさえぎったのは、「わかりました、でも、もっと大事なことはないのですか」と言いたかったからです。「わかりません」「でも、あなたは祈っていますか？　主を求めていますか？　福音書を読んでいますか？」

枢機卿はその人に、それよりももっと重大な失敗があることを、わからせようとしたのです。確かにそれは罪です、でも……枢機卿は「わかりました」と言うことでそのことを伝え、別のことに移ったのです。

それとは逆に、告解でその種の罪のことになると、あれこれ問いただす司祭たちもいます、「どんなふうにしたのですか、いつしたのですか、どのくらいの時間ですか？」……そうやって、頭の中で「映画」にするのです。でも、彼らには精神科医が必要ですね。

ヴォルトン　確かに、肉体的な罪よりもずっと重大な「罪」があります。でも、あなたがおっしゃることは文化的伝統にはありませんね……

最後の質問、ヒューマニズムについてです。ヒューマニズムは誰の専有物でもありません。今日、ヒューマニズムは危機に見舞われています、技術・経済・金……などが、すべてを食い尽くしているからです。確かに教会は、ヒューマニズムを独占しているわけではありませんが、実際に経験を積んでいます。それなのに、なぜ教会は何も言わないのですか？　教会には、世界を再び魅了する力があるはずです。

教　皇　教会がその使命を最も良く理解した時代は、ヒューマニズムを尊重した時代です。人間の尊厳を尊重し、それをないがしろにしなかった時代です。ヒューマニズムを損なう二つの非常に重大な危険があって、それらを「異端」と呼ぶことができます。一つはグノーシス主義、大まかに言えばすべては知識であるとする異端で、使徒たちの時代に現れました。もう一つはペラギウス主義、[19]あなたたちフランス人はそのチャンピオンですね。ポール・ロワイヤル[20]やパスカル[21]を考えてみてください。あの偉大なパスカル、精神とヒューマニズムの巨匠であるあのパスカルも、ほとんどペラギウス主義に陥りそうになりました。[22]わたしたちはいま、肉体を拒否するグノーシス的・ペラギウス的世界に生きています。肉体の拒否です。ドストエフスキーの作品の中に、ペラギウス主義やグノーシス主義を示すような箇所が、たった一つでも見つけ出せるものなら見つけ出してください。ドストエフスキーの宗教的宇宙に関するロマーノ・グァルディーニの本[23]を読むといいですよ、とても素晴らしい本です。

ヴォルトン　教会の力は、第二バチカン公会議以来、言語的アイデンティティーと普遍主義とのあいだの緊張を引き受けたところにあります。ところが、グローバリゼーションとは画一化と合理化です。つまり、言語的多様性の消滅です。

教　皇　それがグローバル化、球体のグローバリゼーションです。それは良くありません。反対に、多面体のグローバリゼーションは、教会が語っていて、もっと良いものです……

ヴォルトン　世界規模で文化的な矛盾が生じている中で、教会がエキスパートとしてもっている言語と普遍性との関係についての経験は、「普遍的」な遺産です。グローバリゼーションがもたらす害悪に対する闘いは、ますます文化的、暴力的、言語的なものになっていくでしょう。グローバリゼーションは、すべてを金の流れに左右される液体状の経済へと変えてしまいますから。

教　皇　でしょうね……

ヴォルトン　ありがとうございます！（笑い）でしたら、わたしはいますぐには地獄に行かなくてもいいのでしょうね？

二〇一四年一〇月二八日、バチカン、旧シノドス・ホール、民衆運動に関する世界会議での演説

改めて、こんにちは。

(…)貧しい人々は、不正を耐え忍んでいるだけではありません、不正と闘ってもいるのです！ 彼らは、見せかけの約束、弁解、アリバイで納得したりはしません。手をこまねいたままNGOの支援を待つことも、援助計画や解決策を待つこともしません。そんなものは決して実行されないか、仮に実行されたとしても、気休め程度に、あるいはただのご機嫌とりのために行われることが多いので、むしろ危険です。皆さんは感じています、貧しい人々はもう待ったりはしない、当事者になることを望んでいるのだと。貧しい人々が自ら組織し、研究し、働き、要求し、そして何よりも連帯するのです、苦しんでいる人々、貧しい人々を結びつけるあの独特な連帯精神を、今日の文明が忘れたふりをしているか、あるいは少なくとも忘れたいと思っているあの連帯精神を実践するのです。

(…)この会議は一つの、とても具体的な願いに応えるものです。父親なら誰もが、母親なら誰もが、子どもたちのために願うもの、誰にでも手の届くものであるべきなのに、今日では悲しいことに大部分の人々の手から遠ざかって行く一方のもの、それは土地、家、仕事です。おかしなこと

ですが、わたしがこういうことを話すと、教皇はコミュニストだと考えたりする人たちがいます。その人たちはわかっていないのです、貧しい人々への愛が福音の中心だということを。土地、家、仕事――皆さんが求めて闘っているこの三つは、神聖な権利なのです。（…）

まず土地です。天地創造の始めに、神はその御業《みわざ》の守り手として人間を創造され、大地を耕し守る責務を人間にお委ねになりました。ここには農業に携わる男性・女性が数十人いますね、あなたたちを祝福したいと思います、なぜならあなたたちは大地を守り、耕し、共同生活をしながらそれをしていらっしゃるからです。わたしは案じています、なんと多くの農民が土地を失い、苦しんでいることでしょう。しかもそれは、戦争のせいでも、自然災害のせいでもありません。土地に対する投機、森林破壊、水資源の占有、殺虫剤の不適切な使用――そうしたものが、人間から土地を、彼らが生まれ育った大地を、奪っているのです。

（…）二番目に家です。すでに言ったことですが、今また繰り返して言います。どの家族にも家が必要だと。決して忘れないでください、イエスは家畜小屋で生まれました、宿屋には場所がなかったからです。イエスの家族は家を捨て、エジプトに逃げなければなりませんでした、ヘロデ王がイエスを殺そうとしたからです。

（…）三番目に仕事です。物的な貧しさの中でも――このことはぜひ強調しておきたいのですが――、働くという誇りを奪われ、食べるための金を稼ぐことさえできない貧しさよりひどいものはありません。若者の失業、闇労働、労働権の欠如、これらは避けられないものではありません、社会がそれ以前に選んだ結果、人間よりも利益を優先する経済システムの結果なのです。（…）今日、一つの新たな次元が、搾取と抑圧の現象に付け加えられています、社会的不正義という過酷で鮮明な色合いが。社会に受け入れてもらえない人々、社会から排除された人々は、屑とか「厄介者」扱いされるのです。これは屑の文化です。この点について、原稿には書いてなかったのですが、いま思いついたことを付け加えたいと思います。こうしたことが起こるのは、経済システムの中心に、人間ではなく、金銭という神がいるときです。そうです、どんな社会システム、経済システムでも、その中心には、神の似姿である人間、宇宙万物に名前を与えるために創造された人間がいなければならないのです。人間が脇に追いやられ、そこに金銭という神が居座るとき、あのような価値の転倒が起こるのです。

（…）しばらく前に言ったことですが、今また繰り返して言います。わたしたちは第三次世界大戦、それも世界各地でバラバラに起こっている世界戦争の時代を生きています。戦争をしなければ生き延びることができない経済システムが存在します。そこでは、武器を製造し売ることでもって、人間を金銭という偶像の祭壇に犠牲として捧げながら、経済収支をなんとか立て直しているのは明らかです。それなのに人は、難民キャンプにいる飢えた子どもたちのことを考えようとはしません。自分が住んでいる土地を無理矢理追い出された人々のことを考えようとはしません。破壊された家々のことを考えようとはしません。奪われてしまった数多くの命のことを考えようとさえしません。なんと多くの苦しみ、なんと多くの破壊、なんと多くの苦悩！　親愛なる兄弟姉妹の皆さん、今日いまも、地球上のあらゆる場所から、すべての国民が、すべての人の心が、民衆運動の参加者たちが、平和を求めて叫んでいるのです、「二度と戦争があってはならない！」と。

（…）わたしたちは土地、仕事、家について話しています。仕事について話すのは平和のため、自然を大切にするためです。でもそれでは、なぜわたしたちは平気でいられるのでしょう、ふさわしい仕事が失われるのを見ても、たくさんの家族が排除されるのを見ても、農民が追い出されるのを見ても、戦争が続くのを見ても、自然が破壊されるのを見ても、なぜ平気でいられるのでしょう？　なぜならこのシステムでは、人間が中心から取り去られ、別のものが取って代わっているからです、金銭を偶像崇拝しているからです。なぜなら無関心がグローバル化してしまったからです！　自分のものさえ守れるなら、他人に何が起ころうと関係ない――そんな無関心がグローバル化してしまったからです。なぜなら世界は、父である神を忘れてしまったから、神を脇に追いやったために、孤児になってしまったからです。

（…）民衆運動は、無数の要因によって何度もねじ曲げられてしまったわたしたちの民主主義に、再び活力を与えることが緊急の課題であることを示しています。大多数の人々が当事者として参加することのない社会に、未来を思い描くことは不可能です。そしてこの当事者という役割は、形だけの民主主義の論理的プロセスを超えるものです。平和と正義が続く世界を望むのなら、わたしたちは、家父長主義的体制に甘んじる傍観者的態度をとり続けてはならないのです。わたしたちは、民衆運動を包摂し、地方の・国の・国際的な統治機構に生命を吹き込む、新たな参加の形をつくりださねばならないのです。排除された人々を受け入れ、共に手を携えて未来の建設へと向かうのです、そこから生まれる精神的エネルギーを噴出させるのです。そしてそれを、恨みをもたず、建設的な心で、愛をもって行うのです。（…）

二〇一六年七月六日、バチカン、パウロ六世ホール、バルバラン枢機卿引率の、困窮状態にある人々からなる巡礼団を迎えての演説

親愛なる友人の皆さん。

皆さんをお迎えできて、とても喜んでいます。皆さんの境遇、身の上、抱えている重荷がなんであれ、イエスがわたしたちをこうしてここに集めてくださったのです。(…) イエスは一人ひとりを、そのありのままの姿で受け入れてくれます。イエスにおいてわたしたちは兄弟なのです。だから、皆さんがどれだけ歓迎されているか、どうか感じ取ってください。皆さんが今ここにおられることは、わたしにとって大事なことです、皆さんが今ここで、自分の家にいるようにくつろいでくださるのは大事なことです。

皆さんに付き添っている責任者の方々と共に、皆さんは、この巡礼の歩みを共にすることによって、福音的兄弟愛を見事に証ししておられるのです。なぜなら、皆さんは互いに支え合いながら、ここにいらしたからです。ある人たちは、皆さんを寛大に援助し、彼らがもっている時間と物とを捧げてくれました。(…) そして皆さんは、彼らに、わたしたちに、そしてわたしに、イエスご自身を与えてくださったのです。

というのも、イエスは皆さんと境遇を共にすることを望まれ、愛によって、皆さんのうちの一人

となられたからです、人々からさげすまれ、忘れられ、無視される存在となられたからです。皆さんがそうしたことを感じるとき、イエスご自身も皆さんと同じようにそれを感じたということを、どうか忘れないでください。それが、皆さんがイエスの目には大切に見えるということの、イエスは皆さんのすぐそばにおられるということの、証拠なのです。皆さんは教会の中心です、（…）そして教会は（…）拒絶され排除されている人々すべてと、誰からも大切にされていない人々すべてと一緒にならない限り、安らぎを得ることはできません。皆さんが教会の中心にいるからこそ、わたしたちはイエスと出会うことができるのです。なぜなら皆さんは、言葉ではなく、皆さんという生きた証しでもって、イエスについて語ってくださるからです。そして皆さんは、一人ひとりの手の届くところにある、ささやかな行為の大切さを証ししているのです。そのささやかな行為は、平和を築くための助けとなり、わたしたちは兄弟であり、神はわたしたち皆の父であることを、わたしたちに思い出させてくれるのです。

付き添いの皆さん、わたしは皆さんに感謝したいと思います。皆さんは、抽象論ではなく共に生きることから出発しようとしたジョゼフ・ブレジンスキ神父[24]の直感を忠実に受け継ぎ、行動されているからです。抽象論はわたしたちをイデオロギーへと導き、イデオロギーはわたしたちを、神が人となり、わたしたちの一人となってくださったことを、否定するよう仕向けるのです。というのも、貧しい人々と生活を共にすることこそ、わたしたちを変え、回心へと導くからです。そのことをよく考えてください！　皆さんは、貧しい人々に会いに行くだけでなく（…）、彼らと共に歩み、その苦しみを理解しようと努め、その内面に入って心を通じ合えるよう努力するだけでなく、彼らのまわりに共同体をつくりだし、そうやって彼らに人間としての存在を、アイデンティティーを、尊厳を、取り戻させたのです。(…)

親愛なる兄弟の皆さん、どうか勇気をもち続けてください、苦しみのただ中にあっても、どうか喜びと希望をもち続けてください。皆さんのうちにあるその火が消えませんように。なぜならわたしたちは、あらゆる不正をただしてくださる神、あらゆる苦痛をいやし、信頼し続ける人々に報いてくださる神を信じているからです。あの平和と光の日が来るまで、皆さんの貢献は、教会にとって、世界にとって、欠くことができないものです。皆さんはキリストの証人です、皆さんは神への仲介者です、神は皆さんの祈りを特別に聞き入れてくださるのです。

皆さんはわたしに頼みました、わたしたちの教会の中に貧しい人々がいなければ、イエスは教会の戸口で苦しまれるということを、フランスの教会に思い出させてほしいと。「教会の宝は貧しい人々です」とローマの助祭ラウレンチオは言いました[25]。そして最後に、皆さんにお願いしたいことがあります、(…) 皆さんだけがその貧しさの中で実現できる使命を委ねたいのです。イエスはときとして、父なる神のメッセージを受け入れようとしない人々に対して、とても厳しく臨み、激しく叱ったりしました。貧しい人たち、飢えている人たち、泣いている人たち、憎まれ迫害されている人たちに対して、あの「幸いである」[26]という素晴らしい言葉を言ったのと同じように、別の、恐ろしくなるような言葉も言いました。「不幸である!」と言ったのです! しかもイエスは、富んでいる人たち、満腹している人たち、今笑っている人たち、褒められたがっている人たち（ルカ6・24－26参照）、偽善者たち（マタイ23・15以下参照）に対してそう言っているのです。わたしは皆さんに、主が思い直してくださるよう、そういう人たちのために祈るという使命を委ねます。皆さんの貧しさに責任がある人たちのためにも祈ってください、その人たちが回心しますように！紫の衣を着て贅沢な宴会を楽しんでいる大勢の金持ちたち――門前にいる大勢のラザロたち、宴会の食卓の残りもので腹を満たしたいと思っているラザロたちのことなど考えもしない金持ちたち（ルカ16・19以下参照）――のために祈ってください。追い剝ぎに殴られ半殺しにされたあの人を見ながら、同情もせず反対側を見て通り過ぎて行った祭司たち、レビ人たち（ルカ10・30－32参照）のためにも祈ってください。そうした人たち皆に（…）心をこめて微笑みかけてください、彼らのために良いことがあるよう願ってください、そして彼らが回心するようにとイエスに頼んでください。わたしは断言します、皆さんがそうするなら、教会に、皆さんの心に、そして愛するフランスにも、大きな喜びがあるでしょう。

さあ、皆が一つになって、目を天の父に向けましょう。皆さんをイエスの母と聖ヨゼフの御保護に委ね、使徒として心から皆さんを祝福します。

（1）［訳注］円積問題――円と等しい面積の正方形を作図することを求めた問題。実際には作図不可能。

（2）［訳注］香部屋《こうべや》――祭服やミサのための聖具をしまっておく部屋で、祭服の着替えやミサの準備に使う。

（3）［原注］「わたしは今日、皆さんにお願いします、《笞》は香部屋に掛けたままにしておき、神の優しさをもった牧者であってください」。二〇一五年六月一二日、サン・ジョバンニ・イン・ラテラノ大聖堂、第三回世界の司祭のための黙想での説教。

（4）［訳注］アンドレ・ヴァント＝トロワ André Vingt-Trois（一九四二年生まれ）、パリ大司教（二〇〇五～二〇一七）、二〇〇七年から枢機卿。

（5）［訳注］ポンティオ・ピラト――ローマ帝国のユダヤ属州総督（二六～三六）、イエスを処刑した人物として知られている。マタイ27・1－26、マルコ15・1－15、ルカ23・1－25、ヨハネ18・28－19・16参照。イエスには罪がないと知りながら、ピラトはユダヤ人指導者たちの要求を受け入れ、イエスを十字架につけることを許したが、自分には責任がないことを示そうとして、群衆の前で手を洗った（マタイ27・24）。

（6）［訳注］寛容ゼロ（フランス語 tolérance zéro、英語 zero tolerance）――二〇世紀後半にアメリカで提唱された方針で、たとえ小さな違反でも容赦せずに、しかも猶予することなく罰則を適用し、情状酌量もしないというもの。カトリック教会においては、司祭による性的虐待には「寛容ゼロ」で対処することを、ベネディクト十六世教皇が確認し、フランシスコ教皇もそれを引き継いでいる。

（7）［原注］*Gaudete in Domino*（主において喜びなさい）、一九七五年五月九日。

（8）［原注］ハインリヒ・ヨーゼフ・ドミニクス・デンツィンガー Heinrich Joseph Dominicus Denzinger（一八一九～一八八三）、一九世紀ドイツのカトリック神学者。その主著『カトリック教会文書資料集』*Enchiridion*（一八五四）はカトリック教会の公文書をまとめたもので、フランス語では三八版を重ねている。――［訳注］『カトリック教会文書資料集』は一八五四年に初版が刊行されたが、その後も改訂され、デンツィンガーの死後も複数の人々が改訂作業を続け、とくにアドルフ・シェーンメッツァー Adolf Schönmetzer（一九一〇～

一九九七）の改訂版（「デンツィンガー・シェーンメッツァー」（DS）と略称される）が有名。邦訳はデンツィンガー・シェーンメッツァー『カトリック教会文書資料集——信経および信仰と道徳に関する定義集』（エンデルレ書店）。

（9）［訳注］マタイ19・13－15、マルコ10・13－16、ルカ18・15－17参照。

（10）［原注］「ロマンス語——一〇億の話者」« Langues romanes : un milliard de locuteurs », *Hermès*, no 75, CNRS éditions, 2016.

（11）［訳注］復活の主日（日曜日）の前の晩に行われるミサ、「復活の主日・復活の聖なる徹夜祭」と呼ばれ、イエスの復活を盛大に祝う典礼。なぜ前の晩なのかは、一一九ページの注33参照。

（12）［原注］ミーナ Mina——イタリアの女性歌手、一九四〇年生まれ。

（13）［原注］« La voie des sens », *Hermès, op. cit.*

（14）［訳注］教育協定 pacte éducatif——国際機関・国家・自治体などが締結する「協定」とは理解しない方がよい。というのも、フランシスコ教皇は「教育協定」という言葉を、教育に関して学校・家庭・社会とのあいだで結ばれ、守られるべき「約束・理念」というような意味合いでしばしば使っているからである。教皇は、守られるべき「教育協定」が破られていることを嘆き、これを再構築し、すべての人に開かれている学校・教育を目指すべきであると説いている。なお、カトリック教会の教育理念については、第二バチカン公会議「キリスト教的教育に関する宣言」*Gravissimum Educationis* 参照。

（15）［訳注］マンモン——富のこと。マタイ6・24「だれも二人の主人に仕えることはできない。（…）あなたがたは、神と富とに仕えることはできない」

（16）［訳注］フランシスコ教皇の記憶違い。ワールドユースデーは一九八四年に始まった。

（17）［原注］シャルル・ド・フーコー Charles de Foucauld（一八五八～一九一六）——フランス軍士官だったが、司祭となり、その後アルジェリアのサハラ砂漠で隠遁生活を送りつつ、貧しい人々のために生涯を捧げた。一九一六年一二月一日、隠遁所の入り口で殺害される。二〇〇五年、ベネディクト十六世により列福される。

（18）［訳注］観想修道会——カトリック教会には多くの修道会があるが、観想修道会と活動修道会の二つに大別することができる。観想修道会とは、神の国の完成のために、内的にも外的にも世から離れ、基本的に修道院の中だけで祈りと観想、労働を中心とした生活を送る修道会のこと。これに対し活動修道会とは、修道院で共同生活を送り、祈りを大切にしながら、それぞれの修道会の固有の目的に従って、社会の必要に応えるために、福音宣教、報道、出版、教育、病院、福祉施設などあらゆる分野で活動する修道会のことをいう。

（19）［原注］ペラギウス主義――イギリス出身五世紀の修道士ペラギウスの恩寵と原罪に関する理論で、人間は自己の功徳だけで救われることができると主張した。広義には、人間の生まれながらの善性を過度に強調する理論のこと。――［訳注］フランシスコ教皇は『福音の喜び』でグノーシス主義とペラギウス主義について次のように解説している。

94　この霊的な世俗性は、とりわけ、深く関連し合う二つの源泉からわき出てきます。その一つは、主観主義にとらわれた信仰であるグノーシス主義の魅惑です。これは、特定の経験、一連の論証、知解のみに関心をもっています。それは、慰めと光を与えると考えられるものですが、主体は自らの理性と感情の内在に閉ざされたままなのです。他の一つは、自己完結的でプロメテウス的な新ペラギウス主義です。この人々は、自分の力だけに信を置き、定められた法規を遵守していること、またカトリックの過去に特有の様式にかたくなに忠実であることで、他者よりも自己の力と感情にのみ信を置いているのです。教義と規範の仮定的確信が、自己陶酔的で権威的なエリート主義を生じさせます。それによって、福音をのべ伝える代わりに他者を分析し格づけし、恵みへと導くことにではなく、人を管理することに力を費やします。どちらの場合も、イエス・キリストに対しても他者に対しても、真の関心を払ってはいません。人間中心的な内在論の表出なのです。このようなキリスト教のゆがめられた形態が、福音の真の活力を生み出すとは想像もできません。

フランシスコ教皇は、二〇一八年三月一九日に出された使徒的勧告『喜びに喜べ――現代世界における聖性』*Gaudete et exsultate* でも第二章で「聖性の狡猾な二つの敵」（35～62）としてグノーシス主義とペラギウス主義を取り上げ、警告を発している。

（20）［訳注］ポール・ロワイヤル Port-Royal――もともとは一三世紀初めにパリ郊外に創設されたシトー会女子

修道院だったが、一七世紀にジャンセニスム jansénisme の中心となる。ジャンセニスム——ポール・ロワイヤルを拠点とするフランス・カトリック教会内部の宗教運動で、神学的には神の恩寵の絶対性、人間本性の根源的堕落、人間の意志の無力を説いた。

(21)［訳注］ブレーズ・パスカル Blaise Pascal（一六二三～一六六二）、フランスの数学者・物理学者・思想家で、ジャンセニスムに傾倒し運動に加わる。キリスト教護教論として構想されたが未完のまま残された遺稿『パンセ』で有名。

(22)［訳注］ジャンセニスムは、神学的にはペラギウスとはまったく反対の立場にある。フランシスコ教皇がポール・ロワイヤルやパスカルをペラギウス主義と結びつけるような言い方をしているのは一見すると奇異に感じられるが、注19の訳注で紹介した『福音の喜び』の中のペラギウス主義者についての指摘は、ジャンセニストたちにもあてはまらないわけではない。また、ジャンセニスムの極端に悲観的な人間観・世界観と道徳的厳格主義は、一部の知的エリートや強者には受け入れられたかもしれないが、多くの一般信者とくに弱い人々を「恵みへと導く」代わりに、あきらめ・生ぬるさ・信仰の放棄へと追いやる危険をもっていたし、実際にそういう結果を招いたりもした。

(23)［原注］*L'Univers religieux de Dostoïevski*, Éditions du Seuil, 1963. ——［訳注］ドイツ語原著の題名は *Der Mensch und der Glaube. Versuch über die religiöse Existenz in Dostojewskis großen Romanen* である。

(24)［訳注］ジョゼフ・ブレジンスキ Joseph Wresinski（一九一七～一九八八）、フランスの司祭。極貧状態にある人々と共に生き、彼らが人間としての尊厳を取り戻すことができるよう力を尽くした。

(25)［訳注］聖ラウレンチオ助祭殉教者——キリスト教が禁止されていた時代、助祭として教皇シクスト二世に仕え、教会の財産管理と貧しい人々への施しを担当していた。皇帝の命令で教皇が死刑を宣告されたとき、教皇から教会財産を貧しい人々に分け与えるよう命じられ、それを実行した。まもなく捕えられ、教会財産を渡すよう命じられると、ラウレンチオは大勢の貧しい人々を連れて行き、「この人々こそ教会の財産です」と言った。二五八年八月一〇日殉教。

(26)［訳注］マタイ5・3－12、ルカ6・20－23参照。

6 「あわれみは心に始まり手に至る旅です」

二〇一六年八月。ローマを横切るときは、時間や季節がどうであれ、いつだって驚嘆せずにはいられない。わたしたちが宿泊しているのはラテラン教会[1]修道会参事会員の修道院本館で、すぐそばにはサン・ピエトロ・イン・ヴィンコリ教会[2]があり、そこにはミケランジェロのモーセ像があるので、なおさらそう感じるのだ。この場所で朝課[3]に参列することは、信者であろうとなかろうと、特別な経験である。ローマにいると、魔術的な何かがわたしたちの心を奪う。建築物、雰囲気、イタリアカサマツ、「歴史」、空、日常生活、永遠。そして、サン・ピエトロ広場にやってくると、いつも同じ感動を覚える。ここに西欧世界が、数々の騒乱・戦争・支配がありはしたが、人類の文化と偉大さの歴史の無視できない部分があるのだ。広大な、静かな、ほとんど永遠に続くものがここに同居している！　そして教皇の謙虚さと、わたしたちを包むものすべての広大さとのあいだには、いつも同じずれがある。どうしたらこうなるのか？　「歴史」、その深さ、その広大さが、至るところにある。性急で即時的でちっぽけなものになってしまった現代世界が、「コミュニケーション」技術のありとあらゆる成果で武装した現代世界が、そしてコミュニケーション不能、さらにはコミュニケーション不在といった分身にぶつかっている現代社会が逃れようとしているものすべてがそこにある。この対話を通じて、他のことも少しは理解しようとすること、自分が審問官にも護教論者にもならないようにすること。「存在の新たな段階」について、アイデンティティー、他者との関係、個人の新たな定義、共同体、社会、そして対人関係の激変について、どう考えればよいか？　価値観の大混乱について、人々が切望するもの、対人関係のモデル、生活習慣、ユートピアの大混乱について、議論する？　毎回の対話が終わると、たいていの場合、部屋を出るとき、ドアの隙間から、あのなんともすてきな笑顔で、教皇は穏やかに繰り返すのである、「わたしのために祈ってください……」と。

＊　＊　＊

ドミニック・ヴォルトン　あなたは民衆のことをよく話題にされます。ヨーロッパでは、ファシズムやコミュニズムと結びついたこの言葉が使われることは、もうほとんどありません。でも、ラテンアメリカからおいでになったあなたは、同じ経験、同じ基準をおもちではないでしょう。あなたは、民衆を理解しようと望んでおられます。そこがとても違っています。
あなたが世界を旅し、若い教会を訪れるとき、人々はそれを感じ取っていると思います。そうです、あなたは伝統的ではないスタイルをもっています。まったく違うスタイルを。それって、いいですね。

フランシスコ教皇　あなたにとっては、ですね。

ヴォルトン　ええ、もちろん。それに、世界中の教会にとってもです、やはり。

教　皇　ただ、ここヨーロッパでも、あらゆる種類の困難がありました。確かに、歴史はとても重いものです。決して簡単ではありません、ぶどう酒の味が良くなるには、うまく熟成するには……

ヴォルトン　イエズス会についてうかがいます。イエズス会はあなたに何をもたらしましたか？なぜあなたは、フランシスコ会ではなく、イエズス会に入ったのですか？

教　皇　昨日、ドミニコ会士たちと議論しました、そして午後はアッシジに行ってフランシスコ会士たちと話しました。でも、わたしにとっては、昨日の一日は、今日と同じように、イエズス会士として兄弟たちと共に過ごした一日だったと言ってよいでしょう。イエズス会がもたらしたものは、まず非常にレベルが高い霊操と、⑷その霊性です。そしてそこから「宣教という使命」がきます。そこからさらに、いろいろなものがきますが、イエズス会独自のものではありません。教皇への服従は、きっと、より独自なものでしょう。霊操は、識別の方法と共に、多くの神学者たちを恐れさせました。中国におけるリッチ神父のことを考えてみてください。彼は本物のインカルチュレーションの道を選びましたが、理解されず、道は塞がれてしまいました。インドにおけるノビリ神父のことを考えてみてください。同じことでした。恐れられたのです。

ヴォルトン　ええ、中国におけるリッチ、インドにおけるノビリの軌跡は途方もないものです。あなたがフランシスコ会あるいはドミニコ会に入る可能性はありましたか？

教　皇　迷いましたね。フランシスコ会はありませんでした。でも、ドミニコ会は……迷いましたが、イエズス会を選びました。

ヴォルトン　「解放の神学」をめぐる論争があったとき、あなたは「民衆の神学」という言葉の方がよいと言われましたね。

教　皇　民衆の神学は、使徒的勧告『福音の喜び』の神学で、神の民としての教会を問題にしています。教会とは、神の民なのです。解放の神学は、良い意味でも、また悪い意味でも、偏った見方をしています。イスラエルの民のエジプトからの解放をモデルとしながら、イエス・キリストをわたしたちを解放する光としていますが、この原理は偏っています。でも当時は、フランスで起きた六八年五月の運動の後で、「解放の神学」についてはさまざまな解釈がありました。そうした解釈の一つが、マルクス主義的現実分析を採用していました。「民衆の神学」と呼ばれるものは、イエス・キリストを救いの主体としていますが、それはイエスの民においてのことです。神の聖なる民としての、教会の民においてです。(5)

ラッツィンガー教皇が教理聖省長官だったときにした二つの仕事が明快な結論を導き出した、とわたしは思います。まずマルクス主義的分析を誤りとし、それからこの運動がもたらした評価すべき点を明らかにしました。常に政治と関わりがあるのです。というのも、司牧神学は政治的にならざるを得ないからです。ただし、「大きな」政治と関わりをもつということですが。教会は実際に政治を行わねばなりません、ただし、いま言ったように、大きな政治です。そして、解放の神学を構成するいくつかの要素は、誤って――と言っておきましょう――党派的な方向に逸脱してしまったのです、極左政党と合流して、あるいはマルクス主義的分析を用いることによって。ペドロ・アルペ神父[6]が一九八〇年代に、マルクス主義的現実分析に反対する手紙を書き、イエスの名においてこれをすることはできないと言いました。とても素晴らしい手紙ですよ。ですから違うのです、民衆の神学は――この言葉もわたしは好きではありませんが――神の民を主人公とするために、ある神学者たちが、解放の神学に代わるものとして提案したのです。そしてそれが、第二バチカン公会議がしたことです。

ヴォルトン　いま言われたことは重要です、というのも、ヨーロッパでは必ずしもよく理解されていません、単純化する傾向があるからです。解放の神学は「良い」ものだった、教会は「反動的」だから反対したのだと。二項対立的なものの見方です。アルゼンチンから来られたあなたなら、こうした二分法に陥らないよう、さまざまな状況やニュアンスを説明できるでしょう。

教　皇　神学における危険はイデオロギー化することです。ここヨーロッパでは、民衆と言えばすぐさまポピュリズムと結びつけます。ポピュリズムは政治的、イデオロギー的な言葉です。「あの国家元首はポピュリストだ、この政党はポピュリストだ」と、ネガティブな意味で使われています。

ヴォルトン　あなたはラテンアメリカから来られましたが、この言葉はこちらとあちらでは同じ意味ではありません。こちらでは、先ほども言いましたが、この言葉はもっとずっと否定的な意味合いをもっていて、民衆は扇動すればよいと考える権威主義的体制を連想させます。いささか安易に使われてもいます。ヨーロッパでは、反エリート的な反発が起きたり、民衆が反乱を起こして決まったコースから外れたりすると、すぐさま、たいていの場合は間違って、ポピュリズムだと言うのです。いずれにせよ、ヨハネ・パウロ二世はこの言葉を使いませんでしたし、ベネディクト十六世も使いませんでした。

教　皇　ええ。そう思いますよ、前にも言いましたが。「民衆」という言葉は、論理的カテゴリーではなく、神話的カテゴリーに属する言葉なのです。ヨーロッパで、イデオロギー的な意味で民衆という言葉が使われるようになったのは、大規模な独裁的運動が発端でした……

ヴォルトン　ご自分がアルゼンチン人だということを、どんなところに感じられますか？　アルゼンチン人のアイデンティティーは、どんなところにあるとお考えですか？

教　皇　アルゼンチンにはそこで生まれた人たちがいます。いろいろな部族の原住民がいます。アルゼンチン人のアイデンティティーは混血です。アルゼンチン国民の大部分は混血の結果生まれた人たちです。なぜなら、何度にもわたる移民の波が、混じり合い、混じり合い、混じり合ったからです……アメリカ合衆国でも同じことが起こったと思います、度重なる移民の波が混じり合ってアメリカ人になったのです。この二つの国はかなり似ています。そしてわたしは、ずっとそんなふうに、ちょっとばかり感じてきました。わたしたちにとって、学校にさまざまな宗教の人たちが一緒にいるのは、ごく普通のことでした。

ヴォルトン　ブラジルにも同じような混血が、とくに黒人との混血がありますね。ところで、あなたのルーツ、イタリアについてはいかがですか？

教　皇　わたしたちは五人家族で、母に二人目の子どもができたとき、わたしは一一か月でした。ピエモンテ出身の祖父母がすぐそばに、数メートルのところに住んでいました。祖母が朝わたしを迎えに来て、わたしは祖父母と一緒に過ごし、午後、祖母がわたしを連れて帰るのでした。そうやってわたしは、ピエモンテ方言を第一言語として覚えました。

ヴォルトン　そして、ここに戻ってこられたというわけですね。神に至る道はいろいろということですか……

教　皇　思い出しますよ、わたしが子どものころ、小さな子が何にでもさわろうとする年頃でしたが、祖母がわたしによく言っていました、《Toca nen, toca nen !》「さわっちゃだめ、さわっちゃだめ！」と。覚えてますよ、わたしはピエモンテ方言を完全に理解していました。今はもう話しません。でも、理解できます。今日、従兄弟たち三人に電話しました、もう長いこと挨拶の電話をしていなかったのです。トリノに住んでいるのです。わたしの父の従姉妹たちも。いとこたちは七人いますが、今もピエモンテ方言を話しているのです。

ヴォルトン　イタリアを通じてヨーロッパ、ラテンアメリカを通じて新大陸ということですね。

教　皇　アルゼンチンに向かった移民の波ですが……人々がそこに投資しよう、そこに行こうと思っていたころは、仕事も金もありました。だからそうすることができました。

ヴォルトン　なぜ次のワールドユースデーは二〇一八年[7]パナマなのですか？

教　皇　ソウルとパナマ、二つの選択肢がありました。わたしはパナマを選びました。中央アメリカ全体を集められるからです。だから、わたしのイタリアのルーツについてどう感じているのか、うまく言えないのです。アルゼンチンはそんな国なのですよ。アルゼンチン人の血は、ヨーロッパ系の人たちにとっては *criollo*「現地生まれ《クリオーリョ》」ですが、今では混血です、アラブ、イタリア、フランス、ポーランド、スペイン、ユダヤ、ロシア、ウクライナ……それがみな一緒くたになっているのです。二度の世界大戦がそれを加速させましたが、ピエモンテからの移民の波は一八八四年に始まっています。

ヴォルトン　ご両親がイタリアから着いたのは一九二六年のことですか？

教　皇　いいえ、祖父母が父と一緒に来て、父はその後アルゼンチンで結婚しました。祖父母と父は一九二九年にやって来ました。

ヴォルトン　あなたに象徴されているヨーロッパとラテンアメリカという二重のアイデンティ

ティーは、教会の歴史においては最初のものですね。

教　皇　ええ。

ヴォルトン　そして、このグローバリゼーションの時代にあっては切り札でもあります。

教　皇　ええ、でもそれは同じではありませんよ。

ヴォルトン　だからあなたは自由なのですね、他の人たちよりもずっと自由でいられるのですね。

教　皇　でも、ラテンアメリカのすべての国について、同じことが言えるわけではありません。あの本物の混血はアルゼンチンで起こりました、チリの一部でも、それからブラジルの南部、サンパウロより南の地域全体で……そしてウルグアイでも。

ヴォルトン　ポルトアレグレまでですね。

教　皇　ポルトアレグレではドイツ語、イタリア語が使われています……大きな波があったので……

ヴォルトン　そして北部は黒人ですね……

教　皇　それから、中央アメリカがあります。メキシコはとてもはっきりした独自の文化をもっています。アルゼンチンはほんとうに違うのです。コノ・スール(8)はとても特徴的です。ボリビアでは、国民の八五パーセントがインディオです。だから、わたしたちアルゼンチン人はあれほど傲慢なのですよ。それに、これは良いことではありません。それで、アルゼンチン人を槍玉にあげるジョークができるのです。アルゼンチン人がどんなふうに自殺するか、あなたはご存じですか？

ヴォルトン　いいえ。

教　皇　エゴのてっぺんまで登って行って、そこから飛び降りるのです。

他に一つ、わたしを種にした笑い話があります。「それにしても、あの教皇はどこまで謙遜なんだ！　あれはアルゼンチン人なんかじゃないね、フランシスコなんて名乗ったりしてさ、イエス二世ってすりゃあいいのに！」。これがわたしたちアルゼンチン人なのです！　それと、金持ちになるための最良の方法は何か、ご存じですか？　アルゼンチン人を一人、実際の値段で買ってから、その当人が自分に付けた値段で転売するのですよ！

ヴォルトン　（笑い）わたしの本の翻訳で訪れた世界のブック・フェアのうち、最大の二つは一〇年前のテヘラン、そしてブエノスアイレスで行われたものでした。ブエノスアイレスのブック・フェアはメキシコのよりさらに大がかりでしたね。それにしても、フランス人の傲慢さときたら……アルゼンチン人は傲慢かもしれませんが、われわれフランス人だって負けませんよ！

別の質問です。教会において、あなたをいつも驚かせることはなんですか？

教　皇　神の聖なる民の信仰ですね。人々に奉仕するために自己を捧げ尽くす多くの人たち、若者たちが示す熱意です。なんと多くの聖性があることでしょう。聖性——これが、わたしが今日の教会で使いたいと思っている言葉です。ただし、日常生活における聖性、家庭の中での聖性という意味で……この言葉からわたしが何を連想するか、わかりますか？　ミレーの「晩鐘」です。それが頭に浮かぶのですよ。祈っているあの二人の農民夫婦の素朴さ。祈る民衆、罪を犯し、そして罪を悔い改める民衆。

教会には隠れた聖性の形があります。宣教のために出発する英雄たちがいます。あなたたちフランス人はたくさんのことをしてきました、自分の命を犠牲にした人たちもいます。それが、教会においてわたしがいちばん感動することです、その実り豊かな、日常的な聖性です。目立つことなく聖人になるあの力です。

ヴォルトン　でも、最初のアナーキストたち、空想的社会主義者たち、スターリン以前のコミュニストたち、彼らもまた聖人たちでした！　あの闘士たちは、一八二〇年からコミュニズムまでのあいだに、並外れた高潔さをもって事をなしました。コミュニズムにおいても、とくに最初のころは、あの大いなる連帯精神、高潔さがありました。社会的無政府主義にもそれがあります！

教　皇　連帯精神は聖性の次元の一つです。最良の意味での愛徳です。なぜなら愛徳は、硬貨を一枚取って、相手の手に触れようとせずに差し出すことではないからです（動作で示しながらそう言う）。

ヴォルトン　西欧の教皇であると同時にグローバル時代の教皇であることは可能でしょうか？　文化的、人間学的、哲学的、人間的な面において、それは可能でしょうか？　カトリック教会の問題は、教会は普遍的であるのに、教皇たちは西欧人だということです。あなたご自身はラテンアメリカから来られたわけですが。西欧的であると同時に普遍的な教皇は可能でしょうか？

教　皇　教皇の権威とは何か考えてみましょう。氷山を例にしましょう。教皇の権威は見えるところにありますが、その基盤をなしているのは普遍教会という真理です。氷山をひっくり返してみましょう。教皇の奉仕が下にきます。だから、イエスの福音によるなら、権威とは奉仕だということになります。つまり、教皇はすべての人々に奉仕しなければならないのです。教皇の称号の一つは《Servus servorum Dei》(9)です。

ヴォルトン　そうした見方は知られていませんし、理解されていません。人は氷山の先端を見てはいますが、ひっくり返して見ることはしません。権力や階級制に慣れているからです。

教　皇　状況が変わることもあります。教皇が寄宿舎に住んでいるということ……これはささやかなしるしです。

ヴォルトン　(笑い) ええ、同感です。でも、もしも不幸にしてあなたの後継者が教皇宮殿に戻りたいと思ったりしたら?

教　皇　わかりません。

ヴォルトン　そしてもしもあなたの後継者が金色の靴をはきたいと思ったら?

教　皇　でも、神はもっと偉大です!

ヴォルトン　ええ。それはそうと、あなたはシンボリックな闘いを展開されていますね、いま話題になった闘いのような。

教　皇　ええ、それがわたしには自然に思えるのです。わたしはあそこ(教皇宮殿)に、たった一人で住むことはできないでしょう。

ヴォルトン　確かに、こちらの方がもっと自由でいられますね。

グローバル化［世界化《モンディアリザシオン》 mondialisation］(10)に関して、あなたが最も心配し、また安心していることはなんですか？

教　皇　あなたはグローバル化［世界化《モンディアリザシオン》 mondialisation］と言われましたが、わたしが好きな言葉が他にあります、「世界性［フランス語、モンディアリテ mondialité］」という言葉です。

ヴォルトン　確かに、経済が世界に開かれてゆくプロセスをみるなら、「グローバリゼーション［グロバリザシオン globalisation］」と言う方がよさそうですね。

教　皇　まだ言っていないと思うことがあります。すべての国の人々の一致が必要だとわたしは信じています、たとえばヨーロッパが一致を必要としているように。でも、それは画一化を意味するような一致ではありません。わたしは、球体を例にあげることにしています。球体は一致を表していますが、どの点をとってみても中心から同じ距離で、すべて同一です。それは実際には画一性のイメージであって、文化を殺してしまうものです。そして、人間を殺すものでもあります。反対に、真のグローバリゼーションとは、わたしの考えでは、多面体の形で表されるべきものです、すでに説明したように、それは各々が独自に存在する形です。つまり、皆が一緒にいるが、各々が自分の個性や文化をもっているということです。そしてこれは、ブレグジット［イギリスのEU離脱］とあわせて考えると、なおさら重要なことです。というのも、ヨーロッパはこの先どうするのか、という問題をわたしたちは抱えているからです。ヨーロッパはまさに創造的でなければなりません。それぞれの国のあいだの違いを強調し、際立たせるようにしながら、その違いから出発して新たな一致を模索する必要があります。罪――カッコ付きの「罪」――や間違いがあるとすれば、それは、一致は画一化によってなされるとか、ブリュッセルが「これをせよ、それはだめ」と言うことでなされると思ったりすることでしょう……

ヴォルトン　祈るとは、コミュニケーションすることでしょうか？

教　皇　他者とコミュニケーションするという意味でなら、そのとおりです。イエスが福音書の中で言っています、祈るとは、言葉、言葉、言葉を繰り返すことではないと。[11] 祈るとは、一人の人格《ペルソナ》、「父」と話すことです。それが、コミュニケーションするということです。「誰に祈るのですか？――神にです。――でも、神っていったい？」

「神っていったい」の神は、一つの位格《ペルソナ》ではありません。神は、「父」と「子」と「聖霊」の三つのペルソナです。あるいは三つすべてです。[12] でも、祈りは常にパーソナル［ペルソナ的、人格的、個人的］なものでなければなりません、パーソナルなコミュニケーションなのです。そうでなければ独り言、自分自身とのやりとりになってしまいます。だから、祈りにおいては、沈黙がとても大事なのです。つまり待つこと、自分を表現すること、待つこと、主に見られるがままでいることなのです。いったい何度、わたしは一人の友人――男性であれ女性であれ――と向き合い、話し合いながら、しばしば沈黙したことでしょう。これがほんとうの、友人同士のコミュニケーションです。

愛においても、夫婦の愛においても、沈黙はとても大事です。なぜなら、夫と妻とのあいだの沈黙は、コミュニケーションし合う愛の沈黙だからです。

ヴォルトン　今日、どうしたら沈黙を聞くことができるでしょう？

教　皇　わたしたちは沈黙を恐れています。恐れているので、沈黙を硬直化させることを選んでいるのです。二つ例をあげてみましょう。ミレーの「晩鐘」に話を戻しましょう。あの夫婦は沈黙のうちに祈っていますが、コミュニケーションがあります、二人のあいだの、そして神とのコミュニケーションが。それははっきり見て取れます。もう一つのイメージは、沈黙して行進している兵士たちです。そこには、コミュニケーションはありません。規律、秩序があります、硬さがあります――この場合は必要なものですが。コミュニケーションには常に、秩序から外れた何かがあります。結局のところ、コミュニケーションは自発性を育てるのです。沈黙もそうです。反対に、硬さは秩序でしかありません。わたしがある国に到着すると、飛行機を出たところに兵士たちが並んでわたしを待っています。そこにはコミュニケーションはまったくありません……でも、子どもたちが花をもって近づいてきて、わたしにキスしてくれるとき――これがいままでは習慣になりましたが――、これは沈黙のうちになされますが、この場合にはコミュニケーションがあります。硬さというテーマに戻りたいのですが、思い出してください。それについて、しっかり考えねばなりませんから。

ヴォルトン　わかりました。硬さについて話すのは興味深いことです。今日では、とくに新しいテクノロジーや直接的表現のおかげで、もはや硬さはなくなったと思われています。しかし残念ながら、それがたくさんあるのですね。とくにメールやSMSは、やりとりや解釈を硬直化させるのです。インターネット、これもまたコミュニケーション不能がたくさんあります。わたしの研究は、コミュニケーション、コミュニケーション不能、コミュニケーション不在のあいだの関係を対象としています。わたしは、インターネットやソーシャルネットワークの技術的支配を、より広くは技術偏重を批判しています。というのも、こうしたものを利用することでついにコミュニケーションができるようになったと、皆が信じているからです。しかし残念ながら、事はもっと複雑です……七五億人のネットユーザーがいさえすれば、もっとよく理解し合えるとでもいうのでしょうか……

教　皇　「コミュニケーション不在」と言われましたね？

ヴォルトン　そうです。二〇年前から言おうとしていたことで……手伝ってください！　あなたのためにお祈りします、だから、手伝っていただけますね？（笑い）　信じがたいことです、こうしてお話しできることは。結局のところ、コミュニケーションについて、あなたはわたしとまったく同じ哲学、人間的・政治的哲学をもっていらっしゃる。かなり稀なことです。あなたは「硬さ」と言われますが、それはわたしが言うコミュニケーション不在と同じことなのです。インターネットは、見かけとはまったく反対に、硬さなのです。もちろんそこで、人は何かを、しばしばたくさんのことを言っていますが、それは「人間的な」リスクを避けながらしているのです。まず最初に、お互いに離れているからです。見ることも、触れることも、からだもありません。次に、コミュニケーションがしばしば単なる表現と化しています。ネット上の若者たちは皆ひどく寛大です。それに、若者は寛大で、しばしば理想を夢見ます。でも、一般的に見て、この寛大さはネットに向けられており、そしてネットはすべての人、皆ということですが、実は誰でもありません。いずれにせよ、それは「同じ」ということで、「他」は脇に置かれたままです。ところで、わたしは教会を理解しているわけではありませんが、教会はたぶん、ありとあらゆる形のコミュニケーションをつくりあげ、実践し、ゆがめもしたという、偉大なる経験をもった組織でしょう。確かな遺産です。コミュニケーションとは愛であり、愛はとりわけキリスト教的言葉ですから、なおさらです。教会は、技術的進歩を絶対視しないようにと促し、人間的コミュニケーションとの違いを示すべきでしょう。そのうえ、聖職者たちは、世界中のすべての教会にいて、さまざまな文化の中にいます！　ですから聖職者たちは、さまざまな形のコミュニケーションの、途方もない文化的複雑さを感じ取ることができるのです。教会は、「コミュニケーションにおいては、最も単純なのは技術であり、最も複雑なのは人間と社会である」と、改めて言うことができるのではないでしょうか！　それなのに、この半世紀のあいだ、なぜ黙ったままでいるのですか？　でもあなたは、個人的には二つの文化に属しているわけですから、コミュニケーションの人間的・文化的諸状況の複雑さに関するこの研究を深めることができます。とにかく技術的パフォーマンスから抜け出し、人間的コミュニケーションの多種多様な不確かさと豊かさを再発見することです。ヨーロッパ人はコミュニケーションを「発明」しましたが、技術に溺れて自己を見失いもしました、全世界あるいはそのほとんども同様ですが。

教皇は何ができるのですか？　あなたの自由の限界はなんですか？

教　皇　最大の限界は、一人だけでバチカンを出ることです。

ヴォルトン　あなたと一緒に出て行きたいですね。いつか、出て行きましょう。散歩でもしに行きましょう。

教　皇　でも、イタリア国にとっては政治問題になるのですよ。もしもわたしが、エスコートなしにイタリア国の領土に出て行って、何か起こったりしたら、イタリアを困った状況に追い込むことになってしまうのです。それがわかっているのです。でも、ときには、ローマに行かねばならないとき、ここからちょっとあそこまで（身振り）出掛けるときは、運転手と二人だけで行きます。車の窓は薄く色がついているので、誰にも見られず、誰にも知られずに、帰ってきます。そういうことが、したくてもできないのは残念なことです。でも、仕方ありません、それが現実です。

ヴォルトン　わかります。

教　皇　わかりやすいことです……でも、ここで楽しく暮らすことはできます……あの庭園やいろいろとすてきなものがわたしのまわりにはあります、誰もがもつものではありません。だから、楽しく暮らせるのですよ、ここで。

ヴォルトン　ええ、でも、同じではありませんね。自由とは外に出ることですから。前もって、わかっていましたか？　その自由をもうもてなくなると。

教　皇　わたしはいつも路上を歩き回っていました、あちこちの小教区に足を運んでいました……

ヴォルトン　なるほど。ところで、教皇に選ばれたときに、それがわかりましたか？　それとも、すぐにではなかったですか？

教　皇　納得しましたよ、そしてすぐに、事が自然に運んで行きました。たとえば、わたしは宮殿には住んでいません、ここに、サンタ・マルタ館に住み続けています。このようにしたおかげで、わたしは人々のそばにいられるのです。

ヴォルトン　ところで、あなたの後継者は、あなたの後、宮殿に戻れるのでしょうか？

教　皇　どうでしょうか。

ヴォルトン　（笑い）うまく逃げましたね。

教　皇　カステル・ガンドルフォ[13]は……

ヴォルトン　ええ、なぜあなたはそこに行かないのですか？

教　皇　心理的には、教皇の宮廷が少しカステル・ガンドルフォに移ったようなものですからね。でもこれからは、庭園も、一階も、教皇の階だった二階も、博物館になります。もしもわたしの後継者がカステル・ガンドルフォに戻りたいのなら、大きな建物が二つありますから、そこを使えばいいでしょう。でも、歴史的由緒のある本館は、博物館になろうとしています。たとえば、教皇の大寝室ですが、そこのベッドで三八人の子どもが生まれました、大部分はユダヤ人で、戦争中、ピオ十二世教皇がそこにかくまっていたのです。それが博物館になります。ところで、わたしが外の空気を吸いたくなったら、あの庭園があります。ここには、空気は十分あるのですよ。

ヴォルトン　あなたにとってキーワードとなる言葉はなんでしょう？　教皇としてのあなたと結びついて記憶されたらと願うような言葉はなんでしょうか？

教　皇　後になって気がついたのですが、わたしが最もよく使っている言葉は「喜び」です。わたしが書いた三つの文書の題名は、『福音の喜び』、『ラウダート・シ』——これは喜びの歌です、そして『愛のよろこび』です……でも、なぜわたしはこんなふうに始めたのでしょう？　うまく言えそうにありません……福音はわたしたちにとても大きな喜びを与えてくれます。十字架もあります、十字架のおかげで、わたしたちは困難なときも平和に生きることができるのです。そしてこれが、心の最も奥深いところにある喜びなのです。

ヴォルトン　他にも言葉があるでしょうか？

教　皇　「優しさ」「そばに寄り添うこと」をよく使いますね。司祭たちには、「お願いします、人々のそばに寄り添ってください」と言います。司教たちには、「殿様にならないでください、人々の、司祭たちのそばに寄り添ってください」と言います。「そばに寄り添うこと」はわたしがよく使う言葉の一つです。「祈り」もあります。祈ること、ただし、神の御前にいるという意味で祈ることです。すでに話してきたような意味においてです。

ヴォルトン　どうしたら人は、カトリック信者であり、かつ反動的でもあり得るのでしょう、福音を読んでいるというのに？

教　皇　読む上での前提条件となる鍵があります。福音は開かれた心で偏見も先入観もなしに読まねばなりません。なぜでしょう？　なぜなら、福音は知らせだからです。福音は、まったく新しいものを受け入れるように、受け入れられなければなりません。もしも福音を、イデオロギーや偏見のように、殺菌された形で受け入れるなら、福音はそれ自体として入ってきません。福音はわたしたちの心に触れなければなりません。それでは、福音がそのように、直接的に読まれねばならないということの証拠は何でしょう？　驚愕です。驚嘆です。反動的な人というのは、どちらの側にいるにせよ――「古典的な」右翼・左翼という名称を使えば、左翼にも反動的な人たちがいますからね――、福音とは反対の行動をとる人、福音を自分の党派的イデオロギーに合わせようとしながら福音に近づいてくる人です。そして、福音を横領するのです。福音をたたえて、「なんてすてきだろう、福音は！」と言うことはできますが、福音を読み福音を感じ取る人の驚嘆は、決して感じ取ることがないのです……（考えを動作で示しながら）。その人が感じ取るのは、たぶん通訳を介して話しているようなものでしょう。骨が折れる経験です――あなたと話していてもそう感じることがあります――、なぜなら、わたしは多少なりとも理解できますし、お互い向き合って話しているので、わたしたちの通訳は、完全には通訳ではないからです。わたしが通訳付きである言葉を話さなければならないときは、もう大変ですよ！　つまりこういうことです、反動的な人が反動的なのは、心の中に自分自身のイデオロギーという通訳がいるからです。

ヴォルトン　つまり、反動的な人は読んでいないということ、テキストの新しさを受け入れず、テキストを自分の考えに合わせる、ということですね。あなたはよく言われますね、「教会にはもっとシノドス性が必要だ」と。単純に、もっと団体性《コレジアリテ》(14)が、というのではないのですか？

教　皇　シノドスは団体性の道具の一つです。世界の司教たち全員が団体的に職務を果たしているということについては、誰も問題にしていませんが、この団体性が実際に行われるべきときには、道具が必要です。そして、その主な道具の一つがシノドスです。このことについて、わたしは先のシノドスのあいだ、第二バチカン公会議五〇周年記念行事が行われたときに、演説をしました。わたしは道具としてのシノドス性について話しました。交わりは現実ですが、シノドスは、団体性あるいは交わりを保ち発展させるための道具の一つです。「団体性」と言うこともできますし、「交わり」と言うこともできます。この二つの言葉は類義語ではありません。なぜなら、団体性はとくに司教団について言われますが、交わりはすべての信者について言われるからです。

ヴォルトン　教皇であるあなたが、あるいはあなたに限らず教皇が、何か変えられることがありますか？

教　皇　たくさん変えられますけどね。

ヴォルトン　ええ、もちろん！（笑い）

教　皇　教会は非常に異なったいくつも文化を生き延びてきた、とわたしは思うのです。考えてみてください、一八七〇年以前の時代、教皇が君主として領土をもっていた時代、教皇が戦争に行っていた時代のことを……わたしは、ルートヴィヒ・フォン・パストール[15]の三〇巻あまりの大著を愛読しました。パストールはとてもとても厳格なルター派でしたが、すべての文書を閲覧する許可を得ました。そして最後には、「神がそこにいるのでなければ、理解できない」と言って、カトリックに改宗しました。なぜなら、さまざまな事情が複雑に絡み合っていたからです、たいていの場合は良かったのですが、悪い場合も、たとえば罪深いエピソードなどがあったりして……考えてみてください、十字軍を始めたこと、魔女狩りをして火あぶりにしたこと、異端審問をしたことを……牢獄で死んだ聖人たちのこと、十字架の聖ヨハネ[16]、フランスのジャンヌ・ダルクのことを……どうしてそんなことが理解できるのでしょう？　そこにあの聖性があるからです、神に忠実な聖なる民というあの腐植土が……「教会はこれこれのように変わらねばならない」と言われたりしますが、いったい誰のことを言っているのでしょう？　司祭たちですか？　司教たちですか？　違います、教会とは、わたしたちすべてなのです。教会について言われるとき、いつも一般化があります。でも、教会の歴史は、神なしには理解することができない歴史なのです。

ヴォルトン　単なる組織としてしか見なければ、教会の歴史は実際に理解できないでしょう。単なる組織だったら、教会はとうの昔に消えてなくなっていたでしょうから……それが教会を社会政治学的に分析するときの限界です。確かに教会は、「人間」のもつあらゆる欠点をもっていますが、いつもやり直してきました、別の何かがあります。あなたは「謙遜なしにはコミュニケーションはない」とおっしゃっていますね。

教　皇　ええ、聞くためには謙遜が必要ですから。

ヴォルトン　でも、技術を駆使する若者たちはどうでしょう？　もちろん謙遜なところはあるのでしょうが、彼らは簡単だと思っています。彼らにどうやって言えばよいのでしょう、技術から抜け出す必要があるとか、とにかく謙遜を再発見する必要があると。コミュニケーションについてのあなたの定義は、わたしの定義と同様に、真摯な姿勢が前提となっています。

教　皇　どのメディアも、それぞれ危険なものをもってます。良いことをすることもできますが、障壁をつくる危険もあります。テクノロジーはコミュニケーションの媒介をするものです。でも、もしも媒介者がコミュニケーションの主役となってしまったら、コミュニケーションはなくなってしまいます。媒介者が命令し、独裁者となるのです。中毒を起こし、あとはそういうことに……

ヴォルトン　ただ、今のところ、そう言っている人は多くありません。とくにGoogle・Apple・Facebook・Amazon（GAFA）は口を閉ざしています。誰も何も言いません。なぜなら今のところ、これら議論すべき問題すべてについて、個々人は楽しみにふけるばかりで何も考えず、政治はといえば沈黙したままですから。

難しい質問です、アウシュヴィッツでは、神はどこにいるのですか？

教　皇　アウシュヴィッツでわたしは、神なき人間がどのようになるかを見ました。そして、エルサレムでショア[17]を追悼して話をしたとき、わたしは創世記の言葉から始めました、人間が罪を犯した後、神はアダムを探すのです、「アダムよ、どこにいるのか?」。むしろこう問いかけていると言えるでしょう、「人間はどこにいるのか?」と。人間は、アダムのように、カイン[18]のようにすることができます。「おまえはわたしが創造した人間ではない、わたしからあまりに遠ざかり、怪物となってしまった」。神なき人間には、そんなことができるのです。

わたしは質問を逆にしました。エルサレムのショア記念館でわたしが言ったことを読んでもらえば、たぶん、わたしの考えをもっとよく理解していただけるでしょう。そしてアウシュヴィッツでは、ただこう言いました。誰がこんなことをしたのか?　神の似姿であることを忘れた人間がしたのだ。

ヴォルトン　でも、歴史の流れを見れば、神と共に行われた虐殺が数多くあります。

教　皇　むしろ神の名において、と言うべきでしょう……

ヴォルトン　わかりました、でも、教会は数多くの虐殺を行いました、数多く……

教　皇　あなたに『ロランの歌[19]』の一節のことを話すべきでした。異教徒は洗礼と剣のいずれかを選べという一節です……

ヴォルトン　「これが神なき人間のすることです」とあなたは言われました。どうしたら無神論者が理解できるのでしょう?　理解できません。とはいっても、無神論者は、男性であれ女性であれ、信者と同じように知的で公正ですよ。

教　皇　いえ、いえ、わたしが言いたかったのは、単に、人間には何が可能なのかということです。まったく違うのです。あなたは問いかけ、経験することができます。あれは、人間がしたことです。だからよく考えてください。試してください。あれは、自分が神だと思った人間によってなされたことです。

ヴォルトン　金銭偶像崇拝と闘うためにはどうすればよいでしょう？　一つお考えを、怒りや直感でもかまいませんが。

教　皇　働くことですね。自分の手を使って働くのです。現実に密着した働き方をすることです。なぜなら、それが慣例になれば、金銭偶像崇拝はやむからです。金の流れに左右される液体状の経済が終わるのです。働くこと、現実に密着して働くこと、それが薬となります。

ヴォルトン　なぜあなたにとって、いつくしみというテーマがあれほど重要なのですか？　カトリック信者でないと、いつくしみという言葉は簡単には理解できません。

教　皇　でも、これは神の名前の一つですよ。聖書にも、わたしたちの関係にも、いつくしみがあります。異教世界では、たとえば異教的伝承では、残酷さがあり、悪意ある神がいます。聖書では、神はいつくしみとして啓示されています。もしもわたしが、個人として、神はいつくしみ深いということを受け入れなければ、わたしは信者ではありません。わたしは自分に見合った神をつくりあげていることになります。

ヴォルトン　なぜあなたは「ヨーロッパのキリスト教的ルーツ」という言葉があまり好きではないのですか？

教　皇　ヨーロッパにはキリスト教的ルーツがあるとは思いますが、それだけではありません。他にもルーツがあることを否定すべきではないのです。ではありますが、憲法に関する欧州連合文書に「キリスト教的ルーツ」を加えようとしなかったのは間違いだった、とわたしは思います。加盟諸国の政府も間違いを犯しました。あれは、現実を見ようとしない間違いでした。ヨーロッパは完全にキリスト教的であるべきだというわけではありません。でも、これは遺産なのです、文化遺産として受け継いだものなのです。

ヴォルトン　ええ、ユダヤ教やイスラムがありますからね、でも社会主義や自由思想もありますよ。複数の文化的ルーツがあるのです。一つしかないわけではありません。

フランスで二〇一六年七月二六日にアメル神父[20]が殺害された後、キリスト教徒とムスリムによる毅然とした連帯運動がありました。ムスリムの人たちがミサに来たのです。今のところ、キリスト教徒はあまりモスクには行っていません。この悲劇を契機として、宗教間対話を強化し、キリスト教徒がもっと容易にモスクに行くようにすることはできないのでしょうか？

教　皇　おっしゃるとおりです。キリストの民はモスクには行きませんでした。でも、一部のキリスト教指導者たちは行っています。わたしも行きました、アフリカのバンギで、アジアで、アゼルバイジャンで。でも、おっしゃるとおり、キリストの民はまだ行っていません……アフリカのある国々、共存が普通に穏やかに行われている国々では、それがあります。クリスマスには、ムスリムがキリスト教徒にプレゼントを贈り、ラマダンが終わるとキリスト教徒がムスリムにプレゼントを贈るのです。共存が行われているところには良い関係があります。問題は、イデオロギーが入り込んでくるときです。でも、あなたが最初に指摘されたことに戻りましょう。ムスリムの人たちは教会に行きましたが、キリスト教徒はまだモスクに行っていません。キリスト教徒はイスラムの祝日にはモスクに行って、ムスリムの人たちに敬意を表し、一緒に少し祈るべきでしょう。そうなるとよいですね。

ヴォルトン　ええ、というのも、今のところ世界では、原理主義者に対する闘いのせいで、イスラムはしばしば非難されていますから。ですから、彼らとわたしたちのあいだの絆をもっと強め、「橋」を架けねばならないでしょう。

教　皇　ええ、賛成です。わたしはそうしてきましたし、これからもそうします。賛成です。

ヴォルトン　イスラムとの宗教間対話の難しさは、一つには、この五〇年間、キリスト教とユダヤ教との対話が、イスラムとの対話と比べて多すぎたことにあるのではないでしょうか？

教　皇　いいえ、そうは思いません。ブエノスアイレスでは、わたしはユダヤ教徒やムスリムと一緒に食事をしていました……。

ヴォルトン　ブエノスアイレスではそうだったかもしれません。でも、ヨーロッパでは？　それに近東では？

教　皇　でも、ここではそうされていないのですか？　わたしにはわかりません。ブエノスアイレスではそうしていました。

ヴォルトン　中近東のキリスト教徒は、攻撃され虐殺されていますが、彼らはユダヤ教やイスラムと絆をつくることができないのでしょうか？

教　皇　もっとできるでしょう。橋づくりが始まっていますから。ある司祭たちは実際に橋づくりを始めています。目下のところ、中近東でこの作業に最も適したところはヨルダンです。なぜなら、ヨルダンはイスラムの国ですが、ユダヤ人ともキリスト教徒とも良い関係をもっているからです。ヨルダン国王は彼らのすぐそばに寄り添うことができる方です。

ヴォルトン　教会は、この三〇年から四〇年のあいだ、中近東のキリスト教徒を十分に支えてきたのでしょうか？

教　皇　聖座は彼らを大いに助けてきました。彼らのすぐそばに寄り添っていました。

ヴォルトン　ええ。でもヨーロッパは？

教　皇　ヨーロッパのことはわかりません。

ヴォルトン　西欧世界は？

教　皇　そこでの問題は、行き過ぎることです。わたしは今もって湾岸戦争がどうもよく理解できません。なぜなら、西欧世界は民主主義モデルを、別のモデルをもっていた国に輸出しようとしたからです、「それは民主主義ではない、独裁制だ」と言って。でもそれは、合意システムの上に成り立っていた独裁制でした、そういう形でしか統治することができない「部族」社会だったからです。リビアも同じです、カダフィは聖アウグスティヌス[21]ではありませんでしたが。いま、リビア人はこう思っていますよ、「なぜ西欧諸国はわれわれのところに、民主主義はどうあるべきかなんて言いに来たんだ。以前はカダフィは一人だけだったのに、今じゃカダフィが五〇人もいる」。中東問題の責任は、自分たちの考えを植え付けようとした西欧諸国にあります。

ヴォルトン　確かに。残念ですが、同意せざるを得ません。あなたが使っておられる四つの言葉があります、ムスリムとの兄弟愛をもっと深めること、互いにもっと寛容であること、もっと政教分離を進めること、共にヒューマニズムを追求すること、です。兄弟愛、寛容、政教分離、ヒューマニズムというこの四つの言葉を、あなたはどういう順番に並べますか？

教　皇　この四つの言葉には含みをもたせる必要があります。四つとも同じことを求めているのです、取り組み方は違っていても、目的は同じです。

ヴォルトン　「政教分離《ライシテ》」という言葉を取り上げますが、教会はとくに、政教分離のモデルが必要だと言うことはできないのでしょうか？　つまり、すべての宗教の尊重、相互の寛容、そして政治と宗教の分離ということですが。

教　皇　ええ、そのことはすでに言いました。国家は非宗教的《ライック》[22]なものです。それは何を意味するのでしょう？　すべての価値に対して開かれていること、そしてその価値の一つが超越性です。国家が超越性に対して開かれているなら、すべての宗教に対して開かれています。わたしが好きではない言葉は「寛容」です。なぜなら、寛容というのは、何かを我慢すること、気に入らないけれども我慢して受け入れる、ということだからです。寛容は時代遅れの言葉です［フランス語］。

ヴォルトン　ああ、では「平等」とおっしゃりたいのですね、「寛容」ではなく。

教　皇　ええ、平等です。皆、平等です。なぜなら寛容とは、わたしは十字架を身につけていますが、別の人の十字架を容認する[23]ということです。わたしは宗教的な意味をもつ十字架を身につけていますが、その人の十字架を容認するわけです……語源を参照すると、「容認する」とは、あるべきではないようなものを許容する、という意味です。実際には、それは平等・同等なものなのですが。政教分離《ライシテ》とは、非宗教的《ライック》な国家のことです。それはすべての価値に対して開かれているということを意味します。その価値の一つが超越性です。ですからわたしは少し後戻りします。国家は宗教をサブカルチャーと見なしてはなりません。なぜなら、そうすることでもって、超越性を否定しているからです。「健全な政教分離《ライシテ》」の国家は、超越性を認めます。ある女性はキリスト像のついた十字架を身につけ、別の女性はベールをかぶる……でも、それぞれが「寛容」ではなく敬意をもって、それぞれの仕方で超越性を表現しているのです。敬意をもつことによって。権利の平等によってです。

ヴォルトン　つまりあなたは「平等」「兄弟愛」「ヒューマニズム」そして「政教分離・非宗教性《ライシテ》」という言葉の方がお好きだということですね。

教　皇　国家の非宗教性《ライシテ》です。なぜなら、間違って理解された政教分離・非宗教性《ライシテ》があるからです。

それは、宗教の可能性を否定するのが政教分離《ライシテ》であるという考え方からきています。非宗教的《ライック》とはどういう意味でしょう？　「健全な政教分離《ライシテ》」という意味です。わたしは「健全な政教分離《ライシテ》」という言葉が好きです。それぞれの文化に従って、超越性に向かう表現を可能にする政教分離《ライシテ》が。

ヴォルトン　それは斬新ですね、理論的・政治的立場としては。たぶん、もっと言うべきでしょうね。実際に、文化的・宗教的対立がますますひどくなりそうで、それが国家を巻き込んで、政教分離《ライシテ》が危うくなることも……

教　皇　でも、それは *Gaudium et Spes* (24) で言われていたことですよ……

ヴォルトン　もう五〇年以上前のことでしょう？　誰が読むのですか？　残念ですが、ごくわずかな人しか読みませんよ。それに状況が変わっています。今日では、対立は、文化・宗教・政治を巻き込んで、激しくなる一方です。教会は、フランスでは戦闘的政教分離《ライシテ》と対決させられてきましたが、――あなたの言葉を使わせていただきますが――「健全な政教分離《ライシテ》」もあり得るのだ、それが国家と宗教とのあいだにもっと平和的な関係をつくりだすことができるのだと、もしも教会が自分から言ったなら、それは進歩となりますよ。

教　皇　確かにもっとよく理解してもらう必要があると思います。賛成です。

ヴォルトン　この五〇年間、とくに原理主義のせいで、文化的・宗教的対立はさらに激しくなっています。

誰も、五〇年前には、宗教が今日のように戦争の要因になるなどとは思ってもいませんでした。

教　皇　でもこれは、そんなに新しいことではありませんよ。宗教戦争があったではありませんか[25]……

ヴォルトン　もちろんそうですが、わたしが言いたいのは、それが原理主義のせいでまた始まったということです。そしてとくに、とくにですよ、人類の歴史上初めて、情報革命のおかげで、すべての人が同時的に情報を得ているのです！

教　皇　ええ、危機があります、危機が増大しています。危機が、危機の時があります。それは危機として扱わねばなりません。危機があったときに講じるべき措置を講じることです。宗教的原理主義から生じる暴力の危機がありますが、それは新しいものではありません。昔からずっと存在していましたが、いまではもっとはっきりと現れています。他にもあります。コミュニケーションがほとんどリアルタイムに行われるようになったため、かつては見えなかったものが見えるようになっているのです。教会は、この危機に対して、自らの立場を繰り返し強調しなければなりません。その意味で、わたしはあなたに賛成します。

ヴォルトン　ええ、議論の対象になるかもしれませんが、そうすれば、教会の立場をもっとよく知ってもらえるでしょうから。

教　皇　ええ。宗教戦争に関して言えば、歴史的に見て、わたしにはそれが、神に対する熱意から、神への愛から、あらゆる冒瀆から神を守るために行われたものだとは思えないのです。まさに神は、政治的な目的のために、権力を得るために利用されたのです……宗教戦争の犠牲者は、いつだって神なのです。「神を事物化する」のです。神を物にしてしまうのです。神の事物化なのです。

ヴォルトン　同感です。イスラムについても同じですね。今日のジハード戦士はイスラムに対して神を利用しています。

ワールドユースデーについてですが、それがもたらす資産をどうすることができるのでしょう？　ワールドユースデーは身体的コミュニケーションの経験でもありますから。人と人とが出会い、共に同じ時を生きるのです。ワールドユースデーといつくしみの聖年とはどんな関係があるのでしょう？

教　皇　あのワールドユースデーで、わたしは新しいものを見ました。わたしにとっては新しい――たぶん、それ以前にすでにあったのかもしれませんが――わたしが見たのはあれが最初でした。中心となるワールドユースデーがありました、ポーランドの他の町でもカテキズムのグループによって準備されていたワールドユースデーも含めてです。それからわたしは、ある国々で、たとえばキューバで、その国のワールドユースデーが開催されたのを見たのです。なぜでしょう？　なぜなら、大勢の若者たちがクラクフに行くことができなかったからです。それで彼らは自分たちの国で何かをしようと決めました。他の国々も同じことを、「小ワールドユースデー」をしました。そしてこれは、とても重要なことです。これは潜在的な力を表しています。

ヴォルトン　ワールドユースデーの脱中央集権ですか？

教　皇　いいえ、これからも前と同じようにします。でも、場所を増やすのです。若者たちが行けないところがあります、行くための金がないからです。

ヴォルトン　「いつくしみの特別聖年のために信者がローマに来なくても、わたしはかまいません、別のところでいつくしみの特別聖年をしてくれる方がよいのです」とおっしゃったときと同じことですね？

教　皇　ええ、でもちょっとした違いがあります。ここ、バチカンが、ものごとを企画します。でも、中心となるワールドユースデーは、バチカンでのいつくしみの特別聖年よりも、たぶんもっと重要で、もっと力強いでしょう。それが違いです。脱中央集権は、わたしが『福音の喜び』の中で示した基準の一つです。教会は健全な脱中央集権を必要としています。若者たちと共に何をするか？　彼らを導きながら、その後について行くのです。彼らの成長に共に寄り添うのです。そうやってたくさん若者たちが結婚しました。そこで知り合い、「チャット」を続け、そして婚約し、そして——今時の若者のことですから——一緒に住むようになり、そしてついに結婚したというわけです。

ヴォルトン　あなたは大勢の若者たちを呼び集め、自ら進んで関わるよう激励されましたね。(26)「自ら進んで関わりなさい、進んで関わるのです！」と言って。「幸せを安楽椅子と取り違えてはいけません」とも言われましたね。まったくあなたはたいしたコミュニケーターです……あなたは若者たちに、「難民はわたしたちの兄弟です、キリスト信者は誰も排除しません」とも言われました。またクラクフでは、「早期退職者になってはいけません！」とも。ヨハネ・パウロ二世は若者に「福音を宣べ伝えなさい」と言いました。ベネディクト十六世は「自己の内面性を再発見しなさい」と言いました。そしてあなたは「自ら進んで関わりなさい」と言われます。自ら進んで関わることと福音宣教とのあいだに、いったいどんな関係があるのですか？

教　皇　自ら進んで関わることは、最も人間的な要素です。福音宣教するための原動力ですよ。

ヴォルトン　まずそれが先ということですね。

教　皇　自ら進んで関わることは、価値観によっても、生活スタイルによってもです。

ヴォルトン　わかりました、でもそれは、必ずしも政治に関わることではありませんね？

教　皇　いや、そうかもしれませんよ。

ヴォルトン　自ら進んで関わることは、福音宣教の前提条件だというわけですね？

教　皇　政治はたぶん、最大の愛徳行為の一つでしょう。なぜなら、政治をするということは人々を担うことだからです。プラトンの対話の一つで、良い政治と悪い政治のことが問題にされていますが、当時は悪い政治家たちがいました。ソフィストです。プラトンは『ゴルギアス』の中で、ソフィストのことをこう言っています。「言葉、弁舌……」

ヴォルトン　デマゴギーですか……

教　皇　いいえ、プラトンはそんな軽蔑的な言葉は使いません。「言葉、弁舌と政治との関係は、化粧と健康との関係に等しい」です。そのとおりです。「ぺちゃくちゃぺちゃくちゃ」言うだけであとはドアを閉めて別のことをする、真の政治はそんなものではありません。悪い政治についてわたしがこれまで聞いた最高の定義は、こうです。「八人か九人の政治家が集まった。それぞれが見解を異にしていたが、ある一つの合意を目指していた。何時間も議論した末に、彼らはその合意にたどり着いた。しかし、合意に署名するとき、何人かはすでにこっそりと、それとは別のことを決めつつあった……」

二〇一六年七月二八日、ポーランド、クラクフ、第三一回ワールドユースデー・クラクフ大会（二〇一六年七月二七日～三一日）、世界各地から集まった若者たちによる教皇の歓迎式での演説

親愛なる若者の皆さん、こんにちは。

やっと会うことができましたね。熱烈な歓迎、ありがとうございます！　ジヴィーシュ枢機卿と司教、司祭、修道者、神学生、一般信徒の皆さん、そして付き添ってくださった皆さんに感謝いたします。今日、こうしてここに、わたしたちが集まることができるようにしてくださった方々、わたしたちが信仰をたたえることができるよう力を尽くしてくださった方々に感謝申し上げます。

その生まれ故郷であるこの地において、聖ヨハネ・パウロ二世に特別に感謝したいと思います。ヨハネ・パウロ二世はこの集会を夢に見て、それを実現させました。天からわたしたちに寄り添い、見守っておられることでしょう、さまざまな民族・文化・言語に属する若者たちが、これほど大勢で、イエスがわたしたちの中に生きておられることを祝うというたった一つの目的のために集まっているのを。（…）

皆さんが使命にかける情熱を知っていますから、わたしはあえて繰り返し言います、「いつくしみのみ顔はいつも若い」と。というのも、いつくしみ深い心は、安楽を捨てる勇気をもっているか

らです。いつくしみ深い心は、人々に会いに行くことができます、皆を抱きしめるところまで行くのです。いつくしみ深い心は、家をもったことがない人、家をなくした人の避難所となることができます、移住せざるを得なかった人のために家や家族の雰囲気をつくりだすことができるのです、優しさと同情をもつことができるのです。いつくしみ深い心は、飢えた人とパンを分け合うことができます、いつくしみ深い心は、難民や移住者を受け入れるために、心を開くことができるのです。皆さんと共にいつくしみについて語ることは、好機について語ること、明日について、自ら進んで関わることについて、信頼について、心を開くことについて、もてなしについて、同情について語ること、夢を語ることです。

この何年かのあいだにわたしが知ったあることを、皆さんに告白したいと思います。「早期退職者」のような様子をした若者と出会うとき、わたしは心が痛みます。勝負を始める前に「タオルを投げ」てしまった若者を見ると、心配になるのです。この人たちは、ゲームを始めないうちに「あきらめて」いるのです。暗い顔をして歩いているのです、まるで自分の人生にはなんの価値もないとでもいうかのように。心底うんざりしている若者たちです……そして、人をうんざりさせる若者たちです。「スリル」や興奮を追い求めて人生を浪費している若者たちを見るのもつらいことですが、知らぬ顔をしてはいられないことでもあります。彼らは薄暗い道を通って行くことで生きているという実感を得ようとするのですが、ついにはその「付けを支払う」ことになります……それも高い付けを。偽りの幻想を売る者たち（わたしが生まれた国では「煙売り」と言います）、皆さんがもっている最良のものを盗み取る者たちを追いかけて、青春時代を、若いエネルギーを無駄にする若者を見たりすると、考えさせられます。

ですから、皆さん、わたしたちは互いに助け合うために集まっているのです。というのも、わたしたちは自分がもっている最良のものを盗み取られたくないからです、わたしたちのエネルギー、喜び、夢を、偽りの幻想と引き換えに盗み取られたくないからです。

皆さんに質問します。自分の人生と引き換えに、人を奴隷にするあの「スリル」がほしいですか？　それとも、自分の人生を豊かに生きているのだと感じさせてくれる力がほしいですか？　人を奴隷にするスリルですか？　それとも恵みの力ですか？（…）

このワールドユースデーのあいだ、イエスはわたしたちの家の中に入りたいと思っています。イエスはご覧になるでしょう、マルタがしていたように、わたしたちが気をつかい、せわしなく働いているのを……そしてイエスは、わたしたちがマリアのように耳を傾けるのを待っておられるのです。[27]　さまざまな仕事の中にあっても、わたしたちが勇気をもってイエスに身を委ねるのを待っておられるのです。この日々が、イエスの言葉に耳を傾ける日々となりますように、わたしたちが互いの言葉に耳を傾け合い、家・道・グループ・学校を共にしている人々のうちに、イエスを受け入れる日々となりますように。

そして、イエスを迎え入れる人は、イエスのように愛することを学びます。ところで、イエスはわたしたちに、充実した人生がほしいか、とたずねています。充実した人生がほしいですか？　それなら、まず感動することから始めましょう！　というのも、幸せはいつくしみの中に芽生え、花開くからです。これがイエスの答えです、イエスの招き、挑戦、冒険、つまりいつくしみです。いつくしみのみ顔はいつも若いのです、ベタニアのマリアの顔のように、マリアは弟子としてイエスの足下に座り、イエスの言葉に喜んで耳を傾けています、そこに平和があると知っているからです。いつくしみのみ顔は、ナザレのマリアのみ顔のようです。マリアはいつくしみの冒険に「はい」と言って飛び込み、後の世のすべての人から幸いな者と言われ[28]、わたしたち皆からは「いつくしみの母」と呼ばれているのです。

さあ、いまから皆で一緒に、主に頼みましょう、わたしたちをいつくしみの冒険に飛び込ませてくださいと！　橋を架け、壁を（人を分け隔てる壁であれネットワークの壁であれ）倒す冒険に飛び込ませてください。貧しい人、見捨てられ一人ぼっちだと感じている人、人生の意味を見いだせずにいる人を助ける冒険に飛び込ませてください。ベタニアのマリアのように、わたしたちが耳を傾けることができるようにしてください、わたしたちが理解できずにいる人たちの言葉に、別の文化・別の国から来た人たちの言葉に、そして、わたしたちが恐れている人たち——危害を加えられるかもしれないと思って恐れている人たち——の言葉にも、耳を傾けることができるようにしてください。ナザレのマリアがエリザベトを訪問したように[29]、わたしたちが高齢者に目を向けて、その知恵から学ぶことができますように。（…）

二〇一六年七月三〇日、ポーランド、クラクフ、第三一回ワールドユースデー・クラクフ大会、クラクフ郊外の「いつくしみの平原」で行われた閉会前夜の祈りに際しての演説

親愛なる若者の皆さん。

（…）わたしたちは望んではいません、憎しみに勝つためにさらなる憎しみで立ち向かうことを、暴力に勝つためにさらなる暴力で立ち向かうこと、恐怖に勝つためにさらなる恐怖で立ち向かうことを、わたしたちは望んではいません。戦争状態にあるこの世界に対するわたしたちの答えを言うなら、それは兄弟愛です、兄弟としての絆です、交わりです、家族です。わたしたちは、さまざまな文化圏からやって来たことを祝い、一つになって祈っています。わたしたちの最善の言葉、最善のスピーチが、わたしたちを祈りにおいて一つにしてくれますように。（…）

わたしたちが祈っているあいだに、聖霊降臨の日の使徒たちのこと(30)が頭に浮かんできました。そのときの場面を想像することによって、わたしたちは理解できるようになるでしょう、神がわたしたちの人生において、わたしたちのうちに、わたしたちと共に実現しようと思っておられることすべてを。その日、弟子たちは、怖くて家の中に閉じこもっていました。彼らはおびえていました、まわりから迫害され、小さな部屋から出られず、動くこともできず、麻痺状態に陥っていまし

た。恐怖にとらえられていたのです。そうした状況の中で、目を見張るようなことが、壮大なことが起こりました。聖霊が炎のような舌となって分かれ分かれに現れ、一人ひとりの上にとどまったのです。そして彼らを、想像すらしたこともないような冒険に駆り立てたのでした。恐れは人を閉じこもらせます。(…)

恐れと不安は、家から外に出ても親しい人にはもう会えないと思うところから生まれます、自分は評価されても愛されてもいないという恐れ、チャンスはもうないという恐れです。[31] 彼らは、弟子たちと同じような経験をしたことを、わたしたちに伝えてくれました。恐れは人を閉じこもらせることを経験したのです。恐れて閉じこもっているときには、恐れの「双子の姉妹」である麻痺が必ず一緒にいます。この世界には、自分たちの町、自分たちのコミュニティーには、大きく成長するための場所、夢を見るための、創造するための、将来を展望するための、つまりは生きるための場所はもうないと感じることは、人生においてわたしたちをおそう最悪の苦しみの一つです。麻痺状態に陥ると、わたしたちは出会いや友情の楽しさを味わえなくなってしまいます、一緒に夢を見ること、人と一緒に歩むことの楽しさを味わえなくなってしまいます。わたしたちは「植物状態になる」ためにこの世に生まれてきたのではありません。

人生にはもっと危険な麻痺があります、確認するのが難しく、大変苦労しなければ認められない麻痺があるのです。わたしはそれを、幸せを安楽椅子と取り違えるときに生じる麻痺と呼んでいます！　そうです、幸せになるためには上等の安楽椅子が必要だと思うことです。なんの心配もなく、安心してゆっくりくつろげる安楽椅子、今では最新型もいろいろあって、マッサージ機能付きとかそのまま眠れるようになっているものまであります、何時間もゆったりとすることができて、ビデオゲームの世界にのめりこみ、何時間もコンピュータに向かっていられるような安楽椅子です。どんな苦痛や不安からも守ってくれる安楽椅子、苦労することも心配することもなく家に閉じこもっていられる安楽椅子です。

(…)まさにここに、大きな麻痺があります、幸せとは安楽な生活のことだと思い始めるとき、幸せであるということは眠ったままとか麻薬中毒の状態で人生を歩むことだと思い始めるとき、幸せになるための唯一の方法は頭がぼんやりした状態でいることだと思い始めるとき、大きな麻痺があります。麻薬がからだに悪いのは確かですが、社会的に受け入れられている麻薬は他にもたくさんあって、どの麻薬も最後にはわたしたちを奴隷としてしまうのです。どの麻薬もわたしたちから、わたしたちの最大の善を、自由を奪うのです。

皆さん、イエスは危険を恐れぬ主です、常に「彼方」へと向かう主です。イエスは安楽の主ではありません、安全、快適の主ではありません。イエスに従うためには、一定の勇気が必要です、心を決めて安楽椅子を離れ、靴をはき、一度も思い描いたことがない道を、想像すらしなかった道を歩き始めるのです、新たな地平を開いてくれる道を、喜びを伝え広めることができる道を、神への愛から生まれるあの喜び、いつくしみの動作や態度が心に残すあの喜びを伝え広めることができる道を、歩き始めるのです。道を行くのです、わたしたちの神の「愚かさ(32)」に従って。神はわたししたちに教えてくださいました、飢えている人、渇いている人、裸の人、病気の人、困っている友、牢にいる人、難民、移民、一人ぼっちの隣人のうちに神と出会うことができると……(33)(…)

皆さん、これが秘密です、わたしたちはこれを試してみるよう招かれています。神はあなたに何かを期待しています、神はあなたに何かを望んでいます、神はあなたを待っています。神はわたしたちの閉じこもりを破りに来ます、わたしたちの人生の、わたしたちのビジョンの、わたしたちの視線の扉を開けに来ます。神はあなたを閉じ込めているものすべてを開けに来ます。夢を見るようにとあなたを招いています、あなた次第で世界は変わり得ることをあなたに見せたいのです。そういうことです。あなたが自分のもっている最善のものを注ぎ込まなければ、世界は変わらないでしょう。

わたしたちがいま生きている時代は、安楽椅子の若者を必要としていません、靴をはいている若者を必要としているのです、スパイクシューズをはいているならもっと良いでしょうね。今日の世界は皆さんが歴史の主役になることを求めています、なぜなら人生は素晴らしいからです、わたしたちが人生を生きようと望むなら、わたしたちが人生に跡を残そうと望むなら、人生は素晴らしいものとなるのです。(…)

だから、皆さん、今日、イエスはあなたを招いているのです、あなたの跡を人生に残すよう呼びかけているのです、歴史に印す跡を、あなたの歴史に、多くの人々の歴史に印す跡を残すようにと。

(…)

注

（1）〔訳注〕ラテラン教会――ローマ司教（つまり教皇）の司教座教会。ミラノ勅令（三一三年）によってキリスト教が公認された後、三二四年にローマで最初に「公に」献堂された教会でもあり、「ローマおよび全世界のすべての教会の母であり頭《かしら》」と呼ばれている。フランスとも関わりがあって、アンリ四世Henri IV（フランス王、一五五三～一六一〇、在位一五八九～一六一〇）以来、歴代フランス国王はラテラン教会名誉参事会員の称号を得ていた。その伝統を受け継ぐ形で、今日ではフランス大統領（国家元首）にこの称号が贈られている。

（2）〔訳注〕ヴィンコリは「鎖」のこと。ペトロがエルサレムで投獄されていたときつながれていた鎖（使徒言行録12・6－7参照）が五世紀にローマにもたらされ、それを聖遺物として収めるために建てられたので、この名前がついた。

（3）〔訳注〕朝課（ラテン語matutinum、フランス語matines）――カトリックの聖務日課（司祭や修道者が一日を時間割にして唱えるラテン語の祈り）の最初の祈りで、夜明け前に唱えられてきたが、第二バチカン公会議の典礼改革によって「一日のどの時刻にでも唱えることができるよう」（『典礼憲章』89－c）になり、名称も「読書」（ラテン語officium lectionis、フランス語office de lectures）となった。また聖務日課そのものも、司祭・修道者だけでなく、すべての信者のための祈りとするよう改められ、祈りの言葉もラテン語から各言語に翻訳されている。なお日本語版の聖務日課は「教会の祈り　新しい聖務日課」としてカトリック中央協議会から出版されている。

（4）〔訳注〕霊操《れいそう》――イエズス会創立者イグナチオ・デ・ロヨラが、自分の霊的な体験をふまえ、霊的な修行の方法を記した本の名前、またその方法に基づいて行われる霊的訓練のことで、イエズス会の霊性の基盤。なお、身体を鍛えることを目的とする訓練を「体操」と呼ぶのに対して、霊魂を鍛えることを目的とする訓練という意味で「霊操」という言葉が使われている。

（5）〔訳注〕ここでフランシスコ教皇が言おうとしていることを理解する鍵は『福音の喜び』第三章「福音の告

知」、とくに「I」のタイトル「福音を伝えるのは神の民全体である」という言葉にある。イエス・キリストは確かに「救い主」であるが、イエスによる救いを告げ知らせるのは、つまり「福音を伝えるのは神の民全体である」ということだ。「福音宣教は教会の務めです。福音宣教の主体である教会は、組織的・位階的な機構以上のものです。なぜなら、何よりも神に向かって旅する民だからです」(111)。「神は人々を個々としてではなく、民として呼び集めることをお選びになりました。一人で――つまり別々の個人で、または自分の力で――救われる人はいません。神は、人間の共同生活に伴う複雑な人間関係をよく考えるようにと、わたしたちを招き入れます。神が呼び集められたこの民が教会です」(113)。これらの言葉をふまえるなら、フランシスコ教皇がヴォルトンに対して「それはイエスの民においてのことです。神の聖なる民としての、教会の民においてです」と強調している意味も理解できるだろう。

(6)〔訳注〕ペドロ・アルペ Pedro Arrupe(一九〇七～一九九一)、イエズス会第二八代総長(一九六五～一九八三)。スペイン出身。マドリード大学・医学部で学ぶ。一九二七年イエズス会に入会。一九三六年司祭叙階。一九三八年、宣教師として来日。一九四二年より広島の長束修練院の修練長となり、一九四五年に同地で原爆を体験。そのとき、医学の知識を生かし、被爆者の救援・介護に尽くした。日本管区初代管区長(一九五八～一九六五)。

(7)〔訳注〕実際には二〇一九年に開催される。

(8)〔訳注〕コノ・スール――スペイン語 Cono Sur(フランス語では Cône sud)。南アメリカ大陸の、南回帰線よりも南の地域を指す。国としてはアルゼンチン、チリ、ウルグアイが、部分的にはブラジル南部も含まれる。ヨーロッパ系、とくにスペイン、ポルトガル、イタリア、ドイツ系の人々の割合がきわめて高く、ヨーロッパ文化の影響が色濃く感じられる地域で、とくにアルゼンチンがそうである。

(9)〔原注〕「神の僕《しもべ》たちの僕」。この古くからの称号は、最後の晩餐のときキリストがペトロの足を洗った際に語った言葉を間接的にふまえたものである。パウロ六世教皇が好んで使った称号でもあり、第二バチカン公会議の後、パウロ六世はこれを教皇の公式の称号リストに付け加えた。――〔訳注〕最後の晩餐のとき、イエスは弟子たち一人ひとりの足を洗い(足を洗うのは僕《しもべ》、奴隷がすることだった)、その後でこう言っている、「わたしがあなたがたにしたことが分かるか。あなたがたは、わたしを『先生』とか『主《しゅ》』とか呼ぶ。そのように言うのは正しい。ところで、主であり、師であるわたしがあなたがたの足を洗ったのだから、あなたがたも互いに足を洗い合わなければならない。わたしがあなたがたにしたとおりに、あなたがたもするようにと、模範を示したのである」（ヨハネ13・12－15）。なお、イエスが別のところで弟子たちに言った次の言葉も思い出しておきたい、「あなたがたの中で偉くなりたい者は、皆に仕える者になり、いちばん上になりたい者は、皆の僕になりなさい」（マタイ20・26－27）。マルコ9・35、10・43－44、ルカ22・26－27も参照。

（10）［訳注］英語の globalization / globalisation は globe（球体・地球）の形容詞形 global（球形・球状の、広域の、世界的な、地球的な、全体的・包括的な）からきている。フランス語でも globe は「球体、地球」を意味するが、global は「全体的、包括的」と意味が限定され、globalisation はそもそも「全体化、包括化」の意味で使われていた。後になって「グローバル化、グローバリゼーション」の意味でも使われるようになったが、フランスでは monde（世界）の形容詞形 mondial（世界の、世界的な）からきている mondialisation を普通は使う。つまり、英語 globalization が「地球化、球状化」というニュアンスがあるのに対して、フランス語 mondialisation は「世界化」というニュアンスをもつ。

（11）［訳注］マタイ6・7－8参照。

（12）［訳注］ペルソナ――ラテン語 persona（フランス語 personne、イタリア語 persona、スペイン語 persona、英語 person）。キリスト教の神学用語としては「位格」と訳す。神は、実体として一つであり、かつ、位格としては「父なる神」「子なる神（＝イエス・キリスト）」「聖霊なる神」の三位（＝三つの位格《ペルソナ》）であるというのが「三位一体」の神秘であり、キリスト教の教義の基本である。ただ、フランス語 personne は（イタリア語・スペイン語・英語でも）、普通は「（一人の）人、個人、人格」などの意味で使う言葉で、その形容詞形が personnel ペルソネル（イタリア語 personale、スペイン語 personal、英語 personal パーソナル）である。フランシスコ教皇は神学的な意味と日常的な意味の両方を含めながらこれらの言葉を使っている。

（13）［訳注］カステル・ガンドルフォ（ガンドルフォ城）――ローマ教皇の避暑用の山荘だったが、教皇山荘としての役割は二〇一六年秋で終わりとなり、博物館として一般公開されるようになった。

(14)〔訳注〕団体性 collégialité――カトリック教会においてはこの言葉は、司教団は、教皇との一致のうちに、教皇の同意のもとに、教会の上に完全・最高の権能を有する、という原則を示すものとして使われる。第二バチカン公会議文書「教会憲章」22「司教団とその頭《かしら》」および『カトリック教会のカテキズム』880〜887参照。

(15)〔原注〕ルートヴィヒ・フォン・パストール Ludwig von Pastor(一八五四〜一九二八)、オーストリアの歴史家・外交官で、『中世末期以降の教皇たちの歴史』の著者。――〔訳注〕この大著の仏訳版がこのあと紹介されているが省略した。なお、ドイツ語原著の題名は *Geschichte der Päpste seit dem Ausgang des Mittelalters* である。

(16)〔訳注〕十字架の聖ヨハネ San Juan de la Cruz(一五四二〜一五九一)――スペイン・カルメル会司祭、神秘思想家。カルメル会の改革に取り組むが、何度も無理解・誹謗・中傷・迫害を経験した。一五七七年には不当な告発によって捕らえられ、六か月間軟禁され、身体的・精神的なはずかしめと脅迫を受けた。『霊的賛歌』『暗夜』『カルメル山登攀』など優れた霊的著作を残す。

(17)〔訳注〕ショア Shoah――ナチスによるユダヤ人大量虐殺のこと。ホロコーストとも言われる。

(18)〔訳注〕カイン――アダムとエバの最初の子で、弟アベルを殺した。創世記4章参照。

(19)〔訳注〕『ロランの歌』――一一世紀に成立したフランス最古の武勲詩(英雄の武勲をたたえる叙事詩)。

(20)〔原注〕ジャック・アメル Jacques Hamel(一九三〇〜二〇一六)、ルーアン大司教区司祭。二〇一六年七月二六日、サン・テチエンヌ・デュ・ルーヴレーのサン・テチエンヌ教会でミサをあげていたとき、二人のイスラム過激派テロリストが侵入し、アメル神父を殺害した。

(21)〔訳注〕アウグスティヌス Augustinus(三五四〜四三〇)――西方キリスト教会最大の教父で、正統教義の確立に貢献した。『告白』『三位一体論』『神の国』などの著作で有名。

(22)〔訳注〕ライック laïc / laïque――「(聖職者でない)一般信徒の、非宗教的な、世俗的な、(政治や教育などが)宗教から独立した」を意味する形容詞。その名詞形がライシテ laïcité で、政治的には「政教分離」「宗教から独立していること」を意味するが、「(聖職者でなく)一般信徒であること・非宗教性・世俗性」という意味でも使われる。

(23)〔訳注〕動詞「容認する」tolérer の名詞形が「寛容」tolérance。

（24）［原注］*Gaudium et Spes*（喜びと希望）は第二バチカン公会議の主要文書の一つ（一九六五年）——［訳注］日本では「現代世界憲章」と呼ばれている。第二バチカン公会議の文書の中でも最重要文書の一つで、「時のしるしを吟味し、福音の光のもとにそれを解明するという教会の義務を明らかにし、教理的原則に基づいて、世界と現代人に対する教会の態度を示し」たもの（カトリック中央協議会サイト https://www.cbcj.catholic.jp/publish/gendai/）。

（25）［訳注］一六世紀から一七世紀にかけてヨーロッパ各地で宗教戦争が起こった。そのことを示唆していると思われる。

（26）［訳注］自ら進んで関わる——フランス語原文は engagement（動詞は s'engager）で、ここでは「自分の確信に従って選択した、社会的・政治的・宗教的もしくは知的活動に、積極的に参加する・関わること」の意味で使われている。

（27）［訳注］マルタとマリア、ルカ10・38－42参照。

（28）［訳注］ルカ1・48参照。

（29）［訳注］ルカ1・39以降参照。

（30）［訳注］使徒言行録2章参照。

（31）［訳注］彼ら——教皇の演説の前に、自分たちのつらい経験を証言した三人の若者のこと。

（32）［訳注］神の「愚かさ」——パウロが「コリントの信徒への手紙　一」で使っている言葉。一コリント1・18－25参照。

（33）［訳注］マタイ25・31－46参照。

7

「伝統とは動くものです」

二〇一六年八月。ローマは暑さにあえいでいる。人も少ない。すべてがじっとしたまま、動かない。道はわかっている。歩いてバチカンに入り、サン・ピエトロ広場を迂回して、検問所を通り抜ける。中庭を横切る。朝の静けさの中、キジバトの鳴き声を聞く。目がくらむような時間と空間。サン・ピエトロ大聖堂はいつもなんとまっすぐなことか、そしていつも少し他所《よそ》にあるようだ。対話とコミュニケーションの奇跡がまた始まる、ごく自然に。平凡さと治外法権……話が伝統と現代性との関係、グローバリゼーション、新たな福音宣教に関わるだけに、なおさら気になる。明日の霊性を、エキュメニズムを、宗教間対話をどう考えればよいか？やりとりは、すべてが穏やかで、誠実で、しばしば陽気に見える、けれども、どうやって理解し合えるのだろう、わたしたちのあいだには、ありとあらゆる種類の、大きな隔たりがあるのに。人間的コミュニケーションの奇跡。すべてが、あるいはほとんどすべてが、可能なように見える。けれども、わたしはすでに知っている、このやりとり、この出会い・対話には限りがあり、いつか終わりが来ると。わたしは、彼の歴史をあらゆる次元で理解するために、いろいろと読み、研究した。この奇跡的な出会いにおいて、問題はすべて、対話のレベルを設定し、それを維持することができるか否かにかかっている。双方から話が付け加えられることはあるが、どちらの側からも前もってきっちり予定を決めておくことはない。

＊　＊　＊

フランシスコ教皇　何よりもまず、伝統とは何かを定義したいと思います。伝統とは、銀行の休眠口座ではありません。伝統とは、途上にある教義、前進している教義です。

それに、あなたたちフランス人がすてきなことを言っていますよ、五世紀に。フランスの修道者で神学者のヴァンサン・ド・レラン(1)の言葉です、彼は「伝統は動いている」と言っています。どういうことでしょう？　彼はラテン語でこう言っています。« Ut annis scilicet consolidetur, dilatetur tempore, sublimetur aetate »(2)――伝統は進んでいく、でもどんなふうにしてでしょう？　年月と共に固められ、時間と共に成長し、時代と共に純化される、というふうにです。伝統の基準は変わりません、本質は変わりません、でも、成長し、進化するのです。

たとえば、死刑について考えてみましょう。中世においては、司教たちが死刑を宣告していました。今日では、教会は、死刑は道徳に反すると、多かれ少なかれ言っています――それに、この点についてはカテキズムを変えるための作業をしています。伝統が変わったということでしょうか？　いいえ、意識が変わったのです、道徳に関する意識が進歩したのです。奴隷制についても同じことが言えます。奴隷はいます(3)、でも、それは道徳に反することです。反対に、聖ペドロ・クラベール(4)がコロンビアで奴隷たちに寄り添っていたとき、彼は叱責されました、奴隷たちに霊魂があるのかどうか疑う人たちがいたからです。ダイナミックな伝統においては、本質はそのままで変わりません、でも成長するのです。成長してより明確なものとなり、理解が深まるのです。ヴァンサン・ド・レランが示したあの三つの段階は重要です。どうやって伝統は成長するのでしょう？　人が成長するように成長するのです、対話によって、そして対話は子どもに授乳するようなものです。わたしたちの周りにいる人々との対話によって。対話は人を成長させます。対話しなければ、成長できません、閉じこもったまま、小さなまま、小人《こびと》のままです。わたしは遮眼帯(5)をされたまま歩くのはいやです、しっかりと目で見て、対話しなければなりません。対話は人を成長させます、伝統を成長させます。対話することによって、別の意見に耳を傾けることによって、死刑の場合のように、拷問や奴隷制の場合のように、自分の見方を変えることができるのです。教義を変えることなしに。教義は理解と共に成長しました。それが、伝統の基盤です。

ドミニック・ヴォルトン　いまあなたが説明された伝統についての考え方は、五〇年前よりも今日の方が、もっと簡単に受け入れられるでしょうね、現代性が危機に陥っていますから。現代性とは進歩でした。それからイデオロギーとなりました。そして今では危機に陥っています。伝統とは保守主義だ、過去だと言われていましたが、今日では、少しずつですが、伝統とは別のものだ、あなたがおっしゃるように動くものなのだということが、理解され始めています。ですから、もしもあなたがそれをはっきりとおっしゃるなら、伝統は名誉を回復し、その正当性が再認識されるでしょうし、現代性も救われることになるでしょう。

教　皇　ええ。

ヴォルトン　この一世紀のあいだ、伝統を徹底的に過小評価してきたことが、大きな害を与えることになりました。確かに、伝統は保守主義と同一視されることがよくありました。でも今は、伝統はもはや、必ずしも保守主義ではありません。別のものです。

教　皇　別のものです。それは教義を変えません、真の教義を変えたりはしません。意識を成長させ、より良く理解できるようにするのです、それはヴァンサン・ド・レランが *Commonitorium* で示した基準に則った対話なのです……

ヴォルトン　自分の言ったことに戻ります。教会は、その経験と誤りをふまえつつ、現代性に寄与することができます、まさにこの一〇〇年のあいだ過小評価されてきた伝統について改めて語ることによってです。現代性と伝統とのあいだには対立がありました、でも今日では、それを乗り越えることが可能です。あなたがおっしゃるように、対話によって……でも、それはまだ受け入れられていません。たぶん、第二バチカン公会議が現代性と同一視されているからではないでしょうか。でも、結局のところ、あれは、現代性でもあり伝統でもあり、だったのですが。

教　皇　ベネディクト十六世がとてもはっきり言っていましたよ。教会においては変化は継続性の解釈によってなされる、と。すてきな言葉です。

　解釈は成長します。あることは変わりますが、継続性は常に保たれるのです。その根源にあるものを裏切るのではなく、明確化し、より良く理解できるようにするのです。

ヴォルトン　ええ。現代性の原理そのものは、継続性ではなく、断絶です。そして、一世紀前と比べることによってそのことを思い出させる、それが教会の持っている力です。これまでしばしば伝統は保守主義と、現代性は進歩と同一視されてきました。今日では、現代性はそれ自体としてはなんでもないということが理解されています。重要なのは、両者のあいだの緊張関係です。ですから、ベネディクト十六世が言うように、継続性を解釈することによって、知的な力を、いや、精神的な力さえ、取り戻すことが可能となります。さあ、あなたの前には大通りが開けていますよ。「ものすごいビジネス」が目の前にあるんですよ（笑い）。

教　皇　言いましたよね、成長することだと。伝統は、いかなる場合においても、イデオロギーにはなり得ません。

ヴォルトン　伝統はイデオロギーだと言われるようになってから一〇〇年になります。現代性もイデオロギーになってしまいました。

教皇　伝統は、イデオロギーになったとき、伝統ではなくなります。もう生きてはいないのです。

ヴォルトン　はっきりおっしゃいますね！　伝統とは、つまるところ現代的なものです。なぜなら、まだ理解されていないから、わかっていないからです。世界を二分法で見るとき、教会は伝統であって、現代性については何もわかっていないと言われたりします。それは正確ではありません。それを理解することは、皆のために役に立つことになるでしょう。無神論者のためにも。教会は無神論者に向かって一歩踏み出すことができるでしょう。彼らを「教会に来させる」ためではなく、「わたしたちはあなたたちです[6]、わたしたちは超越性の側にいます」と言うためです。無神論者であるということは、超越性という問いに対して、無神論的な答えを出すことです。実際には、教会にとっての真の変化は、教会はもはや拒否し否定する力ではなく、提言する力であると人々から認められるようになることでしょう。無神論者からも。そうなれば進歩でしょうね。

教皇　現代性と世俗性とのあいだにも違いがあります。伝統の進化、司牧的理解と、事物の本性[7]についての混乱とを、混同すべきでもありません。同性同士の結婚をどう考えます？　「結婚」は歴史的な言葉です。昔から、教会だけでなく、人類にとって、結婚とは男と女がすることでした。それを変えることはできません、そんなふうに、星空の下で［フランス語］[8]……

ヴォルトン　（笑い）「星空の下で」……フランス語で話されるのですね。

教皇　それを変えることはできません。事物の本性です。ものごとはそうなっています。だからそれは「シビル・ユニオン[9]」と呼べばいいのです。真理について軽々しく論じるべきではありません。確かに、その背後にはジェンダー・イデオロギーがあります。本にも書いてあるので、子どもたちは、人は自分の性を選ぶことができると知ったりします。ジェンダーは、女性あるいは男性であることは、選択によるもので、自然によるものではないからだ、ということでしょう？そうした考え方は誤りを助長するものです。ものごとはありのままに言うべきです。結婚は男と女がすることです。これが正しい言葉の使い方です。同性同士の結びつきは「シビル・ユニオン」と呼びましょう。

ヴォルトン　ジェンダー・イデオロギーは、それと同じ問題ではありません。ジェンダー論は社会学的偏向です。性は未分化であって、単に社会が男の役割や女の役割を割り当てているだけだ、というのです。ひどいものです、この決定論は。自然も文化も運命も自由もありません、残るのは社会による決定だけです。しかも、もしもこの決定論に反対すれば、反動呼ばわりされます。教会の立場をとっていると言われるのです！

　イデオロギー的偏向がでてきたのはこの二〇年のあいだです。

教　皇　これは、今の時代における重大な思い違いです。わたしは以前、サン・ピエトロ広場で結婚について話しているとき、そうはっきりと指摘しました。こう言ったのです、「新しい思想がありますが、わたしが思うに、この新しい思想、たとえばジェンダー論などは、結局のところ、違いに対する恐れからきているのではないでしょうか」。

ヴォルトン　他者性には多種多様な形があることを否定している、ということですか？

教　皇　わたしは問いの形でそう言いました。研究者がこのことについてしっかり考えるよう、促すためです。

ヴォルトン　ジェンダー・イデオロギーは、違いを否定するおそれがあります。違いは社会的なものだけではありません。もっとずっと複雑なものです。

あれは、裏返しの決定論ですね。男はない、女はない、すべては社会に依存するといいながら、実際には社会的決定論の一形式をつくりだしているのです。

教　皇　わたしとしては、同性愛者に対するわたしの姿勢と、ジェンダー理論の問題とを、混同してほしくないと思うのです。

ヴォルトン　ええ、もちろんです。違いは大事なことですから！　たぶん「シビル・ユニオン」で十分でしょう。でもいま、同性愛者のコミュニティーには、正当化への強い願いがあるのです。何世紀にも及ぶ支配と排除を乗り越えたいという欲求です。つまりは、正当なものと認めてほしいということです、平等のイデオロギーに似ているかもしれませんが。

教　皇　ええ、イデオロギーですね。

ヴォルトン　でも、それがどこから来たのか理解することはできます、何世紀にもわたって軽蔑され、罪とされ、抑圧されてきたのですからね！　それに、同性愛者の多くは、必ずしも「結婚」に賛成しているわけではありません。シビル・ユニオンの方が良いという人たちもいます。事は複雑なのですよ。平等のイデオロギーの向こうには、「結婚」という言葉の中に認知を求める気持ちもありますから。
教　皇　でも、それは結婚ではありません、シビル・ユニオンです。「他に道はありません」、そうしましょう……
ヴォルトン　強権的世俗化《セキュラリザション》(10)についてあなたが懸念していることはなんでしょう？　これは、現代性と伝統とのあいだにあるものですが。
教　皇　それは最後には、世俗的な基準による独裁となります。世俗の力が介入してくるからです。強権的世俗化《セキュラリザション》は金銭とも結びついています。世俗の世界では、良いものとは、金銭的に価値があるもののことです。これが、世俗的態度の基盤となっているもの、人間を弱めるものです。
ヴォルトン　それがすべての根を断ち切るからですか？
教　皇　それが問題です。あなたは根と言いましたね、そのとおりです。でも、さまざまな生活様式もあって、それらは完全に相対的で、状況に応じた形をとります。水の流れに身を委ねる「自然の成り行きに任せる」ということでしょう……でも、強権的世俗化《セキュラリザション》それ自体のうちに、超越的なものに対する否定があります。健全なる政教分離《ライシテ》とはなんの関係もありません。世俗世界は固有の自律性をもっています、政府、社会、法律など。強権的世俗化《セキュラリザション》はわたしたちに命令するのです、前に進め、この方向にと……
ヴォルトン　強権的世俗化《セキュラリザション》はイデオロギー化した政教分離《ライシテ》であると言うことはできるでしょうか？
教　皇　健全なる政教分離《ライシテ》に話を戻します。健全なる政教分離《ライシテ》についてはすでにお話ししましたが、これは、被造物にはそれぞれに固有の自律性があるということです。たとえば、国家は非宗教的《ライック》であるべきです。そのことについて、フランスにおける啓蒙主義の遺産については、すでに話しましたね。非宗教的《ライック》な国とは、すべての人のために場所がある国です。それが皆のための超越性です。人それぞれが仕事、職業に従事することができて、同時に超越性へと開かれていることができて、誰も人を排除しません。これが非宗教的《ライック》な国家、すべての人間的な価値を尊重する国家です。強権的世俗化《セキュラリザション》は一つの運動です……わたしはこの言葉を使いたくありませんし、普通は使いませんが、わたしが説明しようとしていることはわかっていただけますね。つまり、これは「病気」のようなもので、どのタイプの超越性にも扉も窓も閉じてしまうのです。そうなると、すべては内部で行われることになります。悪い政教分離《ライシテ》、度を超した政教分離主義《ライシズム》です。強権的世俗化《セキュラリザション》は、自分自身の内部にある、閉ざされた価値のみを追求します。そして、超越性を排除するのです。

ヴォルトン　きっとそれが、政教分離《ライシテ》においては宗教は公的な場にあるべきである、とあなたがおっしゃる理由ですね。でもフランスでは、政教分離《ライシテ》ということは、宗教は私的な場にとどまるべきものである、ということです。

教皇　それが政教分離主義《ライシズム》なのですよ。啓蒙主義の遺産です。政治について言えば、キリスト者は政治に参加すべきです。でも、「キリスト教の政党」をつくるべきではありません、キリスト者でなくともキリスト教的価値観に基づく政党をつくることができますから。

ヴォルトン　結局のところ、新大陸からいらっしゃったあなたにとって、これは問題をより良く理解するための助けとなるのでしょうか、それともあまり助けにはならないのでしょうか？

教　皇　助けになります、というのも、向こうでは見たことがなかったものを見ているからです。それで、考えさせられるのです。理解し、問題を解決するための道を探すこと……その意味で、わたしにとって助けとなるのです。しかもこれは、さまざまな違いは常に成長を助けるという大原則でもあります。ですから、これでわたしたちは先ほどのテーマ、違いを恐れることはわたしたちを弱めるというテーマに戻ってきたわけです。

ヴォルトン　同感です。いろいろと違うということは、確かに人を豊かにする要因の一つです。ですから、文化的多様性を価値あるものとして認めることは、他者性を学ぶことであり、進歩をもたらすことです。もしも人類が文化的多様性を尊重しないなら、それは死です。教会はそのことを、もっと力強く、上手に言うことができるでしょう、それは教会の証しですから。でも、違いが常に受け入れられるとは限りません、共同体主義[11]を恐れるからです。文化的多様性に対する尊重、普遍主義[12]に対する尊重はあり得ます。それは教会の普遍的メッセージです[13]。教会と国連とのあいだに存在する絆、共通善[14]です。

教　皇　ある国々は、移民を自分たちの社会に同化させることができました。でも、他の国々は、二世代、三世代にわたって、移民を「道具扱い」してゲットーに押し込めてきました。同化させようともしないで。

ヴォルトン　あなたのスローガンの一つ、「三つのT――土地、家、仕事」に話を戻します。なぜその三つのTについて回勅を出さないのですか？

教　皇　「ミニ回勅」なら、民衆運動に関する世界会議の第二回大会のときに出しましたよ。(15) そこで、長いこと話しました。最初の会議はここ［バチカン］で、第二回はボリビアで開催されました。第三回は一一月にここバチカンで開催されることになっています。なぜなら、貧しい人たち、労働者たちは、常に守られていなければならないからです。わたしは、アルゼンチンでの労働組合との経験をふまえて話しています。時がたつにつれて、組合の規模が大きくなり、腐敗やその他いろいろなことのために、労働者が忘れられてしまいました。それで、貧しい人たち同士が、他の下部組織と連携して、団結し始めました。それが民衆運動です。アジアではとても大きな運動になっています、フィリピン、インド、タイで。とても大きな。そして、ラテンアメリカでも発展し始めました。中央アメリカではうまく組織されています。アルゼンチンでは、わたしが司教だったときでしたが、彼らのことを知って、一緒に働き始めました。それからあの第一回大会が開催されました、次に第二回、そして今度が第三回です。その第二回大会でわたしがした演説が、三つのTについてのミニ回勅になったのです。

ヴォルトン　ええ、でも、そのことはまったく知られていませんよ。あなたが民衆運動を支えるためになさったことも、いまふれられた三回の大会のことも。あなたがカルトネーロス cartoneros(16)、つまり貧者の中の貧者たちのために取り組まれたことすべてが、知られていないのです。

教　皇　聖ガエターノ[17]の祝日には、アルゼンチンでは大勢の人々、仕事を探している貧しい人たちや仕事を得たことに感謝する人たちが集まる大規模な崇敬行事があります。宗教的儀式の後には、いつも民衆運動の行進が市の中心街まであります。これは教会とはなんの関係もなくて、より公正なものをという要求なのです。三つのT……その中でも、最も重要なのが仕事です、なぜなら仕事は人間に尊厳を与えるものだからです。

ヴォルトン　それに関連してですが、あなたはまさに「資本主義の液体状経済」に関して「革命的」なことを言われていますね。それに、教会には、レオ十三世とその回勅『レールム・ノヴァルム』[18]以来、資本主義の害悪を告発する偉大な伝統があります、ただ残念ながら、世には認められていない偉大な伝統ですが。

教　皇　わたしの回勅『ラウダート・シ』はエコロジストの回勅ではありません。社会的な回勅です。

ヴォルトン　ええ。ただ、誤解がありました。あなたに「エコロジー」というレッテルを貼ったのです。

教　皇　エコロジーですが、その背後には社会的な問題があります。

ヴォルトン　教会はその歴史全体にわたって労働の価値を認めてきました。でも、そのことは忘れられてしまっています。教会がしっかりとした経験をもっているテーマが、少なくとも四つか五つありますが、その中にはまさにすべてが労働に関わっているものもあります。それに同意することもできるし同意しないこともできますが、確かにそれは存在するのに、認識されていません。

教　皇　わたしはサンタ・マルタ館での朝のミサの説教で、たくさんのことを言っています。ネットで見ることができますよ。朝のミサの説教は八巻あります。

ヴォルトン　もう八巻ですか？　わかりました。

教　皇　短いものばかりです。八分間ですから。そこには、これらのテーマがすべてあります。説教は前の日に準備します、でも書いたりはしませんが。

ヴォルトン　コミュニケーションの行き違いが再認識されていることはご存じですか？　なぜなら、コミュニケーションには、たいていの場合、行き違いが起こるからです。重要なことは、メッセージだけでなく、受け手の側に問題があるということ、またメッセージのやりとりに問題があるということです。もしも人々が聞いてくれなかったらどうなるでしょう？　人間の最悪の敵は、聞こうとしない人間です。哲学者レーモン・アロン(19)が言っていた言葉で、わたしが大好きな言葉があります、「出版・報道の自由に真っ先にブレーキをかけるのは読者である」。なぜなら読者は、新聞でも、ラジオ、テレビでも、あるいはインターネットでも、自分の考え、自分のイデオロギー的選択を確認してくれるものしか見ようとしないからです。受け手を重視しなければコミュニケーションはありません、しかし同時に、受け手は自分自身のイデオロギー的・文化的選択に応えないものにはすべて逆らうのです……

教　皇　それはわたしにもありますね。新聞を読むとき、自分が興味あるものを探しますから。

ヴォルトン　ということはつまり、自分を開くことに対する障害に、わたしたち自身がなっているということで……それで、別の問題についても考えさせられるのです、すでに少しだけ取り上げた、伝統と保守主義との関連性についてです。教会は伝統的であると、しばしば厳しい非難が浴びせられます。これは保守主義に対する非難でしょうか？　伝統の問題は保守主義の問題と同じではないことを思い出させるには、なんと言えばよいのでしょう？

教　皇　伝統は聖霊によって前へと導かれる、というだけのことです。イデオロギーも伝統をもっていますが、聖霊は不在です。イデオロギーは政治的立場に関わるものです。教会においては、教会を前へと導くのは聖霊です。ただし、わたしがヨアキム主義[20]に陥っているわけではありませんよ……それに、ヨアキム主義については、アンリ・ド・リュバック神父の素晴らしい研究[21]がありますからね。いろいろなことが書かれていますよ、ジョルジュ・サンド[22]のことも。

ヴォルトン　ところで、「教皇庁の一五の病気[23]」に対する戦いには勝てましたか？　教皇庁だけの病気ではなくて、結局は普遍的な病気ですね。（笑い）

教　皇　ええ、ええ。わたしはいま、枢機卿たちへの降誕祭《クリスマス》の挨拶を準備しているところです。改革について話すことになるでしょう。ええ、改革はかなり進んでいますよ、組織の改革だけでなく、態度の改革もです。

ヴォルトン　もしも成功されるなら、きっと聖霊が働いたことに……

教　皇　ええ、ええ、もちろんです……

ヴォルトン　あなたのお考えでは、第二バチカン公会議以降、教会と政治権力との関係は変わりましたか？

教　皇　ええ。

ヴォルトン　どういう意味でですか？

教　皇　人々の善のための自主独立と協力です。協力は必要なときにします。

ヴォルトン　世界中、至るところでですか？

教　皇　いえ、いえ、それだと大きすぎますから。

ヴォルトン　どうしたら『愛のよろこび』であなたが示された四つの基準――迎え入れ、寄り添い、見極め、受け入れる――を広く知らせることができるでしょうか？

教　皇　司祭たち、司教たちは、もちろんこのテーマについて、これをどうやって具体化するかについて、研究しています。わたしは基本線を示しました。その先は各自が、それぞれの状況の中で、この四つの基準をふまえて前に進むべきです。これは現実の生活に対応するために設けた基準です。もしもわたしが別の道を選んで、「人々を迎え入れるためにこれをしなさい、あれをしなさい、受け入れるためにこれとこれをしなさい」などと言い始めたら、決疑論[24]という悪い癖に陥ることになりますからね。

ブエノスアイレスで司牧していたときのことです、一人の青年が来て彼が抱えている問題を話してくれたとき、わたしは彼に聞きました、「きみはそんなことをしているの？　ところで、きみの人生には別の選択もあると考えたことがありますか？　なぜなら、そんなふうにした後、急いでクリーニング店に行って染みをとってもらえばすむってものじゃないのだからね。よく考えなさい、別の道がないか、よく考えなさい」。そんなふうに罪を取り除くことはできないのです。罪はゆっくりと消えていくものです、とてもゆっくりと……善に向かって行くうちに。罪から離れるようにとあなたを招いているのは神です。でも、もしも神がいなければ、罪を消すことはできません。

ヴォルトン　お話をうかがいながら、一つの矛盾を考えてしまいます。カトリシズムは愛の宗教です、それなのに禁止事項がたくさんあります、「香部屋に掛かっている筈」でいっぱいです。これをしてはならない、あれをしてはならないと……

教　皇　それって、少し決疑論的道徳ですね。

ヴォルトン　決疑論的道徳ですか？　一方には愛の宗教があり、他方には一連の禁止事項があるのに？　カトリック的言説の力は、愛、自由なのに……

伝統と現代性の関連性について、最後の質問です。カトリック世界において若い教会と言われているアフリカ、アジア、ラテンアメリカの教会は、さらに何かをもたらすことができるでしょうか？

教　皇　たくさんのものをもたらしてくれます。生命力を。硬直した絶対主義に反対する意識もです。若い教会は、インカルチュレーションの意識をもたらしてくれます。文化にならない信仰は、本物の信仰ではありません。そして、自分自身の文化の中で信仰を表現することができない文化は、開かれた文化ではありません。これが信仰と文化の関係です。信仰のインカルチュレーションと文化の福音化、これが大事です。今では大きく開かれています……リッチやノビリの時代にはなかったことです。彼らに対して門は閉ざされていました、それが今では、第二バチカン公会議以降、門は開かれているのです。インカルチュレーションはかつてないほど今日的意義のあることなのです。アフリカに行ったら、ミサは三時間、四時間も続きます。なぜでしょう？　彼らには、ダンスのないミサなど考えられないからです。それって、神聖なことじゃないですか？　そう、神聖なことです。なぜなら、ダンスは神聖なものだからです。それに彼らはとても信仰心が篤いのです。なぜなら、信仰が文化と融合して開花するからです。反対に、伝統主義イデオロギーは、こんなふうな信仰です（遮眼帯をする動作）。祝福はこんなふうにして与えられなければならない、ミサのあいだ指はこんなふうにしていなければならない、手袋は、前例にあったように……第二バチカン公会議が典礼に関してしたことは、ほんとうに大きなことでした。なぜなら、それで神への礼拝が民衆にも開かれたからです。今では民衆が参加しているのです。

ヴォルトン　ジャン＝マリー・リュスティジェが、第二バチカン公会議は典礼にとっては革命だった、と言っていました。でも、一般信徒や無神論者のあいだでは、そういった意見は聞かれません。第二バチカン公会議が参加への道を開いたことが見えていないのです。

教　皇　でも、フランスではそうでしょうか？　フィリップ・バルバランの典礼に行ったら、それが見つかるでしょう。なぜでしょう？　彼は宣教師をした経験があったからで、教会の新たな試みを提案しました。他の司教たちは第二バチカン公会議の意義をそれほどよく理解しませんでしたが。

ヴォルトン　わたしはアルジェリアのオランの司教を少し知っています。一九九六年に殺害されたドミニコ会のクラヴリ司教の後を継いだ人です。彼はまさに複数の文化をつなぐ人です。家族に関するシノドスに参加したと言っていました。熱心で開かれた人です。

教　皇　開かれた人ですね。

ヴォルトン　彼は今、オランのサンタ・クルス大十字架を再建しています。皆にとってシンボルなんですよ！　リオデジャネイロのキリスト像のように。

今日は、もうすぐ終わりにします。拷問は終わりです！（笑い）

教　皇　でも、拷問は罪ですよ。

ヴォルトン　今度、ジョージアとアゼルバイジャンにいらっしゃるのですね。あなたは、アフリカの貧しい国々、ラテンアメリカの貧しい国々に行きました。教皇としては珍しいことです。いつも新しい教会か小さな教会を選んでいますね。ジョージアはほんの小さなところですが、紛争はたくさん抱えています！　なぜ、あなた以外には誰からも忘れられたような、あの小さな国々なのですか？　あの国々は、グローバリゼーションのカルトネーロスなのですか？

教　皇　二〇一四年にアルバニアから戻ってくるときの飛行機の中で、ジャーナリストたちがわたしに言いましたよ。「あなたが最初に訪問したヨーロッパの国は欧州連合に加盟していない国ですね。なぜですか？」――同じ質問ですね。なぜなら、これはシグナルだからです。欧州連合でわたしが最初に訪問した国はギリシアです。レスボス島です。ストラスブールに行ったのは、フランスのためではなくて、欧州連合のためだったからです。二番目はポーランドでした。最初はアルバニア、ボスニア・ヘルツェゴビナ……今はマケドニア、バルカン半島を考えています。

ヴォルトン　バルカン半島ですか……

教　皇　ええ、これは皆、シグナルなのです。わたしはアフリカに行きます。二つのコンゴ(25)に行きたいですね。

ヴォルトン　いつですか？

教　皇　わかりません。二〇一六年の終わりにはスウェーデンに行きます、ルーテル教会とカトリックの共同記念祭をするのです。

ヴォルトン　ええ、エキュメニズムのためですね。

教　皇　それからジョージアとアゼルバイジャンです。

ヴォルトン　ランペドゥーザ島にも行きましたね。

教　皇　ええ、それが頭に浮かんだのです、そんなふうに。わたしはランペドゥーザに行かなくてはならないと。

ヴォルトン　ええ、レスボス島のときと同じように。

教　皇　ええ、同じようにです。「わたしはレスボスに行くべきだ」と。ヴァルソロメオス一世とそのことを話しました。医者も一人必要でしたので、ギリシア大使と話しました。それから、ムスリムの三家族を飛行機に乗せて連れて帰りました。第一段階では、二家族をバチカンの二つの小教区で受け入れていました、それからさらに九家族が到着しました。近いうちに、わたしと一緒に来たあの家族たちと昼食をとることにしています。大半はムスリムですが、あとはキリスト者です。

ヴォルトン　中近東のキリスト者たちは気を悪くしませんでしたか？

教　皇　いえ、いえ。彼らもここに来ていますから。くじ引きで選んだのです。書類が準備できていた家族が五〇か六〇くらい、公証人と一緒にいました。わたしたちはくじを引いたのです、前の晩に。よかったですよ……ツィプラス首相がわたしをとても助けてくれました。

ヴォルトン　ええ、ツィプラスは勇気がある人です。でも、彼にできることは限られています。

教　皇　彼はよい人です。わたしをとても助けてくれました。予定されていたことは、訪問の最後に、彼と私的に話した後、一緒に飛行場に行って、あの難民たちに挨拶するはずでした。でも担当者が間違えて、わたしたちより先に彼らを飛行機に乗せてしまったのです、あの一三人、あの家族たちをです。ツィプラスが到着して、あの人たちはどこにいるのか、挨拶するから、と聞きました。もう飛行機の中だったのですよ！　担当が彼らのところに行って、飛行機を降りてくれないかと頼んだのですが、彼らは嫌がりました（笑い）。怖かったのです。そういうわけで、ツィプラスが教皇に挨拶しました……そして、家族たちが飛行機から降りました。

ヴォルトン　あなたは貧しい人々の日を開催しようとしているのですか？

教　皇　ええ、どうやってそのアイデアが浮かんだか、説明しましょう。二〇一六年一一月に貧しい人々との会議が数日間ありました。そのうちのある一日のあと、それからホームレスや貧しい人たちとのミサがあって、わたしが香部屋から出ようとしていたら、バルバラン枢機卿と一緒にこの日の準備をした青年がわたしに言ったのです、「教皇様、今日を貧しい人々の日にしたらいいのじゃないですか？」と。それがわたしの頭に残りました。わたしは心を動かされました、それを感じたのです。それで考えたのです、「小石を投げて、どうなるか見てみよう」、だいたいそのような言葉です。わたしは、「今日が貧しい人々の日になるといいのだけれど」と言いました。わたしは宙に向かってそう言ったのですが、香部屋に引き返したらバルバランや他の人たちがいて、「貧しい人々の日、いいですね、貧しい人々の日！」と言っていたのです。民がこれを採用したのですよ。

ヴォルトン　つまり、それをすることができるということですね？

教　皇　いずれわかるでしょう。でも、それが年に一日だけのことには、なってほしくありません。その日が、貧しい人たちが教会の中でどういう位置を占めているか、気づかせてくれる日になってほしいです。

ヴォルトン　人間的レベルで見た場合、どちらがより難しいですか？　エキュメニカルな対話ですか、それとも宗教間対話ですか？

教　皇　わたしの経験からすると、宗教間対話の方がエキュメニカルな対話よりも簡単でしたね。エキュメニカルな対話はたくさんしましたし、とても好きです。でも、比較するなら、宗教間対話の方がわたしにとってはより簡単でした。人間についてもっと話せるからです……

ヴォルトン　違い・距離が縮まりましたか？

教　皇　ええ、対話術《ディアレクティック》です。

ヴォルトン　近くにいると、すべて難しくなります。遠くにいると、もっと簡単になります。不思議ですね。何か補足していただくことがありますか？

教　皇　いいえ、わたしはしゃべりすぎましたね！

ヴォルトン　二〇一六年一一月の枢機卿会議での、あなたの目的は何なのですか？　世界中から一七人の新しい枢機卿を任命していますね。何をなさりたかったのですか？

教　皇　教会の普遍性を強調することです。それに、わたしは一人の教皇大使を最初に枢機卿として選んだりもしました(26)——いつだって最初が肝心ですからね。大使を枢機卿に任命することはめったにないことです。四〇〇年前にありましたが、シリアの大使でした。この任命は、今ひどい苦しみのうちにある国民へのメッセージです。

二〇一四年一二月二二日、クレメンス・ホール、バチカン関係者に降誕祭《クリスマス》前の挨拶[27]

親愛なる兄弟の皆さん。

（…）これから皆さんにお話しすることが、降誕祭に向けてわたしたちの心を整えるために、しっかりとした良心の糾明ができるよう促すものとなるよう願っています。

ローマ教皇庁は複雑なからだです。しかし、どんなからだもそうであるように、教皇庁も病気や機能不全、障害に見舞われることがあります。それで、いまから（…）いくつか教皇庁病を取り上げたいと思います。

1　自分を（…）必要不可欠な者だと感じる病気。自分自身を批判することなく、自分自身を改善しようとしない教皇庁は、障害をもつからだです。墓地に行けば多くの人たちの名前を見ることができますが、その中には自分は不滅の存在だ、必要不可欠な者だと思っていた人たちもいます！

（…）

2　（マルタ[28]に由来する）「マルタイズム」という病気、働きすぎの病気、仕事にのめり込む人たちの病気です。（…）必要な休息を怠るため、ストレスや不安にさらされます。（…）休息の時間は（…）必要で正当なものですから、休みをとることを真面目に考えねばなりません。

3　心と精神が「石のようになる」病気。石のような心をもつ人たちの病気、（…）道を行くうちに、心の平穏、活力、大胆さを失い、書類に埋もれ「書類作成機」になってしまい、「神の人」ではなくなってしまった人たちの病気です。(…)

4 計画過剰病、機能主義という病気。使徒が事細かに計画を立てているうちに、(…)公認会計士か税理士になってしまう病気です。すべてをよく準備することは必要ですが、聖霊の自由を妨げて自分の思うように動かそうとしたり閉じ込めたりする誘惑には決して陥ってはなりません。(…)

5 協調不全という病気。メンバー同士の交わりが失われ、(…)騒音を発するオーケストラになってしまう病気です。メンバーが協力せず、交わりの精神、チーム・スピリットを生きていないからです。(…)

6 「霊的アルツハイマー」病。あるいは(…)主と共に歩んできた自分の歴史、わたしたちの「初めのころの愛」(ヨハネの黙示録2・4)を忘れる病気です。この病気にかかると、霊的な力がだんだんと低下し(…)重い障害が起こります。(…)この病気は、(…)自分の現在の状況、情熱、気まぐれ、熱中していることに完全にとらえられている人たちに見られるものです。(…)

7 対抗心と虚栄心という病気。見た目、服の色、勲章が人生の最重要目的となってしまうときに見られる病気です。(…)

8 実存的統合失調症という病気。二重生活を送る人の病気です。(…)司牧上の奉仕活動を放棄して、お役所的な仕事しかしなくなり、そうやって現実との接触や人々との具体的なかかわりを失っている人が、しばしばかかる病気です。(…)
9　悪口、不平、陰口という病気。(…)重い病気で、(…)この病気にかかった人は「毒麦を蒔く者」[29]に変えられて、多くの場合、同僚や仲間の評判をぶちこわす「冷血な人殺し」になってしまいます。(…)
10　リーダーを神のように崇める病気。上司のご機嫌をとる人たちがかかる病気です。(…)この人たちは、出世主義、日和見主義の犠牲者です。(…)上司もこの病気にかかります。協力者たちのご機嫌をとりながら、彼らの服従や忠誠心を得ようとしたり、彼らを心理的に操ろうとしたりするなら、この病気にかかっていることになります。(…)
11　他人に対する無関心という病気。一人ひとりが自分のことしか考えず、人間関係における誠実さや温かさを失ってしまうときにかかる病気です。(…)嫉妬から、あるいは策略から、人が転ぶのを見ると喜び、その人を助け起こすことも励ますこともない、そういう病気です。
12　暗い顔という病気。気難しくてとっつきにくい人たちのことです。この人たちは、自分が重々しい人物であると見せつけるため、ことさら憂鬱で謹厳な顔つきをし、他人に対しては――とくに目下に対しては――頑固で厳格で傲慢な態度をとるのです。(…)
13　ため込み病。使徒が心の中の実存的空白を埋めようとして、必要もないのに、ただ安心感を得るためだけに、ものをため込む病気です。(…)
14　閉鎖的サークル病。グループへの帰属意識が強くなって、「からだ」[30]への帰属よりも、そして状況によってはキリスト自身への帰属よりも、優先される病気です。（…）

15　世俗的な利益を求める病気、露出症という病気。使徒が奉仕の務めを権力に変え、さらに自分の権力を世俗的な利益を得るため、あるいはより大きな権力を得るために、利用する病気です。

（…）

　これらの病気や誘惑は、すべてのキリスト者にとって、すべての共同体、小教区にとって、危険なものです。（…）これをいやせるのは聖霊だけであることを明らかにする必要があります。（…）聖霊だけが、清めのための誠実な努力を、回心のための熱意を支えてくださるのです。（…）いやしは、自分が病気であることを自覚し、個人としてまた共同体として病気と闘うことを決心し、辛抱強く我慢強く治療を受けることによって、はじめて得られるのです。（…）

　皆さん、よきご降誕祭をお迎えください。（…）

二〇一六年一二月二二日、クレメンス・ホール、バチカン関係者に降誕祭前の挨拶

親愛なる兄弟姉妹の皆さん。

降誕祭は、神の愛に満ちた謙遜を祝う祭りです。(…) 降誕祭の論理は、世俗の論理、力の論理、掟の論理の逆転です。(…) この光に照らされて、わたしはローマ教皇庁改革を、この毎年恒例の集いのテーマに選びました。

(…) 改革は、まず第一に、地上を旅する教会の生きる力のしるしです、(…) 生きているからこそ改革されねばならない教会の生きる力のしるしです。(…) 改革が実際に効果をもたらすのは、それが「新しい」人々によってだけでなく、「新たにされた」人々によって行われたとき、ただそのときだけなのです。

改革の過程においては、困難に出会うのが普通であり、またそれは健全なことでさえあります。困難は、さまざまなタイプの抵抗によって現れます。あからさまな抵抗 (…)、隠れた抵抗、悪意ある抵抗など (…)。この最後のタイプの抵抗は (…) しばしば、伝統や外見や形式上の問題をよりどころにした、告発の形をとります。(…)

反発がないのは死んでいることのしるしです! ですから、抵抗は (…) 必要であり、耳を傾けるべきもの、歓迎され、奨励されるべきものです。なぜならそれは、からだが生きているしるしだ

からです。

改革を進めるにあたってのいくつかの基準

主に一二あります。

1　**一人ひとりの意識（個人的回心）**。一人ひとりが回心することの重要性を、改めて繰り返します。それがなければ、どれほど組織・構造を変えても、すべてむなしいでしょう。改革の真の魂は、改革に参加し、改革を可能ならしめる人たちにあるのです……

2　**司牧精神（司牧的回心）**。（…）何よりもまず、わたしたちが毎日出会っている人たちに対して、司牧的熱意を感じ、育て、実践することができますように。（…）一人ひとりが、何よりもまずここで、「良き牧者」［キリストのこと］が教えてくれた心遣いを経験することができますように。書類の背後には、現実に生きている人々がいるのです。（…）

3　**宣教精神（キリスト中心主義）**。これが、教会の奉仕の務めすべてが目指すべきものです、喜ばしい知らせを地の果てまでもたらすということです。（…）新たな命と本物の福音精神がなければ、（…）どんな新たな組織・構造も、あっというまに腐ってしまうでしょう。

4　**合理性**。（…）ローマ教皇庁の機構・組織の合理化が必要です。それぞれの部署には固有の権限があることを明確にするためです。これらの権限は尊重されねばなりませんが、同時に合理的かつ効果的・効率的に配分されねばなりません。（…）

5　機能性。近接する分野を管轄しているか、あるいは密接な関係にある、二つ――あるいはそれ以上――の部署を、場合によっては一つに統合します。そうすることによって、一方では、その部署により大きな権限を与えることができます。他方では、一つの部署の中で、互いに近くにいて協力し合いながら、個々の現実に関わる問題に取り組むなら、より機能的に働くことができるでしょう。（…）

6　現代性（時代への適応）。つまり、「時のしるし」を読み、聞く能力です。第二バチカン公会議も次のように求めています。「［教皇庁の］これらの諸省が（…）時代と諸地域と諸典礼様式の要求にいっそう適応したものとなり、とくにそれらの諸省の数、名称、権限、仕事の手順、各省間の仕事の調整に関して新しい編成を受ける[31]」ように、と。

7　簡素化。この観点からすれば、教皇庁の簡素化と軽量化が必要です。部署の再編または統合、必要性が薄れた部局を場合によっては廃止すること、委員会・アカデミーなどの削減・縮小といったことが考えられます。

8　補完性。さまざまな部署に特有の権限を再編成するにあたっては、必要とあれば権限をある部署から別の部署に移管させながら、（…）権限内での補完性、業務内での効果的な協力関係が得られるようにします。（…）

9　シノドス性。教皇庁の仕事はシノドス的であるべきです。（…）シノドス性は各部署内でも実践されるべきです。（…）

10　普遍《カトリック》性。（…）教皇庁は、世界中から職員を採用することによって、教会の普遍《カトリック》性を映し出さねばなりません。（…）さらに、教会の活動において、女性と一般信徒の役割をより高く評価すること、また、多文化性にとりわけ配慮しつつ、各部署を指揮監督する役職に女性・一般信徒を参加させることが、大変重要です。

11　プロとしての意識。各部署は、継続的訓練システムを採用しなくてはなりません。（…）機能主義のルーティンに陥らないようにするためです。他方では、« promoveatur ut amoveatur »［ラテン語で「取り除くために昇進させる」の意味］のようなことはきっぱりとやめなければなりません。これは癌です。

12　漸進性（識別）。漸進性は識別の成果です。識別は必要不可欠なもので、歴史的プロセス、検証、修正、実験、実験による承認を伴います。ですからこれは、優柔不断ではなく、真の改革に到達するために必要な柔軟性を示すものなのです。（…）

注

（1）［原注］Vincent de Lérins（四五〇年以前に死去）、ペレグリヌス Peregrinus の筆名で *Commonitorium* を書い

た。フランス語版は *Commonitorium (Tradition et Progrès)*, trad. de P. de Labriolle, éditions Migne, 1978. ——［訳注］*Commonitorium*（「要点集・要覧・便覧」のこと）は異端を識別するための要点をまとめた書物だが、神学は進歩するものであることも付け加えている。仏語版 *Commonitorium* の題名に「伝統と進歩」*Tradition et Progrès* と付け加えられているのもそのためである。

（2）［訳注］次のような意味。「［キリスト教の教義は］つまり年月とともに固められ、時間とともに発展し、時代とともに高められるのである」

（3）［訳注］現代においても奴隷状態におかれている人々が多数いるのだということを、フランシスコ教皇はしばしば指摘し、「現代の奴隷制——人身売買、強制労働、売春、臓器売買という形による現代の奴隷制——は人類に対する大逆罪です」（二〇一四年一二月二日、宗教指導者たちによる奴隷制反対宣言署名式での演説）と告発している。『福音の喜び』211では次のように述べている。

種々の形態の人身売買の標的となる人々の境遇には、つねに心が痛みます。わたしたち皆に訴える、神の叫びに耳を傾けてください。「お前の弟は、どこにいるのか」（創世記4・9）。奴隷にされている、あなたの兄弟姉妹はどこにいますか。非合法の町工場、売春組織、子どもを利用する物乞い、隠れて働かねばならない非正規滞在者の労働——そうした中で、あなたが日々殺している兄弟はどこにいますか。ぼんやりしていてはなりません。それは、数多くの共犯者を生むことなのです。神の問いは、あらゆる人に向けられています。マフィアによるこうした異常な犯罪はわたしたちの町に根づいています。そして多くの人が、安穏として黙っているという共犯によって、己の手を血で染めているのです。

（4）［原注］ペドロ・クラベール Pedro Claver（一五八〇～一六五四）、カタルーニャ出身のイエズス会司祭、南アメリカに宣教師として赴き、とくにアフリカ人奴隷に宣教・司牧活動を行い、カトリック教会によって列聖された。

（5）［訳注］遮眼帯《しゃがんたい》——馬の目の外側につけて視野を遮り、前方しか見えないようにする馬具。

（6）［訳注］「わたしたちはあなたたちです」Nous sommes vous —— 一見すると奇妙な言葉だが、二〇一七年六月に行われたフランス国民議会（日本の衆議院にあたる）総選挙を前にして、エマニュエル・マクロン大統領（二〇一七年五月大統領就任）傘下の政党「共和国前進」が選挙キャンペーン・ビデオで使った言葉がこれである。ただ、この章の冒頭には二〇一六年八月と記されているし、フランシスコ教皇とヴォルトンとの対話自体が二〇一六年二月から二〇一七年二月までのあいだに行われているので、時間的には合わない。「わたしたちはあなたたちです」という言葉が二〇一六年八月以前にフランスで使われ、ヴォルトンを含む多くの人に知られていたものなのか、それともたまたまヴォルトンがこのとき思いついて使っただけの偶然の一致なのか、あいにくわからない。

（7）［訳注］古代ローマの詩人・哲学者ルクレティウス Lucretius（前九八頃～前五五）の著作『事物の本性について』*De rerum natura* を連想させる言葉である。

（8）［訳注］**à la belle étoile** ――文字通りの意味は「美しき星を仰ぎつつ、星空の下で」だが、実際には **dormir, passer la nuit à la belle étoile**「星空の下で眠る、夜を過ごす」つまり「野宿する」のように使われる言葉。教皇がどういう意図でこの言葉を使ったのか、またこの後どう言葉を続けようとしたのか、このやりとりだけではよくわからない。ただ、文脈は違うが、フランシスコ教皇は二〇一八年八月二六日、アイルランド・ダブリンで開催された「第九回世界家族大会」（八月二五～二六日）からローマに戻る機内での記者会見でもフランス語で **à la belle étoile** を使っている。移民・外国人の受け入れについてどう考えるかというイタリア人女性記者の質問に対して、教皇は次のように答えている（ただし、文脈に即して **à la belle étoile** の訳し方を変えている）。

（…）移民の受け入れは、聖書にもあるように、古代からある問題です。申命記の中の掟で、神はこう命じています、移民を、「外国人」を受け入れよと。これは古代からある問題で、神の啓示による精神であり、またキリスト教の精神でもあります。これは道徳上の原則です。わたしはこのことについて話してきましたが、その後、もう少し考えをはっきり述べる必要があると思うようになりました、なぜなら「野宿させるような」*à la belle étoile* 受け入れ方ではいけないからです、そうではなくて、適切に受け入れなければいけません。

教皇が言うように、申命記には実際に「あなたたちは寄留者を愛しなさい。あなたたちもエジプトの地で寄留者であった」（10・19）と記されている。

（9）［訳注］シビル・ユニオン union civile（英語 civil union）——同性のカップルに対して、結婚に似たような法的地位を認めたもの。日本では時として「市民婚」という言葉が「シビル・ユニオン」と同じような意味で使われることがあるが、区別する必要がある。「市民婚」mariage civil とは民法上の手続きによる結婚のことで、むしろ「民事婚・民法上の結婚」と言うべきだろう。これに対して、宗教上の教えや儀式に則って行われる結婚が「宗教婚・宗教上の結婚」mariage religieux である。ただ、どちらも「結婚」であることには変わりない。「シビル・ユニオン」union civile と「結婚」mariage とは、言葉の上でもはっきり区別されている点に注意すべきである。

（10）［訳注］sécularisation——主に次の三つの意味で使われる。一．聖職者・修道者がその身分を離れ、俗人・世俗の生活に戻ること。二．教会財産の国有化・民間移譲。三．教会・修道会が行っている事業（教育・医療・福祉など）を国家あるいは非宗教的民間組織の管理下に移すこと。これらの意味を一語で表すことができる言葉は、あいにく日本語には見あたらない。話の内容から見て、フランシスコ教皇はこの言葉を二と三の意味で使っていると考えられるが、この二つの意味を的確に表す訳語も見あたらない。やむを得ず「強権的世俗化」とし「セキュラリザシヨン」とルビをふっておいた。

（11）［訳注］共同体主義（フランス語 communautarisme コミュノタリスム、英語 communitarianism コミュニタリアニズム）——共同体（民族的、文化的、宗教的共同体など）の価値を重んじる思想で、二〇世紀後半にアメリカを中心に発展してきた。ただ、この思想には、ある共同体に属するグループが意図的に自らを他と差別化し、社会から自らを切り離す動きを助長するという、マイナスの要因としても働く危険性をもっている。フランスは、第五共和国憲法第一条に「出身、人種または宗教による区別なしに、すべての市民の法律の前の平等を保障する」とうたっているように、民族的・文化的・宗教的出自を超えて、国民を言語的・文化的に統合・同化することを最優先している。だから、フランスでは、共同体主義は社会的分断を助長する考え方として、否定的に見られるのが普通である。

（12）［訳注］普遍主義（フランス語 universalisme ユニヴェルサリスム、英語 universalism ユニヴァーサリズム）——個別性・特殊性よりも普遍性・一般性を重視する思想。たとえば、国、民族、言語、文化、歴史的伝統を超えて、個々の人間を超えて、人類に共通する価値観、道徳意識があると考える。哲学・思想的には相対主義の、政治・社会的には共同体主義の、それぞれ対極に位置する思想と言ってよい。フランスは普遍主義の側に立つ国といえる。
(13)［訳注］カトリック教会の「カトリック」とは「普遍の」を意味するギリシア語からきている。普遍性は、カトリック教会の本質をなすものの一つである。
(14)［訳注］共通善（フランス語 le bien commun）――第二バチカン公会議文書「現代世界憲章」は共通善を「集団と個々の成員とが、より豊かに、より容易に自己完成を達成できるような社会生活の諸条件の総体」(26)と定義している。また、フランシスコ教皇は回勅『ラウダート・シ』で、次のように語っている。

157 全人的な発展に向けて譲渡不可能な基本的諸権利を賦与された人格として人間を尊重することが、共通善の原理の前提です。それはまた、補完性の原理を適用し、社会の福利全般や種々の中間集団の発展と結びついてもいます。これら中間集団の中で傑出した存在であるのが、社会の基本細胞たる家族です。つまるところ、共通善の要求は、社会的な平和、何らかの秩序がもたらす安定や安心であり、それらの達成は、配分的正義への格別の配慮なくしてはできません。配分的正義が損なわれるときはいつも、暴力がその後にやってきます。一つの全体としての社会、中でも国家は、共通善を保護し促進する義務を負っています。

(15)［訳注］「2　宗教と政治」の最後に置かれた二つの演説（抜粋）のうち、一つ目の「二〇一五年七月九日、ボリビア、サンタ・クルス・デ・ラ・シエラ、民衆運動に関する世界会議、第二回大会での演説」参照。
(16)［訳注］カルトネーロス cartoneros――スペイン語 carton「カルトン（厚紙・ボール紙）」の形容詞形 cartonero から、carton に関わる人を指す名詞、「ボール紙族」（ボール紙でつくった〈家〉を住処とする人）とでも訳すか。
(17)［訳注］聖ガエターノ Gaetano di Thiene（一四八〇～一五四七）、イタリア人司祭、テアティノ会創立者で、教会刷新に尽力した。祝日は八月七日。
(18)［原注］『レールム・ノヴァルム』*Rerum novarum*（新しいこと）――一八九一年五月一五日にレオ十三世教

皇（一八一〇～一九〇三）が出した回勅で、カトリック教会の社会教説の基盤となったもの。――［訳注］邦訳は『教会の社会教書』（中央出版社、一九九一年）に収められている（同書一五～一一七ページ）。

（19）［訳注］レーモン・アロン Raymond Aron（一九〇五～一九八三）、フランスの哲学者、社会学者、政治学者、歴史学者、ジャーナリスト。

（20）［原注］ヨアキム主義 joachimisme――フィオーレのヨアキム Gioacchino da Fiore（一一三〇頃～一二〇二）、イタリア・カラブリア州出身のフランシスコ会修道者、神学者で、人類の歴史を三つの時代（父の時代、子の時代、聖霊の時代）に分け、最後の三つ目の時代が中世に始まるとした。この理論は、至福千年説［キリストが地上に再臨し、千年のあいだ統治した後、世界は終末に至るとする説］の再来を招き、のちにユートピア理論やいくつかの革命運動に大きな影響を与えた。

（21）［原注］Henri de Lubac, *La Postérité spirituelle de Joachim de Flore*, Éditions du Cerf, 2014.――［訳注］アンリ・ド・リュバック（一八九六～一九九一）、フランス出身、イエズス会士、神学者、枢機卿。

（22）［訳注］ジョルジュ・サンド George Sand（一八〇四～一八七六）、フランスの女流作家。

（23）［原注］二〇一四年一二月二二日、クレメンス・ホール、バチカン関係者に降誕祭前の挨拶で、「教皇庁の一五の病気」について語っている。また、二〇一六年一二月二二日、クレメンス・ホール、バチカン関係者に降誕祭前の挨拶では、「改革の進め方についてのいくつかの基準」として、「一人ひとりの意識、司牧精神、宣教精神、合理性、機能性、現代性、簡素化、補完性、シノドス性、カトリック性、プロとしての意識、漸進性」があげられている。――［訳注］本章最後の二つの演説参照。

（24）［訳注］決疑論（フランス語 casuistique、英語 casuistry、良心例学とも訳される）――倫理神学の一分野で良心に関わる問題を扱い、教義上の原則を現実の生活の中で起きる個々の問題や状況にどう適用し、どう問題を解決すべきかを論じる。一六世紀から一八世紀にかけてとくに盛んになった。たとえば司祭が信者を霊的に指導するとき、ある行為は罪になるかならないか、罪になるとしたらそれは小罪《しょうざい》なのか大罪《だいざい》なのかを、決疑論で示された具体例をふまえながら判断するのである。カトリックでは告解（ゆるしの秘跡）があるため、告解を聴く司祭は信者が告白した罪の軽重を判断し、どのような償いを命じるかを決めつつ、霊的指導を行う必要がある。決疑論はそのための判断基準を提供する役割を果たすわけである。決疑論はとくにイエズス会が発展させ、信者の霊的指導に用いていたが、その際、罪の軽重を判断するにあたっては、決疑論の事例の中から信者にとって有利な（つまりできるだけ軽い罪と判断できるような）事例や根拠を見つけ出し、それを適用するようにしていた。「弱い」霊魂をできるだけ救おうとする「善き」動機によるものではあったが、道徳的弛緩を招く危険があり、厳しい批判を浴びることにもなった。とくにパスカルは『プロヴァンシアル』（一八通からなる手紙、一六五六〜五七年に匿名で刊行された）の中で、イエズス会士の決疑論を槍玉に挙げ、その問題点を皮肉たっぷりに描き出しながら、徹底的に攻撃した。そうした歴史的背景を承知の上で、イエズス会出身のフランシスコ教皇は「決疑論という悪い癖」と言っているのである。教皇のユーモアのセンスがここにも現れていると言えるだろう。

(25)［訳注］二つのコンゴ——コンゴ共和国とコンゴ民主共和国。

(26)［訳注］フランシスコ教皇は、二〇一六年一一月に、二〇〇八年からシリア駐在教皇大使を務めていたマリオ・ゼナーリ Mario Zenari（一九四六年生まれ）を枢機卿とした。

(27)［訳注］このときの演説の全文は『教皇フランシスコ講話集 2』、三三一〜三四九ページに「ローマ教皇庁とキリストのからだ」と題されて収録されている。ただし、ここで抜粋されている部分は、全面的に訳しなおした。

(28)［訳注］ルカ10・38－42参照。

(29)［訳注］マタイ13・24－30、36－43参照。

(30)［訳注］キリストのからだ、つまり教会を示唆している。

(31)［訳注］第二バチカン公会議文書「教会における司教の司牧任務に関する教令」*Christus dominus* 9。

8
運命

二〇一六年八月。一日に二度会う……中断された時間。だからすべては可能なのだが、依然としてそこには隔たりがある。どうやって教皇は、教皇庁内の絶え間ない力関係、かくも人間的でしかも時代を超えた組織の現実と結びついている力関係はもちろんのこと、その重責に、数多くの職務に、押しつぶされないようにしているのだろう？　わたしは、今回は例外的に、教皇自身のことについて直接たずねようとしている。慎みと私生活の尊重、それは、自己表現とのぞき見に夢中になっているこの時代にあって、なんとしても守らねばならないものだ。かくもヨーロッパに近く、しかも同時にアルゼンチンの歴史の中にも組み入れられているあの人の運命とは何か？　あの「新世界」の最も魅力的なシンボルの一つであり、かくも違っているあの人とは、結局のところ何者なのか？　ここでは、演出は一切ない。あるいくつかの出来事についての、いくつかの結びつきについてのコメントにすぎない。移住と深く関わってはいるものの、ごく普通の家族の平凡な物語と、神との出会いが、どうやって共存しているのだろう？　フランスの一知識人との限られた時間での対話の中で、どうすれば語ってもらえるのだろう？　沈黙、わたしたちの対話の中でしばしば話題になったあの沈黙で、十分と言えるだろうか？　ずっと前から教皇は、大きな政治、彼が言うところの大文字で書く政治、「福音」や「歴史」にも比すべき「政治」と関わってきた、いや、政治に「否応なく巻き込まれてきた」と言ってもいいくらいだ。憤りを感じながら。それと同時に、このことすべては、信仰という物差しをもってしなければ理解され得ないことでもある。それは、わたしたちのあいだに存在する対話の論理とは違う、別の論理に属するものだから。そして、わたしたちの対話を読むことになる、いくつもの異なった大陸のさまざまな読者たちには、多種多様な背景・状況があるということを、忘れてはならないだろう……

二〇一六年一〇月と一二月。一〇月、ローマに穏やかな天気が戻り、すべてが静かだ。一二月、二〇一六年二月に初めて来たときの気候を思い出す。ローマの人たちがそこにいる、物静かに、自分たちの町に。すべてがパリより穏やかだ。輪が閉じようとしている、この経験の輪、教皇との対話という輪が。教皇がいつも変わらず愛徳にあふれ、開かれた心と共に強靭な意志をもち、なおかつ世界に対してはほんとうに憤りを感じていることは、察せられるだろう。そう、彼は幸せなのだ、しかしどんなものにもだまされはしないし、わたしたちの対話にはほとんどでてきていないが――そしてわたしにはそれを云々する資格はないが――あの信仰に包まれているのだ。この対話を仕上げるために新たに二度会い、いくつかの点について答え、締めくくらず、中断符（…）を見つけ出す。二〇一七年の一月と二月にまた会い、原稿について話すことにする。

バチカンは相変わらずそこにある、巨大だが、時間や「歴史」と向き合うならごく小さなものだし、すぐそばにある騒々しいサン・ピエトロ広場と比べれば、静かに、ほとんど沈黙している。そして相変わらず、あの人たちが、数は少ないけれど、相変わらずこの小さな空間を黙って歩いている。彼らは中庭を横切り、建物に入ったり出たりするが、ほとんど言葉を交わすことはない……そしてわたしはといえば、どうしてこれほど嘘偽りがなく、公正で、誠実で、自然で、敬意に満ちたこの対話が、どうして実現したのか、今でもよくわからずにいる。かくも人間的な対話、月ごとに中断されながら一年にわたって続いてきた対話。つまるところ、「人間」のもろさと偉大さ、それが教会の中にもあるのではないのだろうか？　つまるところ、それは大多数の宗教の中にあるのではないだろうか？　そして、すべての非宗教的普遍主義の中にも？

二〇一七年一月と二月。冬が戻ってきた。ずいぶん寒い。風と湿気がローマを覆っている。植物と石が、かすかな光のもとで、何か違った対話を企てている。サン・ピエトロ大聖堂を訪れる人も少なくなっている。雨が広場の雰囲気を変えている、巡礼者も観光客も雨具を着ているからだ。わたしはといえば、教皇に会い、原稿についてどのように指摘してくるか知りたくてうずうずしている。教皇は、こうしてわたしがまた話をするために来たことを感謝してくれている。彼は原稿を抱えてやって来た、同僚であるかのように、大学人であるかのように。わたしたちは、あの使いにくいテーブルを囲んで座り、わたしたちが話したことについて確認するため、ページを一枚ずつめくりながら、ずいぶんと長い時間をかける。彼が指摘したことのほとんどすべてについて、わたしたちの意見は一致した。彼の側からは、検閲は一切なく、わたしたちが話し合っていたときに彼が言いたかった内容にできるだけ近づけようとしただけである。いくつかの言葉をめぐっては大笑いになった。人物が特定される可能性があるいくつかの部分を削除する。彼は心静かに喜んでいる。そしてわたしもだ！　最初に会ったときから今日まで、すべてが相互理解、共感、特別の恵みのうちに運んだ。どう言えばよいか、うまく言葉が出てこないが、これ以上言葉を探す気もしない。この仕事は二年以上に及ぶかなり大がかりなものではあるが、公正かつ誠実、人間的かつ自由な仕事として仕上がるだろう。まさに特別な出会いだ。わたしたちは複数の言語で出版すること、本の題名、スケジュールなどについて話し合う。彼がわたしに言う、「あなたが全部したのですから、あなた一人が著者です」と……ユーモア、いつもユーモアを忘れない。彼がわたしを褒めてくれる——あなたは、わたしの考えを理解してくれました、わたしがどういう人間かわかってくれました、そしてわたしたちの対話を成功に導いてくれました、と。彼は喜んでいる、そしてわたしはとても感動している、この出会いに、いつも変わらずに続いてきたこの雰囲気に、そしてこの結果に。気取らず、近づきやすい本ができるだろう、教皇が自分と「歴史」との関わりについて、政治、社会、人間との関わりについて、自由に語っている本が。サン・ピエトロ広場を歩きながら、すでにわたしはノスタルジーを感じている。夜になっている、まばらな人影に一度出会っただけだ。このほとんど静まりかえっている中で、わたしも沈黙を守る。時間は続いて行く。

＊　＊　＊

ドミニック・ヴォルトン　あなたの人生の中で、最も強く心に刻まれている個人的あるいは集団的な出来事はなんですか?

フランシスコ教皇　個人的なことと集団的なこととは、別のことですよ。

ヴォルトン　ええ。あなた個人にとっては何か、また世界のことについては何か、お聞かせください。

教　皇　子どものころから、わたしをずっと苦しめてきたものがあります。憎しみ、戦争です。そして他者に対する憎しみです。人々が互いに憎み合っているのに気づいたとき、わたしは苦しくなりました。世界のことで言うなら、憎しみと戦争です。でも、第二次世界大戦が終わった日は、喜びを感じました……そのことは、もうお話ししましたね？

ヴォルトン ええ。

教皇 わたしの母と隣の奥さんは、壁越しに、椅子の上に乗って、おしゃべりするのが習慣でした……あの日のことは、昨日のことのようによく覚えています、わたしは中庭にいましたが、隣の奥さんが母を呼んで言ったのです、「戦争が終わったの、戦争が終わったのよ！」と。それでわたしは喜びを感じました、そうです、喜びを……わたしは一九三六年に生まれ、戦争は一九四五年に終わりました。それが最も重要な出来事かどうか、わたしにはわかりませんが、あれは決して忘れることがない経験でした。憎しみがあるとき、わたしは苦しみます。罪人であるわたし自身が、他人に対して何度も感じた憎しみも含めてです。

ヴォルトン それは、司祭たちが殺されたときですか？　それとも、近東のキリスト者たちのことを思ってですか？　それとも、二〇一六年の夏にフランスでアメル神父が殺害されたときのことですか？

教皇 つらいことでした。

ヴォルトン 人生で、あなたを最も感動させるものはなんですか？

教皇 優しさが行いに現れるとき、わたしはいつもうれしくなります、思いやりとか、赦しとか……でも、宗教的な領域に限ったことではありません。あらゆる分野についてです。子どものころ、人が言い争っているのを見ると、わたしは苦しくなりました。その反対に、優しさは……優しさは、わたしにたくさんの安らぎをもたらしてくれます。

ヴォルトン　あなたを最も怒らせるものはなんですか？

教　皇　正義に反することです。エゴイストたちです。そして、わたし自身がそういう状況にあるときは、わたし自身です。正義に反することは、いつだって悪いことです。わたしが誰かに不正なことをしてしまったときは、主に赦していただけたと思えるまで長い時間がかかります、それから相手の人に赦しを願い、不正を償うために何かをします。でも、生きているあいだに償うことができない不正がいくつもあります。それは恐ろしいことです。

ヴォルトン　あなたの最大の欠点は？

教　皇　どう言えばいいか、でも……人が思っているわたしとは反対のもの、と言ったらいいでしょうか。わたしには安易さや怠惰に流れる傾向があります。人はその反対だと思っているかもしれませんが。

ヴォルトン　では、長所は？　あなたの主な長所はなんですか？

教　皇　長所ですか……人の話を聞くのが好きなところ、とでも言えるでしょうか。人それぞれに違った人生があることがわかるからです。人それぞれに自分の道があることも。話を聞くこと。無駄話をするためでも、人を裁くためでもなく、異なった生活スタイル、異なった成功事例に向かって自らを開くためです……我慢も必要です、たとえば、いつも同じことを繰り返すだけのように思える年長者たちの話を聞くときなど。でも、わたしは無理なく我慢できるのですよ。

ヴォルトン　ええ、でもあなたは、自分の欠点は怠惰だと言われましたね？

教　皇　その傾向があるのです。

ヴォルトン　これまでの人生のうちで、あなたが怠惰だったのはいつのことですか？

教　皇　わかりません、でも……

ヴォルトン　わたしが思うに、そんなことは一度もなかったのでは（笑い）。

教　皇　……子どものころから、ずいぶん若いころからだと思いますよ。中学校の試験や小テストのときは、できるだけ勉強せずにすませられたらいいなとか……

ヴォルトン　ええ、子どもは皆そうですからね。でも、今はどうですか？　今はどんな欠点が？

教　皇　いくらでもありますよ！

ヴォルトン　ええ、わかります。でも、それは聴罪司祭にどうぞ。ここでは一つだけでかまいません。

教　皇　先ほどお話ししたあの傾向ですね、わたしの性分の一つで、わたしはそれと闘わねばならないのです。

ヴォルトン　でも、それって、かなりラテンアメリカ的ですね……

教　皇　ええ、そうかもしれません。そう考えたことは一度もありませんでしたが、そうかもしれません。でも、わたしには言えませんよ、そんなことを言ったら、彼らに目玉をくりぬかれてしまいますからね！

ヴォルトン　わたしたちヨーロッパ人は、いつもせっかちで心配性なのです。わたしは少しばかりラテンアメリカを知っていますが、あそこに行くといつも驚かされることが、まず喜びです。アルゼンチンにも、喜びや、落ち着いた生活と言えるようなものがありますね。ヨーロッパには、落ち着いた生活はありません。あの二度の世界大戦があり、それがすべての根底をなしています。それから五〇年に及ぶ東西対立がありました。ヨーロッパ人とは、いつも不安を抱えている人間なのです。でもあなたたちラテンアメリカ人は、たしかに戦争の暴力、とくに内戦の暴力は知っているでしょうが、二度の世界戦争という悲劇的衝突は知らずにいるので、「のんきさ」のようなものをもち続けているのです。あなたはそれをスタイルとして教皇職にもち込みましたが、そのことに気づいてはおられません。ヨハネ・パウロ二世は悲劇的でした、ベネディクト十六世もそうです。でもラテンアメリカ人のあなたはもっと「軽やか」で、もっと「くつろいで」います。しかもそれがはっきりと見て取れるので、伝統主義的カトリックの中には、それを快く思っていない人たちがいます……あなたはよく笑いますし、人々の話を聞くために時間をとっていますし、つまりあなたは、ヨーロッパの心理的規範《パラダイム》にあてはまらないということです。その違いを、何百万もの人々が感じ取っている、とわたしは思います。

教　皇　それがわたし個人の性格とか、ラテンアメリカ人気質だけからきているとは思いません。より若い教会がいくつもあるということにも関係しています。若い教会の姿勢はもっと自由です。たとえばアフリカでは、典礼のインカルチュレーションが実現されています、たとえばダンスを取り入れたりして。あそこでは、三時間より短いミサをすることなど考えられないのですよ！若い教会はそんなふうです。ヨーロッパの教会は古くからあります。ヨーロッパでは、キリスト教は二千歳ですからね。年老いたキリスト教と言っているのではありませんよ、いやむしろ、良い意味で年をとっていると言いましょう。わたしが言っていることの意味を理解してもらうために、一つ例をあげましょう。良いぶどう酒は、年をとると素晴らしい味になります。悪いぶどう酒は、年をとると酢になってしまいます。ヨーロッパは良いぶどう酒です。スペイン語で言うように、アニェハ **añeja**［年をとっている］、つまりもっと良い味になっているのですよ。でもそのせいで、率直さやさわやかさが少しなくなっているのかもしれません。

ヴォルトン　あなたは二〇一六年九月一六日に、新たに任命された司教たちにこう言いましたね、「世界はうんざりしています、嘘つきの誘惑者たちに。あえて言わせてもらえば、流行に乗っている司祭、司教たちにうんざりしているのです」。わたしはその言葉を高く評価しています。あなたは「感情認知障害[1]」とも言いました。あなたはびっくりするような表現を使いますね。たぶんその後、友人が減って、もっとたくさん敵が増えるのでしょうが、あなたの表現はすごいです。この才能は、いったいどこからきたのでしょうね？　自分の考えを気取らず、明快に表現し、ぴったりした言葉でもって皆にそれを理解させるのですから。ずっと前からそうなのですか？それとも年を重ねるごとにそうなってきたのですか？

教　皇　わたしはいつもこんなふうに話してきました。なぜだかよくわかりません……勉強して身につけたわけではありません……

ヴォルトン　ほんとうにずっと前からですか？　若いときも？

教　皇　それがわたしのあり方なのです……家族がそうなのです。うちは大家族で、日曜日はいつも祖父母たちと一緒に食事をしていました、一三人か一四人で、わいわいしゃべっていました！　たぶんそこからきたのでしょうか、わかりませんが。

ヴォルトン　結構なことじゃないですか、世界中どこでも、皆があなたの考えを理解できるわけですから。短くて、非常に明快です。ヨハネ・パウロ二世でさえ、それに比べればもっと複雑でした。

教　皇　彼は哲学者で、大学教授でしたから。でも、彼はとても良いものももっていましたよ。学生たちの指導司祭でしたから、あの気取りのなさがありました……

ヴォルトン　でも、これほどの簡潔さに行き着くためには、個人的に大きな苦しみがあったのではありませんか？

教　皇　ええ、苦しみましたね。二〇歳から二一歳にかけてのとき、わたしは死にかけました。ことここを切開して、肺の一部を切除したのです。ひどい苦しみでした、あのときは。そしてそれからは、「普通の」苦しみがありました、誰にでもあるような。特別なことは何も。

ヴォルトン　習慣的にも、歴史的にも、教皇はあまり話しません、話すときは公的に話します。でもあなたは、よく話しますね。よくメディアにのりますし、とても人気があります。わたしの質問はこうです。あなたが個人的に言っていることと公的発言とのあいだに、ずれが生じる危険はありませんか？　それともあなたは、別のタイプの、機構制度を超えた、より直接的なコミュニケーションをつくりだそうとして、意図的にそうしているのですか？

教　皇　賢明の徳(2)が必要だと思います。「冷たい」賢明さではなく、どこまで言うことができるのか、どこまでが限度なのかを理解させてくれる賢明の徳です。反発はありますし、わたし自身、間違うことがあります。わたし流のものの言い方をして、二度か三度間違いました。

ヴォルトン　教皇になってからですか？

教　皇　ええ、ええ、そうです。飛行機の中で。二度か三度、間違えました。

ヴォルトン　危険ですね、飛行機は。ジャーナリストたちがいて、しかもぶっつけ本番ですから。彼らはあら探しをします。それが好きなのです。でも、それはそれとして、あなたにとっては勇気がいることですね。もちろん限度はあります、あなたの信用に関わることになりますから。ジャーナリストはまず食らいつき、それから吐き出します。これは、教皇にとっても大統領にとっても、危険なことになりかねません。彼らはあなたが好きです、あなたがとてもはっきり物を言うからです。でも、いつか彼らが「もういい」と言う日が来ます。問題は、それがいつなのか、ということでしょう。

教　皇　ある事柄については、わたしは言うことができません。それは教育のなさ、賢明の徳の欠如となるだろうとわかっているからです。あるいは守秘義務違反に。でもわたしは、言ってよいことは言います。そして、そのいくつかが顰蹙を買っていることも事実です。

ヴォルトン　その率直で人間的なスタイルをもってするなら、事をより容易に進めていけるようになるとお考えですか？

教　皇　これは司牧上のスタイルだとわたしは思うのです。わたしは、教授としてではなく、司牧者として話そうとしているのです。

ヴォルトン　立派なお答えです。あなたの話を聞き、あなたを見て、その自由闊達さ、憤激ぶりを観察していると、わかります、あなたは怒っています。つまりわたしは、あなたのことを怒っている人だと感じるのです。怒っていて、体制に順応しない人です。あなたのその自由さ、批判精神、皮肉と、あなたが経験した体制によるさまざまな束縛とを、どうやって両立させることができたのですか？　どうやってあなたはそうした矛盾を処理してきたのですか？

教　皇　でも、それをうまく処理できなかったことも多かったですよ。

ヴォルトン　あなたは幸せですか？

教　皇　ええ、幸せですよ。わたしは幸せです。教皇だからではありません、主がわたしにそれをくださったからです、それでわたしは、馬鹿なことをしませんようにと祈っています……実際にはしていますけど！

ヴォルトン　（笑い）気をつけてください、馬鹿なことをしすぎないように！　教皇になってから、あなたを幸せにさせる主なことはなんですか？

教　皇　人と出会うことです。

ヴォルトン　相変わらずですね！

教　皇　広場にいるときです。

ヴォルトン　別の言い方をすれば、「牢獄」から出たときですね（笑い）。あなたは、かくも重大な象徴的責任を背負っている、世界でも数少ない人の一人です。教皇が何か言えば、それは世界中に知れ渡ります。あなたがもっている象徴的な力と向き合いながら、強い不安を感じたりすることが、ときにはありますか？

教　皇　不安を感じたことは一度もありませんが、ジャーナリストたちと飛行機に乗るときは、ライオンの洞窟(3)に降りていくような気になります。そこでわたしはまず祈り、それからできるだけ的確に話すようにします。重圧を感じますね。脱線したことも何度かありました。

ヴォルトン　仕方ないですよ、たいしたことじゃありません。

教　皇　でも、不安はありません。

ヴォルトン　体制、「秩序」とぶつかるような事件が、あなたの人生には数多く見られます。博士論文を仕上げるためといって、イエズス会からドイツに送られたときとか、コルドバ(4)に長いこといさせられたときとか……

教　皇　すでにお話ししたかどうかわかりませんが、わたしが学生だったとき、ある年寄りのイエズス会士が、わたしにこう忠告してくれたのです、「いいかね、前に進みたいなら、そう、明快に考え、曖昧に話すことだ」。でもわたしは、明快に話すよう努めています。

ヴォルトン でしたら、何度も困難にぶつかったでしょうね……

教　皇 ええ！　でも、わたしは偽善は嫌いです。言ってはいけないことでしたら、わたしは言いません。わたしは偽善者のようなことはしません。偽善はわたしを憤慨させることの一つです。

ヴォルトン ずっと前からですか？

教　皇 それがわたしの性分なのです。それに、わたしが若いころいちばんよく使っていた侮辱の言葉の一つは「偽善者！」でした。「偽善者」は巧妙な言い方をしますが、「偽善者」という言葉には同義語がたくさんあります。若いときは、学者のような話し方はしません。そのたくさんの同義語を使うのです、いまここでご披露するわけにはいきませんがね（笑い）。

ヴォルトン 二〇一三年三月一三日の晩、あなたが教皇に選出され、初めてサン・ピエトロ広場を見下ろすバルコニーに現れたとき、あなたは「兄弟姉妹の皆さん、こんばんは！」と言いましたね。まったく気取らずに！　あれは伝統に則ったものではありませんでした。

教　皇 あの日にあったことは、すべてまったく自然に運んだことでした。あの日の昼には、わたしは教皇になる可能性なんて考えてもいませんでした。それから突然……ぱあっと！　すべてがなんとも言えないほど平和に進んでいきました、その平和はもうわたしから離れませんでした、自然そのままに。人々が目の前にいるのを見て……わたしは少し心配になりました。「こんばんは」は、丁寧に挨拶するときに言うことです。

ヴォルトン　ええ、でもまったく異例なことでした。なぜなら、あれは平等を、あなたと集まっていた人たちとが平等であることを意味していましたから。

教　皇　ええ、でも、あの「こんばんは」は普通の挨拶です。あのとき、わたしには、他に言うべきことが見あたりませんでした。

ヴォルトン　なぜ聖マタイは、あなたの人生においてあれほど重要なのですか？

教　皇　なぜなら、わたしが召命を、わたしを呼ぶ声を聞いたのは、九月二一日つまり聖マタイの祝日のことでしたから。あれは強烈な経験でした、そのことはすでに何度も話しています。それから、聖マタイのための祈りがあり、聖ベーダ・ヴェネラビリス[5]の説教の読書があります。わたしがローマにいたとき、スクローファ通りのパウロ六世館に住んでいました。遠くなかったので、サン・ルイ・デ・フランセ教会[6]に行ってカラヴァッジオの「聖マタイの回心」を見るのが大好きでした。

ヴォルトン　あなたは「福音は開かれた心で偏見も先入観もなしに読まねばなりません」と言いました。詳しく説明していただけますか？

教　皇　それは、福音には力があるということです、神の言葉ですから。そして、神の言葉、福音の中には、主がいます。それが、公会議が言っていることです[7]。主があなたを呼んでいるのです。もしもわたしがイデオロギーや偏見をもって福音を読むと、福音はわたしのうちに入ってきません、福音の言葉に対して身を固めているからです。

それは、文学作品を読むのとは違うのです。わたしは文学作品のように福音を読むことはできます、学問的に福音を読むことはできます、つまり、「このギリシア語の単語はこういう意味で、あれはああいう意味で」などと分析しながら読むわけです。でもわたしは、福音をキリスト者として読むこともできます、開かれた心で先入観なしに。

でもわたしは以前、二つのことを付け加えたいとも、あなたに言っていましたね。

一つ目はこうです。あなたはわたしに「アウシュヴィッツで、神はどこにいたのですか？」と質問しました。そしてわたしはあなたに言いました、わたしには神は見えませんでした、神なき人間の仕業だけが見えました、と。それが、以前わたしが言ったことです。そのときは、それしか見えませんでした。神なき人間にはどんなことができるのかということです。その後、わたしは考えました、そして、そのときは見えなかった一つのことが見えてきました、考えた後で言えるようになったことではありますし、自然にでてきた答えではありませんが、それはこうです、神は、打たれ、殺されたキリストたちの中にいたのだと。神は常にからだのうちに現れます。それが一つ目のことです、後になって考えたことではありますが。

もう一つのことは、すでに言ったと思うのですが、はっきり覚えていません。神はどのようにコミュニケーションするか、ということです。神は進むべき道を示しながら、ご自分の民とコミュニケーションします。イスラエルの民、エジプトで奴隷となっていた民と……でも、いつも身を低くしながら。(8) 神はキリストのうちに、身を低くされるのです。それが、神学者たちが

「神のへりくだり」と呼んでいるもので、初代教父たちがsynkatabasis(9)、kenosis(10)と言っていたものです。でも、びっくりしますね。神が身を低くしてコミュニケーションするわけです。そしてこのように、人間は神の似姿なのですから、人間のひとつひとつのコミュニケーションも、本物のコミュニケーションとなるためには、身を低くしなければなりません。相手のレベルに自分を置くことです。身を低くすること、相手が自分より劣っているからではなく、謙遜な行為、自由な行為としてそうするのです……

たとえば――すでに言ったと思いますが――、親は、父親・母親は、子どもとコミュニケーションしようとすると、子どもの言い方をまねるのです。正確な話し方をするのではなく、子どものことばで、「ば、べ、び」と話すのです。親は身を低くします。わたしはそう思います。このことは、すでに言ったかもしれませんが、もしも言っていなかったら、大事なことです。これは規則なのです。もしもわたしが自分自身から抜け出し、身を低くして相手を探しに行かなければ、コミュニケーションは不可能です! コミュニケーションするということは、少し気取った言い方をするなら、謙遜な行為なのです。謙遜なしにはコミュニケーションはできません。大物の独裁者たちの話し方は……イタリア語やフランス語でそれをどう言うのかわかりません。スペイン語で言ったらこうです、« Yo, me, mi, conmigo y para mi »(わたし・わたしは、わたしを・わたしに、わたしの、わたしと、わたしのために)。権力をもつ独裁者たちは、演説するときにはこんなふうに、自信たっぷりにコミュニケーションするのです、自分が神であるかのように。

面白いですね、これは。尊大な、自己崇拝の言語です。反対に、相手に寄り添う謙遜な言語は、いつも身を低くするのです。

ヴォルトン ええ、身を低くするという言葉は、常に階級制、上から下に向かう関係を連想させる言葉です。でもあなたは、もっと人間的な次元でその言葉を使っていますね。身を低くするということは、相手の方に向かっていくこと。謙遜に。めったにないコンセプトです。それに対して、民主主義的な見方からすると、平等が問題にされますが、平等がどこまでへりくだりを含むことができるのか、わたしにはわかりません。

教　皇 わたしが思うに、平等であるためには相手のレベルに身を置く必要があります。原則として、わたしは相手のレベルまで身を低くしなければなりません、たとえ相手がわたしより上にある人だったとしてもです。でも、それは常に「相手の家に行く」ということなのです。わたしがそこに行かなければなりません。わたしが第一歩を踏み出さなければなりません。わたしは相手に、わたしのものの見方、わたしの考え方に合わせてくれるのが前提条件だから、などと言ってはならないのです。

ヴォルトン 真の平等とは、相手の方に向かっていくために、まさにその「身を低くする行為」ができるということですね。そして、こう言うことができるでしょう、形式上の平等と、実際の平等があると。

教　皇 ええ、形式上は、すべての人が平等です。でも、日常生活では……それは、奉仕へと向かう行動の仕方です。そういう行動の仕方はキリスト教的です。キリスト教的コミュニケーションは奉仕です。わたしは、仕えられるためではなく、仕えるために来た、とイエスは福音の中で言っています(11)。

ヴォルトン　今日、グローバル化した世界において、「民主主義的」イデオロギーが支配する中では、相手に会いに行くために身を低くするという考え方は存在しません。平等がすべて問題を解決すると人は思っています。でも、それは正しくありません。そしてあなたは、「コミュニケーションするということは、身を低くすることです」と言うことによって、今の民主主義文化の中には存在しない、規範となる次元を示しています。実際に、あなたは平等を超えたところに行っています、平等だけでは十分ではないと言っています。ほんとうに人とコミュニケーションしたいのなら、その人のいるところまで会いに行く必要があります、しかも、ほとんどいつも身を低くして。「わたしは身を低くします」と言って、あなたはほんとうに相手の方に行きます。あなたが言っていることは、コミュニケーションとは「…… の方に」向かう動きであって、身を低くすることを恐れてはならない、ということですね。

教皇　それが、わたしが強調したかった二つのことです。

ヴォルトン　ひとつ質問するのを忘れていました。ありふれた質問ですが、とても大事なことです。あなたの人生において、女性が果たした役割はなんですか？

教皇　個人的には、わたしは本物の女性たちを知ることができたことを神に感謝しています。わたしの二人の祖母はとても違っていましたが、二人とも本物の女性でした。二人とも母親で、働いていて、しっかりもので、孫たちと時間を過ごしていました……でも、いつもあの女性としての次元で……よく覚えています。わたしはいつも父方の祖母で、わたしの母がお産のとき、わたしを毎朝迎えにきてくれた祖母ローザのことを話しています。でも、もう一人、マリアという祖母もいます。たとえば、プロコフィエフが死んだ日のことを覚えています。わたしは彼女の家にいました、祖父も一緒でした。ありがたいことに、祖父母は四人とも、だいぶ後まで生きていてくれたのです。最初に祖父が亡くなったのは、わたしが一六歳のときでした。これはお恵みです。プロコフィエフが死んだとき、わたしは音楽が好きでした。三日か四日、父方あるいは母方の祖父母の家で弟たちと過ごすことが、年間通じてよくありました……バカンスには、兄弟姉妹五人のうち、三人は一方の祖父母の家に、あとの二人はもう一方の祖父母の家に行ったりしたものです。そうやって、わたしの父と母はゆっくりできたのです。後になって、それが変わりました。父と母は二か月間子どもなしで暮らすようになり、会うのは日曜か、皆でスタジアムに行くときだけでした。それで、ある日、プロコフィエフが死にました、わたしは一六歳だったと思います。何日だったか正確には覚えていませんが(12)。そしてわたしは、音楽の話をするようになりました、一五か一六のときです……それでわたしは、指揮者になれたらどんなにいいだろうなどと夢見るようになりました……若者が夢見るようなことです。祖母はわたしの話を辛抱強く聞いてから、こう言いました、「でも、そのためには勉強しなくてはね。それに、勉強するためには努力が必要だし、簡単にはなれませんよ」。祖母はわたしに、ごく自然に、仕事とは何か、仕事の役割、努力の役割は何か、教えてくれました。

この二人の祖母がいてくれたのは、お恵みです。それから、わたしの母がいました。母は……一番下の子を産んだ後――母は五人の子を産みましたが――、母が苦しんでいるのを見ました。感染症にかかって、一年間、歩くことができなかったのです。わたしは母が苦しんでいるのを見ました。それからわたしは、母が何も無駄にしないように、いろいろと気を配っているのを見ました。わたしの父はちゃんとした仕事をもっていました、会計係でした。でも、給料は月末までちょうどぎりぎりもつ程度でした。それで母は、次から次へとやってくる問題に立ち向かいながら、やりくりしていたわけです……それから、とてもすてきな思い出があります。毎週土曜日には、母がオペラが大好きだったので、母の家族はラジオを聞いていました、アルゼンチン国営ラジオが一四時にオペラを放送していたのです。母はオペラをとてもよく知っていました、母の父が大工で、いつもオペラのアリアを歌いながら仕事をしていたからです。母はそれをわたしたちに伝えてくれたのです、上の四人に……

ヴォルトン　イタリア・オペラですか？

教　皇　ええ、イタリアのです。フランスのもありましたよ。覚えています、一度『ミニョン』[13]を教えてくれました、それから『マノン』[14]も。母はわたしたちに、まずストーリーを説明してくれて、それから、あるところにさしかかると、「このパッセージをよく聞きなさい、きれいでしょう」と言うのでした。すべてが芸術的でした。まさに女性、母親でしたね。それから妹たち……男にとって姉妹がいるというのは大事なことです、とても大事なことです。それから、青春時代の女性友だち、「ちいさなフィアンセたち」……いつも女性たちと一緒にいたことが、わたしを豊かにしてくれました。大人になってからも、女性は男性とは違ったふうにものごとを見るのだということを教えられました。なぜなら、決心しなければならないとき、問題に直面したとき、男性と女性の両方の話を聞くのが大事ですから。

ヴォルトン　男性と女性の対話をまさに豊かにするために、教会において女性のいる場所を、どうやって増やせばいいでしょう？

教　皇　それはとても大事なことです。教皇庁の改革によって、たくさんの女性が、委員会に限らず、決定権をもつようになるでしょう。教育部門を率いるのに、司祭である必要はありませんから……教皇庁には、バチカン広報局にすでに女性の副局長がいます……

ヴォルトン　誰のことを話しているのかよくわかりますが、まだバランスが悪いままですね。女性と男性が現実を違ったように見ているのは確かです。個人的に見て、子ども時代や青春時代の後で、強い印象を受けた女性たちに出会いましたか？

教　皇　ええ、一人います、彼女はわたしに政治の現実を考えることを教えてくれました。彼女はコミュニストでした。

ヴォルトン　まだ生きていますか？

教　皇　いいえ……軍事独裁政権の時代に、「うーん……」、殺されました。フランス人シスター二人と同じグループにいて、一緒にいたところを捕まったのです。化学者で、食品衛生学研究所の、わたしが働いていた部署のトップでした。パラグアイのコミュニストで、向こうではフェブレリスタと呼ばれている政党[15]のメンバーでした。今でも覚えています、彼女がローゼンバーグ夫妻[16]の死刑について読ませてくれたのですよ！　その背後に何があるのかを、わたしに示してくれました。彼女はわたしに本をくれました、すべてコミュニズム関係の本でしたが、政治を考えることを教えてくれました。

ヴォルトン　ひどいですね、ローゼンバーグ事件は。

教　皇　彼らはほんとうに有罪だったのでしょうか？　それに、彼女がこう言っていたのを覚えています、「ねえ、電気椅子にかけられる前に、最後の別れを言うことを許されたとき、彼らは手錠をかけられたまま、手を取りあい、抱き合ったのよ」。非人間的です。そうやって彼女はわたしに、政治のあの非人間的論理を理解させたのです。彼女にはいろいろと教えられました。それで、迫害が始まったとき、彼女はわたしを家に呼びました――わたしはすでに司祭になっていましたが、まだ管区長ではありませんでした。電話をかけてきて、こう言ったのです、「ホルへ、わたしの義理の母が（とても信心深い人でした）具合が悪いのよ。終油の秘跡[17]を授けに来てくれないかしら？」。彼女はコミュニストでしたけれど。「わかった、行くよ」。わたしは彼女の義理の母を知っていました。「じゃあ、小型トラックで来てちょうだい、その方がこの地区に入りやすいから」。そのときわたしはわかりました、彼女は何かを運び出したいのだと。実際、そのとおりでした。彼女の本を運び出したのです、彼らが不意にやって来てコミュニズム関係の本を見つけるのを、彼女は恐れていたからです。そうなったら、彼女は逮捕されていたでしょう。彼女とはよく会っていましたし、いつもわたしが選んだ道を尊重してくれていました。ほんとうに彼女のおかげです、彼女はわたしに考えることを教えてくれたのですから。彼女の子どもたちに再会しました……

ヴォルトン　彼女の名前はなんですか？

教　皇　エステル・バレストリーノ・デ・カレアガ[18]です。

ヴォルトン　エステルは、旧約聖書〔エステル記〕に出てくる名前ですね。

教　皇　ええ。彼女には子どもが三人いました。一人はスウェーデンで暮らしています。あとの二人はアルゼンチンで暮らしていますが、わたしがパラグアイを訪問したとき、アスンシオンまで会いに来てくれました。彼女たちの母親がどれほどわたしを愛していたかと繰り返し語ってくれました。あの女性はわたしに、考えることをほんとうに教えてくれたのです。

ヴォルトン　ところで今ですが、重責にもかかわらず、女性たちと親しい関係をもつことができていますか？

教　皇　いいえ、ほんとうに親しいとは言えないでしょうが、良好な関係ならありますよ。女性の友だち二人が、わたしがアルゼンチンにいるとき、死にました。とても良い人たちでしたが、死んでしまいました。でも、一緒に話したりする、とてもよい付き合いをしている女性たちはいますよ……

ヴォルトン　教皇庁の改革に成功して、女性にもっと場を与えることができると思いますか？

教　皇　ええ、ええ、できると思います。女性蔑視はそんなにはありませんから。問題はそれではありません、他にあるのです。

ヴォルトン　むしろ、違いとか、慣れていないとかが問題なのでしょうか？　それに遠慮もあるのでは？　女性に対する男性の遠慮、とくに司祭の場合、そうなのでは？　もう少しすれば……女性蔑視では必ずしもなくて、コミュニケーション不能ということになるのでしょうね。

教　皇　ええ。女性がどれほど上手にできるかということを彼らがわかれば、問題はありません。

ヴォルトン　問題となるのはそれではなくて、別のことでしょう……

ヴォルトン　なんでしょう、その問題とは？

教　皇　権限の問題です。努力しています。でも、今ここでは、良識ある人たちには、問題はありません。でも、難しいでしょうね。

ヴォルトン　教皇庁の改革は難しいです。この改革、成功させられますか？

教　皇　ええ……ある年配の枢機卿がわたしに言いました、「気を落としてはいけませんよ、教皇庁の改革は難しいですからね。それに教皇庁は、改革されるべきではなくて、廃止されるべきなのですよ！」（笑い）。もちろん冗談ですけどね。

ヴォルトン　それは比喩でもありますね。ときには徹底的にする必要があります。でも、難しいことですが。

教　皇　彼は冗談でそう言ったのですよ。考えられないことです、教皇庁はなくてはならないものですから。それに、優秀な人たちがたくさんいます、たくさん！　聖人もいくらかいますし、神の人もいます。こんな言葉もありますよ、一本の木が倒れるとき、成長する森よりも大きな音を立てる。

ヴォルトン　いいですねえ。先日、トーラン枢機卿[19]に会いました。

教　皇　彼はボルドーの出身ですね［フランス語］。

ヴォルトン　ええ。実に素晴らしいスピードと知性の人です。

教　皇　わたしは彼のことを友人と思っています。

ヴォルトン　彼もあなたのことが大好きです。トーラン枢機卿は、二五年にわたって、教会の政治的コミュニケーション全体の中心にいる人です。

教　皇　彼は道を見つけ出すことができる人です。コミュニケーションする人、コミュニケーションの仕方を知っている人です。すべての人と対話していますから。彼が信仰をもたない人たちや、仏教徒、ムスリム、さまざまな人たちと話し合っているところを、わたしは見て知っています。同意できないときは、そう言います。彼には対話の知恵が身についているのです。

ヴォルトン　同感です。

宗教間対話のテーマに戻りましょう。厳格主義[20]について何か付け加えたいと思っているのでは……

教　皇　厳しさ・硬さの背後には、コミュニケーション能力の欠如があります。わたしにはいつもそう見えました……たとえばコミュニケーションを恐れているあの硬直した司祭たちを見てください、硬直した政治家たちを見てください……あれは原理主義の一つの形です。わたしは硬直した人と出会ったりすると、とくにそれが若者だと、すぐに思うのです、これは病人だと。危険なのは、彼らが安全を保証してくれるものを求めていることです。

そのことについて、一つのエピソードを話したいと思います。一九七二年、わたしが修練長[21]をしていたとき、イエズス会入会を希望する志願者たちを一年か二年、見守っていました。彼らは大学で学んでいて、毎週土曜から日曜にかけて、わたしたちのところに来ていたのです。修練院で、彼らはスポーツをしたり、霊的指導者と話し合ったりしていましたが、わたしとは直接的な関係がなく、わたしを注意して見ることさえありませんでした。わたしは重要人物ではなかったのです。彼らは面接試験を受け、またかなり高度なテスト、たとえばロールシャッハ・テストなどを受けたりもしました、腕の良い作業チームがそれを担当していて、チームにはそこで研究していたカトリック信者の女性精神科医がいました。テストのとき、わたしは志願者たちに付き添っていました。そのうちの一人のことを覚えています。少し硬いように見えましたが、知的には大変優れていて、とてもレベルが高いと思いました。他にも志願者はいましたが、だいぶ見劣りがして、これで大丈夫だろうかと心配になるほどでした。彼らはいろいろと問題を抱えていたので、合格できないだろうとわたしは思っていました。でも、結局は合格しました。なぜなら彼らは、成長する力、成功する力をもっていたからです。ところが、最初にあげた志願者のテストが行われたあと、チームのメンバーたちはすぐにノーと言いました。「でも、どうしてですか？彼はあんなに頭が良いし、長所もいっぱいありますよ」。すると、こういう説明が返ってきました、「でも、彼には問題があります。少しもったいぶっていて、少し不自然なところがいくつかあるし、少し硬いですから」「では、なぜ彼はそんなふうなのですか？」「自分に自信がないからです」。

自分は「心理的に病んでいる」と無意識のうちに感じ取っている人たちのことは、感じでわかるのです。その人たちは、自分が病んでいることを知らないのですが、感じてはいるのです。それで彼らは、自分の人生を守ってくれるような、強力な組織を探すのです。警察官になったり、軍隊や教会に志願したり。強力な組織に入って、自分の身を守ろうとするのです。彼らは自分の仕事をしっかりしますが、ひとたび自分の身が安全だと感じると、無意識のうちに病気が現れてきます。そして、いろいろと問題が生じてくるのです。それでわたしは聞きました、「でも、先生、それはどう説明されるのですか？　よく理解できないのですが」。すると彼女はこう答えました、「なぜ拷問する警官がいるのか、あなたは考えたことがありますか？　あの青年たちは、やって来たときは律儀で善良でしたが、病気でした。その後、もう自分は大丈夫だと感じるようになったとき、病気が出てきたのです」。

わたしは、硬直したものを見ると心配になるのです。無秩序な若者の方が好きです、よくあるような問題を抱えて、いらいらしている若者の方が……そうした矛盾はすべて成長を助けてくれるものになりますから。アルゼンチン人とフランス人の違いについてはすでに話しましたね……アルゼンチン人が精神分析にとても熱心なのは確かです。ブエノスアイレスには、ビリャ・フロイトという、とてもしゃれた地区があります。精神分析学者ばかりいる地区です。

ヴォルトン それはまた、とんでもないことですね。複数の精神分析学者を一緒にしては絶対にいけません、後でうぬぼれの強い人間になってしまいますから。とはいっても、精神分析学が二〇世紀最大の知的・文化的革命の一つであることは確かですが！

教　皇 でも、彼らが皆、似たりよったりなわけではありませんよ。そういう人たちもいます。でも、とても人間的で、ヒューマニストで、医学など他の学問分野にも通じている人たちを知っています……

ヴォルトン ええ、もちろん！　精神分析学者が医者であるなら、さらに良い場合がよくあります、治療の仕方を心得ているわけですから。わたしの周りにいる人たちを通じて、そのことはずっと前から知っています。逆に、それがインテリの場合は……

教　皇 でも、学問的な交流をずっと続けている場合は……たとえば、一人知っていますよ、とても才能に恵まれている、五〇歳くらいの優秀な女性です。ブエノスアイレスで働いていますが、年に三回、スペインで一週間、ドイツで一週間、講義をしにやって来るのです。興味深いことに、彼女は、ホメオパシーや他のさまざまな学問分野を援用しながら、精神分析の方法を発展させたのです。

わたしが知り合いになった精神分析学者たちは、わたしの人生の一時期、わたしが診察を必要としていたときに、ずいぶんと助けてくれました。わたしはユダヤ人の女性精神分析学者に診察してもらったことがあります。いくつかのことをはっきりさせるために、週に一度、彼女のところに通いました。とても良い人でした。医者としても精神分析学者としても、とても優秀な人でしたが、いつも自分の分をわきまえていました。そしてある日、死を目前にしたとき、彼女はわたしを呼びました。ユダヤ人ですから、秘跡のためではなく、霊的な会話をするためでした。とても良い人でした。半年のあいだ、ずいぶんわたしを助けてくれました、当時わたしは四二歳でした。

ヴォルトン　誰でも皆、精神科医や精神分析学者と、そうした会話が必要になることがあるのですね、不幸なとき、ある程度の距離をとるために。この仕事は、きちんとなされるときは、司祭の仕事と似たものになります。司祭と比較されることは実際にありますし、良い精神科医は、しばしば他人の不幸を自分の身に引き受けます。他人をいやし、彼らの苦悩を引き受ける、まさに司祭がするように。精神的にそばに寄り添うのですね……

教　皇　寄り添うというのは、難しいプロセスです。

ヴォルトン　アルゼンチンが懐かしくなることがありますか?

教　皇　いいえ、ありません。不思議なことです。わたしは小さなスーツケース一つと帰りの切符だけをもってここに来ました、わたしにチャンスなどまったくなかったし、こうなるとは思ってもいませんでした、三人か四人「大物」がいましたし……ロンドンの胴元たちによると、わたしは四二番目か四六番目でした。彼らに言わせると、わたしはただのkingmaker「キングメーカー」にすぎませんでしたから。

ヴォルトン　おや、you speak English?［英語を話すのですか?］

教　皇　So so［まあまあ］……胴元たちは思っていたようですね、あのベルゴリオはラテンアメリカから違った考えをもって来て、次の教皇を選ぼうとするだろう、「こっちの方があっちよりもいいから」などと言ったりして……その後、状況が変わったとき、わたしは大きな安らぎ、平和を感じました。そしてその平和は、いまに至るまで、ずっとわたしから離れずにいます。この平和は、主の恵みだと思います。それでわたしは、アルゼンチンが懐かしくならないのでしょう。

ヴォルトン　なぜあなたはいつも、わたしのために祈ってください、と言うのですか?

教　皇　わたしにはそれが必要だからです［フランス語］……必要なのです。わたしは民の祈りに支えられていると感じているからです。ほんとうに。

二〇一五年一一月二六日、ケニア、ナイロビ、国際連合ナイロビ事務局を訪れた際の演説

（…）数日後に、パリで、気候変動に関する重要な会議が行われます。国際社会が、国を超えた共同体として、この問題に対して新たに取り組むことになります。[22] 個別的な利害が共通善よりも優先され、自分たちの計画を守るために情報を操作するようになったとしたら、それは悲しむべきこと、あえて言うなら、破滅的なことになるでしょう。（…）

パリ協定は、望ましい方向へと進んで行くことを示す明らかなシグナルとなり得るでしょう、ただしそのためには、国連総会でわたしがすでに言ったように、わたしたちは「口先だけの宣言でもって良心の痛みを和らげようとする誘惑に陥ってはならないのです。わたしたちは監視を怠ってはなりません、わたしたちは、諸機関がこれらすべての災いに対して実際に効果的に戦っているかどうか、見守る必要があるのです」。ですからわたしは、COP21が、連帯・正義・公正・参加の原則に基づき、包括的かつ「変革をもたらす」合意へと達するよう願っています。そしてこれによって、三つの目的、複雑であると同時に互いに関連し合っている三つの目的――気候変動による衝撃の緩和・貧困との闘い・人間の尊厳の尊重――の実現へと向かうことになるよう願っています。

数多くの困難にもかかわらず、「地球は故郷であり、人類はともに暮らす家に住む一つの民であるという確信が（…）広がってきました」（『ラウダート・シ』164）。

いかなる国も、「共通の責任を逃れて行動することはできません。ものごとを良い方向に変えていきたいとほんとうに望むのなら、わたしたちは互いに依存し合う関係にあることを謙虚に認め、引き受けなければならないのです」（二〇一五年七月九日、民衆運動に関する世界会議での演説）。相互依存関係とは支配のことだとわたしたちが思うとき、誰かが別の誰かの利益のために、弱い者が強い者の利益のため服従させられることだとわたしたちが思うとき、問題が生じるのです。（…）

（…）わたしたちは「無関心のグローバル化」という嘆かわしい兆候から身を守らねばなりません。「《無関心のグローバル化》によって、わたしたちは他人の苦しみに徐々に《慣れて》しまうのです、それがまるで当たり前のことであるかのように」（二〇一三年一〇月一六日、世界食品の日へのメッセージ）。いや、もっと悪いことに、社会的「排斥」・排除といった極端で言語道断な現実を目の当たりにしながら、人身売買・強制労働・売春・臓器売買といった新たな奴隷形態を目の当たりにしながら、わたしたちはあきらめてしまうのです。「環境破壊によって深刻化する貧困から逃れようとする移住者の数は増える一方で、悲劇的状況です。この移住者たちは、国際協定では難民と認められず、いかなる法的保護もなしに、行く場所もないまま、生きることの重荷を担っているのです」（『ラウダート・シ』25）[23]。数多くの命が、数多くの物語が、数多くの夢が、いまこうして、行き場を失っているのです。これを目の当たりにしながら、わたしたちは無関心でいることはできません。わたしたちにそんな権利はないのです。

　環境破壊の放置と並行して、あるときから、急激な都市化が進んでいます、それも残念なことに、多くの場合、「異常なまでに、かつ無秩序に肥大化した結果、多くの都市は不衛生（で）非効率的となってしまいました[24]」（『ラウダート・シ』44）。（…）

　地方レベルで、あるいは国際レベルで働いている人たちがいます。わたしはこの人たちに激励の言葉を送りたいと思います。この人たちは、都市化のプロセスが発展と同化のための有効な手段となり、すべての人、とくに周辺地区で暮らす人々に、基本的権利である土地・家・仕事を保証しつつ、尊厳ある生活条件を保証しようと努力しているからです。（…）二〇一六年一〇月にキトーで開催が予定されている第三回国連人間居住会議（Habitat-III ハビタット3）は、これらの問題にどう答えればよいか、その方法を確認するための重要な機会となるでしょう。

　数日後、このナイロビで、世界貿易機関［WTO］第一〇回閣僚会議が開催されます。一九七一年に、わたしの先任者パウロ六世は、相互依存関係を深める世界を前に、いまでは現実となっているグローバリゼーションを何年も前に予見して、国家間の通商関係のあり方を考察し、それが諸国民の発展のための基本的要因となり得るし、さもなくば、貧困と排除の原因となり得ると指摘しました（パウロ六世回勅『ポプロールム・プログレシオ』[25] 56〜62）。（…）

　ナイロビで行われるこの会議での討議が、利害の対立を調整するだけにとどまらず、わたしたちが共に暮らす家［地球］の保全と、人々、とくに最も恵まれない人々の全人的発展とに真に寄与するものとなるよう、願っています。とりわけ、進歩発展への協力や保健医療面での支援に携わっている方々――その中には最も貧しく社会から排除された人たちに奉仕している修道者たちもいますが――この方々の取り組み、知的所有権や医薬品・医療へのアクセスに関する合意に向けての取り組みに対して、わたしは協力を惜しみません。知的所有権の保護、とくに薬品およびバイオテクノロジー分野における知的所有権の保護に関する地域的自由貿易条約は、多国間協定によって関係国にすでに認められている権利を制限してはならないだけでなく、すべての人に対し最低限の保健医療支援と基礎的医療へのアクセスを保証するための手段となるべきでしょう。また、多国間での討議では、貿易上の規範の適用にあたっては、整合性と共に、貧しい国々を傷つけることがないよう配慮しつつ、最も貧しい国々に対して時間と柔軟性、そして必要な例外事項とを認めるべきです。

(…) 諸国家間、諸国民間の経済関係を考えるにあたっては、違法取引について語らずにはいられません。違法取引は、貧しい環境の中で増大し、しかもそれがさらに貧困と排除を助長するのです。違法取引――ダイヤモンドや宝石、レア・メタルあるいは戦略的価値のある金属、木材、バイオ素材、動物を素材とするもの、たとえば象の大量殺戮を引き起こす象牙の密売など、違法取引は政治的不安定、組織犯罪、テロリズムを増大させるのです。こうした状況は、人間たちの叫び声、大地の叫び声でもあります。国際社会はこの叫び声に耳を傾けねばなりません。

(…) カトリック共同体は、そしてわたし自身も、祈りによって、また協力を通じて、皆さまを支援し続けることを、改めてお約束します。アフリカ連合という形で、また通商・協力・発展に関するアフリカの諸条約によって今日表現されている地域協力の成果が、力強く、そしてこのアフリカの大地の子どもたちに常に配慮しながら、具体化されますように。

いと高き神の祝福が、皆さま一人ひとりの上に、そしてアフリカ諸国民の上にありますように。

ありがとうございます！

二〇一七年四月二八日、エジプト、カイロ、アル＝アズハル大学の大会議場で行われた「平和のための国際会議」での演説

Al Salamò Alaikum ! ［平和が皆さんと共に！］

今こうしてここにいられることは、エジプト訪問をこの場所で始められることは、この「平和のための国際会議」という枠組みの中で皆さんにお話しできることは、大きなお恵みです。わたしの兄弟であるグランド・イマーム[26]に、この会議を企画し開催されたこと、そしてわたしをお招きくださったことを、感謝いたします。わたしが考えたことをいくつか、皆さんにお話ししたいと思います。それは、長い時間の流れの中で、「文明の地」として、また「契約・協力の地」[27]として世界に現れたこのエジプトの地の輝かしい歴史から引きだしたものです。

「文明の地」――古代から、ナイル川流域に現れた社会は、文明の同義語でした。エジプトにおいて、知識の光は非常に高いレベルに達し、知恵と才能、数学と天文学の知識、建築や具象芸術の見事な造形美からなる、この上なく貴重な文化遺産を生み出しました。知の探求と教育の価値という実り多き選択によって、この地に住んでいた古代の人々は進歩発展を実現したのです。それは、未来のために必要な選択、平和の選択、平和のための選択でもあります。というのも、若い世代を適切に教育することなくして平和はないからです。そして、外に向かって開かれている存在、関係

の中に生きる存在としての人間の本性にかなった教育がもしもなされないのなら、それは今日の若者にとって適切な教育とは言えないでしょう。(…)

三つの基本方針がうまく結び合わされるなら、対話を助けることができます。その三つとは、「アイデンティティーを守る義務」「他者を受け入れる勇気」「誠実な意図」です。「アイデンティティーを守る義務」――なぜなら、相手に気に入られるために自分のアイデンティティーを犠牲にするような、そんな曖昧な態度では、真の対話を築き上げることはできませんから。「他者を受け入れる勇気」――なぜなら、自分とは文化的にも宗教的にも違う人のことを、敵だと思うのではなく、一人ひとりの善はすべての人の善の中にあると確信しつつ、旅の仲間として受け入れるべきだからです。「誠実な意図」――なぜなら、対話は、人間性がほんとうに表れるものですから、付随的な目的を実現するための戦略的手段としてではなく、真実に至る道として、粘り強く試みる価値があるものだからです。そうすることによって、競争は協力へと変わって行くでしょう。(…)

神の名によって新たにされた兄弟愛という太陽が昇りますように、そして、太陽に抱かれたこの地から「平和と出会いの文明」という暁の光が輝き出ますように！　アッシジの聖フランシスコの執り成しを願いましょう、聖フランシスコこそ、八〇〇年前にエジプトを訪れ、スルタンのマリク・アル＝カーミルと会った人なのです。

「契約・協力の地」――エジプトには知恵の太陽だけが昇ったわけではありません。諸宗教の多彩な光もこの地に輝いたのです。ここでは、幾世紀ものあいだ、宗教の違いは「ただ一つの国民共同体に役立つ、互いに豊かにし合う形」[28]をなしていたのです。さまざまな信仰が交差し、多様な文化が混ざりつつも、一体化することはなく、「共通善のための協力」の重要性を認めていました。この種の協力は、今日では、いまだかつてないほど急を要することです。このことについて話しながら、わたしは、この地にそびえる「契約の山[29]」を象徴として使いたいと思います。シナイ山が何よりもまずわたしたちに思い起こさせることは、この地で結ばれた真正の契約は「天」を抜きにしてはあり得ないということ、人類は、神を視界から排除するなら、平和を享受することなどできないということ、そして人間は、神を独り占めしようとして山に登ることなどできない（出エジプト記19・12参照）ということです。

（…）数多くの役に立つ技術的手段と同時に、無関心や無頓着もグローバル化しているこの世界において、耐えがたいほど急激に変化しているこの世界において、人は人生の意味という切実な問題にノスタルジーを感じています。この切実な問いを宗教は明瞭に示し、わたしたちがよって来たるところは何かを思い起こさせるのです。つまり、人間の使命とは、地上の不確かなものごとの中で消耗することではなく、わたしたちが向かうべき「絶対的存在」に向かって歩んでいくことだ、ということです。だからこそ、とくに今日では、宗教は問題を生じさせるものではなく、解決を示すものであると言うべきでしょう。すべてはこの地上で生まれて終わるだけという平板な生活に順応する誘惑に対して、宗教はわたしたちに教えてくれるのです、人間の国[30]をどうやって建設すべきかを知るためには、わたしたちの霊魂を「いと高きお方」に向かって高めねばならないのだと。

その意味で、改めてシナイ山に目を向けながら、そこで示された掟、石の板に書かれる前に示された掟[31]について話したいと思います。「十の言葉」〔十戒〕の中心には、人間たちに対して、すべての時代のすべての国民に対して向けられた掟、「殺してはならない」（出エジプト記20・13）という言葉が響きわたっています。（…）

天と地が出会うこの地で、諸国民の、信者たちの協力の地で、一緒に声をそろえて、きっぱりと「ノー」と言いましょう、宗教の名のもとに、神の名において犯されるいかなる形の暴力・復讐・憎しみの行為に対しても「ノー」と言いましょう。一緒にはっきりと言いましょう、暴力と信仰は相容れない、信じることと憎むことは相容れないと。一緒に宣言しましょう、いかなる人間の生命も神聖なものであると。神聖な生命に対する暴力は、いかなる形であれ――身体的暴力であれ、社会的暴力であれ、教育の名のもとに行使される暴力であれ、心理的暴力であれ――許されないと。（…）

確かに、宗教に求められていることは、悪を暴くことだけではありません。宗教は、それ自体、平和を推進することを使命としています、しかも今日では、それはいまだかつてないほど重要なことなのです。わたしたちの務めは、妥協的混合主義《シンクレティズム》[32]に譲歩することなく（使徒的勧告『福音の喜び』251参照[33]）、互いのために祈り合い、神に平和を願い求めること、互いに出会い、対話し、協力と友愛の精神によって融和を促進することです。（…）

紛争を未然に防ぎ、平和を築き上げるためには、過激思想の温床となる貧困と搾取の状態を解消すること、そして暴力を煽る者たちに金や武器が流れていかないようにすることが基本的に重要です。さらに根本的には、武器の拡散と闘う必要があります、武器が製造され売却されるなら、遅かれ早かれ、それが使われることになるからです。戦争という癌を増殖させる闇取引の実態を白日の下にさらすことによって、はじめて真の原因を封じ込めることができるのです。各国の指導者たち、各機関の責任ある人たち、メディアは、この緊急かつ重大な課題に取り組む義務があります。そして、文明に対して責任を負っているわたしたち、歴史を受け継ぎ、未来を担う者として神から責任を託されているわたしたちも、それぞれ自分の分野で、平和推進に取り組む義務を負っています。わたしたちは、諸国民・諸国家のあいだに平和の堅固な礎を築く義務から逃れることはできないのです。どうかこの高貴にして親愛なるエジプトの地が、神の助けにより、文明と契約・協力という使命に再び応え、この愛する国民のため、中近東地域全体のために、平和推進に寄与することができますように。

Al Salamò Alaikum !

注

（1）［訳注］フランス語原文は analphabétisme affectif —— つまり analphabétisme「アルファベット（＝文字）を

知らないこと、読み書きできないこと」に affectif「感情の・感情的」という形容詞を付け加えた言葉。直訳すると「感情の文盲」だが、もう少しくだいて言うなら「(文字が読めないように) 人の感情を読む・察することができないこと」とでもなろう。ただ、直訳だと意味がいまひとつ不明瞭だし、「文盲」という言葉を使うことにも抵抗がある。逆に説明的に訳すとヴォルトンが続けて言うような「びっくりするような表現」にはまったくならない。それでとりあえず「感情認知障害」と意訳してみた。

（2）［訳注］prudence――普通は「慎重・用心」などと訳されるが、カトリックの四つの枢要徳（賢明 prudence・正義 justice・勇気［剛毅ともいう］force・節制 tempérance）の一つでもある。「徳」vertu とは、『カトリック教会のカテキズム』1803によれば、「善を行う堅固な習性」で「単によい行いをさせるだけではなく、自分の最善を尽くさせ」るものである。

（3）［訳注］ライオンの洞窟という言葉は、ダニエル書6章（預言者ダニエルはライオンの洞窟に投げ込まれるが、神の助けにより無事に生還する）を連想させる。

（4）［原注］アルゼンチン北部の町。

（5）［訳注］聖ベーダ・ヴェネラビリス（六七二／六七三～七三五）――司祭、教会博士。日本では尊者ベーダとも呼ばれる。北イングランド、ノーサンブリアに生まれ、七歳のとき近くのベネディクト会修道院に預けられ、生涯そこから出ることがなかった。初期中世の傑出した知識人で、聖書研究に励み、また『イギリス教会史』を著した。

（6）［訳注］Saint-Louis-des-Français（イタリア語ではサン・ルイジ・デイ・フランチェージ教会 San Luigi dei Francesi）――ローマ在住フランス人の国民教会。サン・ルイというのはフランス王聖ルイ九世（在位一二二六～一二七〇）のこと。この教会にカラヴァッジオの「聖マタイの召命」、「聖マタイと天使」、「聖マタイの殉教」がある。フランシスコ教皇が「聖マタイの回心」と言っている絵は「聖マタイの召命」のこと。

（7）［訳注］第二バチカン公会議文書「神の啓示に関する教義憲章」*Dei verbum* は次のように述べている。

7 (…) 至高なる神のすべての啓示を完成する者としての主キリスト（二コリント1・20、3・16－4・6参照）は、使徒たちに、ご自身が前もって預言者たちを通して約束していたことの成就である福音、

また自らの口によって告知した福音を、救いのすべての真理と道徳上の規律の源泉としてすべての人にの
べ伝えるようにと命じ、また彼らに神のたまものを授けたのであった。

17　神のことばは、信じる者すべてにとって救いのための神の力であり（ローマ１・16参照）、新約の諸文書のうちに卓越したしかたで示され、その力を現している。

18　全聖書の中で、さらに新約聖書の中でも、福音書がきわめて卓越したものであることを、だれ一人として見落とす者はいない。事実、それは、受肉したみことばであるわれわれの救い主の生涯と教えについてのいとも優れた証言であるからである。

（8）［訳注］身を低くする――動詞 s'abaisser（自分自身を低くする、身を低くする、へりくだる）が使われている。

（9）［訳注］synkatabasis（ギリシア語 συγκαταβασις）――フランス語では condescendance（同じレベルに降りること）だが、ここでは「神のへりくだり、神が人間にも理解できるように人間のレベルに降りること」の意味で用いられている。第二バチカン公会議文書「神の啓示に関する教義憲章」には次のように記されている。

神の知恵のへりくだり

13　それゆえ、神の真理と聖性をまったく損なうことなく、聖書のうちには永遠の知恵の驚くべき「へりくだり」が示されているのである。「そこでわれわれは、言語を絶する神の優しさを学び、また神がわれわれの本性を気遣い配慮してどれほどわれわれにふさわしいことばを使ったかを学ぶことができる(27)」。というのは、かつて永遠なる父のみことばが人間の弱さをまとった肉を受け取って人間と同じようなものになったのと同様に、神のことばは人間の言語で表現されて人間のことばと同じようなものにされたからである。

(27) 聖ヨハネ・クリゾストモ『創世記注解』。

（10）［訳注］kenosis（ギリシア語 κενωσις）――使徒聖パウロに由来する神学用語で、キリストが神の身分でありながら、自分を無にして人となったことを示す。

（…）キリストは、神の身分でありながら、神と等しい者であることに固執しようとは思わず、かえって

自分を無にして、僕《しもべ》の身分になり、人間と同じ者になられました。人間の姿で現れ、へりくだって、死に至るまで、それも十字架の死に至るまで従順でした。このため、神はキリストを高く上げ、あらゆる名にまさる名をお与えになりました。こうして、天上のもの、地上のもの、地下のものすべてが、イエスの御名にひざまずき、すべての舌が、「イエス・キリストは主である」と公に宣べて、父である神をたたえるのです。（フィリピの信徒への手紙2・6－11）

（11）［訳注］マタイ20・25－28、マルコ10・42－45参照。

（12）［原注］一九五三年三月五日。スターリンが死んだ日でもある。

（13）［原注］アンブロワーズ・トマ Ambroise Thomas のオペラ・コミック（一八六六）。

（14）［原注］ジュール・マスネ Jules Massenet のオペラ（一八八四）。

（15）［原注］フェブレリスタ革命党、一九五一年、ブエノスアイレスで結成された。

（16）［原注］アメリカ共産党員ジュリアスとエセル・ローゼンバーグは、原爆に関する機密情報をソ連に渡したとして告発された。二人は一九五三年六月一九日に電気椅子で処刑された。

（17）［訳注］終油の秘跡――いまは「病者の塗油」という。「病気に苦しむ人々を励ますことを目指した秘跡」で、「危篤の状態にあるとき」、「病気や老齢のために死の危険がある場合」あるいは「危険な手術の前（…）、衰弱が進んだ高齢者の場合」に受けるもの（『カトリック教会のカテキズム』1511～1516参照）。

（18）［原注］エステル・バレストリーノ・デ・カレアガ Esther Balestrino De Careaga（一九一八～一九七七）、パラグアイ人で共産党員と親しく、娘の一人とその婿が誘拐された後、「五月広場の母たち」の創始者の一人となった。一九七七年一二月に、フランス人シスター二人とともに捕らえられ、拷問され、殺害されて、飛行機から海に投げ落とされた。――［訳注］「五月広場の母たち」は、軍事独裁政権（一九七六～一九八三）下で行方不明になっていた人々の母親たちが結成した会で、一九七七年四月から、政府庁舎の前にある五月広場で抗議活動を行っていた。

（19）［原注］ジャン＝ルイ・トーラン Jean-Louis Tauran――フランスの枢機卿、一九五三年生まれ、二〇一四年にカメルレンゴに指名される。教皇庁諸宗教対話評議会議長を［二〇〇七年から］務めている。――［訳注］カメルレンゴ camerlengo ――ローマ教皇庁の役職で、枢機卿の中からローマ教皇によって指名される。教皇空位期間中、事務局長官として教皇庁の財産を管理する。なお、トーラン枢機卿は二〇一八年七月に死去した。

（20）［訳注］厳格主義 rigorisme ――このすぐ後に教皇が口にする名詞 rigidité「厳しさ・硬さ・硬直・頑固さ」や、形容詞 rigide「厳しい・硬直した・頑固な」は、rigoriste「厳格主義者」によく見られる特性である。

（21）［訳注］修道者となることを希望する者は、入会を志願した後、その準備として、まず志願期、それから修練期を過ごすことになる。修練期は、修道生活に入るための直接の準備として特別な宗教的訓練を受ける期間で、修練生は修練長のもとで、信仰生活を深めて行く。

（22）［訳注］二〇一五年一二月、パリで開催された第21回国連気候変動枠組条約締約国会議（COP21）において、二〇二〇年以降、すべての国が地球温暖化の原因となる温室効果ガスの削減に取り組むことを約束した新たな国際枠組みとして、パリ協定が採択された。この枠組みが、途上国も含めたすべての国による取り組みであるところに、パリ協定の意義がある。二〇一七年六月、アメリカのトランプ大統領がパリ協定からの離脱を表明したが、これに対し、G20のうちアメリカを除く19か国はパリ協定履行で合意した。

（23）［訳注］この引用部分は訳しなおした。

（24）［訳注］引用部分は文脈に合わせて訳しなおした。

（25）［訳注］邦訳――『ポプロールム・プログレシオ――諸民族の進歩推進について』（中央出版社、一九六七年）。

（26）［訳注］アル＝アズハル大学総長アフマド・アル・タイーブ師。

（27）［訳注］alliance ――ユダヤ・キリスト教的には「神と人間との契約」の意味で使われるが、「協調・協力、（異質なものの）結びつき・調和」などの意味でも使われる。ここでは文脈に応じて「契約・協力」「契約」「協力」と訳し分けた。

（28）［原注］ヨハネ・パウロ二世、二〇〇〇年二月二四日、カイロ国際空港到着時のセレモニーでの演説。

（29）［訳注］このすぐ後でふれられるシナイ山のこと。シナイ山で神はモーセを通じてイスラエルの民と契約を結んだ。出エジプト記19－24章参照。

（30）［訳注］人間の国 la cité des hommes ――アウグスティヌスの『神の国』（フランス語では *La Cité de Dieu*）

を示唆する言葉である。人間は、その弱さや限界にもかかわらず、この地上で神の御旨《みむね》にかなうような「人間の国」の建設に努力すべきである、ということだろう。

(31)［訳注］十戒のこと。とくに出エジプト記20・1－17参照。申命記5・6－21でも繰り返される。

(32)［訳注］混合主義《シンクレティズム》（フランス語 syncrétisme、英語 syncretism）——異なったあるいは相反する宗教や哲学を妥協させようとして混合すること。

(33)［訳注］『福音の喜び』251で、フランシスコ教皇は次のように述べている。

（…）妥協を求める混合主義《シンクレティズム》とは、実は、自分を超越した価値、自分が所有しているわけではない価値を捨象することによって、妥協が可能であると主張する者たちの全体主義と言えるでしょう。真に開かれた態度とは、明快で喜びにあふれるアイデンティティーと共に、自分自身の最も深い信念を保ちつつ、「対話が互いにとって豊かさの泉となり得ると知るからこそ（…）、相手の信念にも心を開きそれを理解しようとする（196）」態度のことです。

(196) 教皇ヨハネ・パウロ二世回勅『救い主の使命』56。

なおここに引用した文章は、『救い主の使命』からの引用部分も含め、全面的に訳しなおした。

教皇フランシスコの言葉から

フランシスコ教皇は、簡潔かつ直接的な言葉、ときとして挑発的な言葉を使う才能に恵まれていて、わたしたちの対話の中でも、びっくりするようなことを言っている。そのいくつかは本書に収められているが、そうでないものもある。そのうちのいくつかを見つけ出したので、雑然とだが、以下に引用した。

「コミュニケーションの扉を開けるたった一つの鍵は、謙遜です」

「メディアの四つの危険、それは情報操作、誹謗中傷、名誉毀損、スキャンダル嗜好です」

「好きな言葉ですか？　喜び、優しさ、そばに寄り添うこと、驚愕、驚嘆です」

「コミュニケーションするということは、キリストが人間に対してしたように、身を低くすることです」

「伝統とは、前進している教義です、動きです」

「強権的世俗化《セキュラリザション》は、それ自体のうちに、超越的なものに対する否定があります」

「違いは常に成長を助けます」

「アウシュヴィッツでは、神はどこにいるのでしょう？　わたしには神は見えませんでした、神なき人間の仕業だけが見えました」

「神は身を低くしてコミュニケーションするのです」

「《アップロード、ダウンロード》、最良のリンクは心です」

「途中までしか行っていない道、少ししか開いていないドア、二股かけた生き方は、イエスには好かれません」

「幸せを安楽椅子と取り違えてはいけません」

「この戦争状態にある世界に対するわたしたちの答え、それは兄弟愛です」

「《早期退職者》になりたいという誘惑に気をつけましょう！」

「難民はわたしたちの兄弟です。キリスト者は誰も排除しません」

「テロリズムは宗教ではありません。それにしても、なんと多くの若者たちを、わたしたちヨーロッパ人は、理想のない状態に放置していることでしょう」

「世界は嘘つきの誘惑者たちにうんざりしています。あえて言わせてもらえば、《流行に乗っている司祭たち》、《流行に乗っている司教たち》にうんざりしているのです」

「説教すること、わたしたちの司祭職を現代性のイコンにすること」

「《感情認知障害》に気をつけること」

「若者たちと共に何をするか？　彼らを導きながら、その後について行くのです」

「政治はたぶん、最大の愛徳行為の一つでしょう。なぜなら、政治をするということは人々を担うことだからです」

「これは規則なのです。もしもわたしが自分自身から抜け出し、身を低くして相手を探しに行かなければ、コミュニケーションは不可能です！」

「キリスト教的コミュニケーションは奉仕です。わたしは、仕えられるためではなく、仕えるために来た、とイエスは福音書の中で言っています」

「聖書は、神がその民の叫びを聞いてくださることを、わたしたちに思い出させてくれます。わたしもまた、皆さんと声を合わせて言いたいと思います。あの三つの《T》——土地、家、仕事——をすべての人にと。前にも言いましたが、いま改めて繰り返します。この三つのTは神聖な権利です」

「橋をつくること、壁ではありません、壁は倒れます」

教皇フランシスコ　略歴(1)

初めてのラテンアメリカ出身教皇は、ブエノスアイレス大司教・イエズス会員ホルヘ・マリオ・ベルゴリオ、七六歳。大陸全体を代表する第一級の人物であり、また気取らない牧者でもある。地下鉄やバスを使って教区内を縦横無尽に動きまわって教区民を訪問するので、非常に愛されている。彼は〔立派な大司教館ではなく自分から進んで質素な〕アパルトマンに住み、自分で料理をつくっているが、その理由を繰り返しこう説明している、「わたしのもとにいる人たちは貧しいのです、わたしは彼らの仲間なのです」。司祭たちには常に、いつくしみ、使徒的勇気をもつように、そしてすべての人に対してドアを開けておくようにと勧めている。教会に起こりうる最悪のことは「アンリ・ド・リュバックが霊的世俗性と呼んでいるもの」つまり「自分自身を中心に置くこと」だと、さまざまな折りに説明している。そして、社会正義についてふれるときは、まずカテキズムを手に取ること、十戒と真福八端を再確認するよう勧めている。彼の計画は単純である。もしもキリストに従うなら、「一人の人間の尊厳を踏みにじることは重大な罪である」ことがわかるはず、というものだ。

控え目な性格であるにもかかわらず——彼の公的な履歴は、少なくともブエノスアイレス大司教に選ばれるまでのものは、わずか数行しか書かれていない——、二〇〇一年にアルゼンチンを大混乱に陥れた経済危機の際に示した毅然とした態度ゆえに、意見を求められる人物の一人となった。

一九三六年一二月一七日、イタリア・ピエモンテからの移民の息子として、ブエノスアイレスに生まれる。父のマリオは会計係で、母のレジーナ・シヴォリは家事と五人の子どもの教育に専念する専業主婦だった。

化学技術者の資格を取得した後、司祭への道を選び、ビリャ・デボートの教区神学校に入る。一九五八年三月一一日、イエズス会の修練院に移る。チリで教養課程修了後、一九六三年にブエノスアイレスに戻り、サン・ミゲルのサン・ホセ神学院で哲学の学位を取得する。一九六四～六五年、サンタフェのインマクラーダ学院で文学と心理学を教え、一九六六年、ブエノスアイレスのサルバドール学院でも同科目を教授。一九六七～七〇年、サン・ミゲルのサン・ホセ神学院神学科で神学を学び、学位取得。

一九六九年一二月一三日、ラモン・ホセ・カステリャーノ大司教より司祭に叙階される。一九七〇～七一年、スペイン、アルカラ・デ・エナレスで第三修練を受け、一九七三年四月二二日最終誓願。［スペインでの第三修練を終えた後、一九七一年に］アルゼンチンに戻り、サン・ミゲルのビリャ・バリラリ修練院修練長、あわせて神学部教授、管区顧問、神学院院長を務める。

一九七三年七月三一日、イエズス会アルゼンチン管区長に選ばれ、その職務を六年間務める。一九八〇～八六年、サン・ホセ神学院院長、サン・ミゲルで小教区主任司祭。一九八六年三月、博士号取得のためドイツに渡る。その後、上長の指示によりブエノスアイレス、サルバドール学院院長に任命され、さらにコルドバ［ブエノスアイレスに次ぐアルゼンチン第二の都市］のイエズス会の教会に送られ霊的指導者・聴罪司祭を務める。

ブエノスアイレス大司教アントニオ・クアラチーノ枢機卿がベルゴリオを身近な協力者としてブエノスアイレスに呼ぶことを望んだため、一九九二年五月二〇日、ヨハネ・パウロ二世は彼をアウカ名義司教、ブエノスアイレス補佐司教に任命。同年六月二七日、ブエノスアイレス司教座聖堂にてクアラチーノ枢機卿により司教に叙階された。モットーとして *Miserando atque eligendo*（いつくしみそして選んで）(2) を選び、紋章の中に、イエズス会のシンボルでもあるキリストを表す組文字 **IHS**［イエスを表すギリシア語 ΙΗΣΟΥΣの最初の三文字］を挿入する。

教区の小新聞『エストレリータ・デ・ベレム』に対して、司教としての最初のインタビューに応じる。司教叙階後すぐにフローレス地区担当司教代理に任命され、一九九三年一二月二一日には大司教区司教総代理に任命される。一九九七年六月三日、ブエノスアイレス協働大司教(3)に任命されるが、それまでの経緯を見れば驚くにはあたらない。それから九か月もたたずにクアラチーノ枢機卿が死に、一九九八年二月二八日、その後を継いでブエノスアイレス大司教、アルゼンチン首座司教、アルゼンチン居住の裁治権者をもたない東方典礼カトリック教会信者の裁治権者となる。

その三年後、二〇〇一年二月二一日の枢機卿総会議でヨハネ・パウロ二世は彼を枢機卿に任命、名義教会は聖ロベルト・ベラルミーノ教会。枢機卿任命式のためにローマに行こうとした信者たちに、ローマには行かずに、そのための旅費を貧しい人々にあげてほしいと呼びかけた。アルゼンチン・カトリック大学総長も務め、著書として『修道者のための黙想』*Meditaciones para religiosos*

（一九八二年）、『使徒的生活に関する考察』*Reflexiones sobre la vida apostólica*（一九八六年）、『希望についての考察』*Reflexiones de esperanza*（一九九二年）がある。

二〇〇一年一〇月、司教職をテーマとする世界代表司教会議《シノドス》第一〇回通常総会では総書記代理に指名されるが、総書記を務めるニューヨーク大司教エドワード・マイケル・イーガン枢機卿が9・11テロの犠牲者追悼式のためアメリカに戻らざるを得なくなったため、最後の段階になって報告書をまとめる仕事が彼に委ねられた。シノドスで彼はとくに「司教の預言者的役割」、「正義の預言者」としての司教のアイデンティティー、教会の社会教説を「絶えず説く」義務と共に「信仰と道徳に関して正しい判断を表明する」義務を強調した。

その間、ラテンアメリカにおいて彼の人気は高まっていった。しかし彼は控え目な態度も厳しい生活スタイルも変えなかったので、一部の人々からはほとんど「苦行者」のようだと評されるほどだった。二〇〇二年にアルゼンチン司教協議会会長の指名を辞退したのだが、その三年後には会長に選出され、二〇〇八年には再選されさらに三年間会長を務めることになった。その間に、二〇〇五年四月、ベネディクト十六世が選出されることになるコンクラーヴェに参加する。

三〇〇万人を超える人口を抱えるブエノスアイレスの大司教として、彼は交わりと福音宣教を中心に据えた宣教計画を考えていた。主たる目的は次の四つである――開かれた兄弟的共同体、自覚をもった一般信徒の積極的な参加、市民全員を対象とした福音宣教、貧しい人と病人への支援。彼は「この町に暮らす人々、この町の形状や歴史を考慮しつつ」ブエノスアイレスの再福音化を目指し、共に働くよう司祭と一般信徒を促した。

二〇〇九年九月、アルゼンチン独立二〇〇年を記念し、二〇一六年までに二〇〇の慈善事業を実行するという連帯運動を、全国レベルで開始した。そして、南米大陸全般に関しては、二〇〇七年のアパレシーダ文書(4)のメッセージをふまえて前進することに強い希望を抱いている。ベルゴリオはアパレシーダ文書を「ラテンアメリカの *Evangelii nuntiandi*」(5)とまで言っている。

使徒座が空位になるまで、彼は教皇庁典礼秘跡省、聖職者省、奉献・使徒的生活会省、家庭評議会、ラテンアメリカ委員会委員を務めていた。

二〇一三年三月一三日、教皇に選出される。


L'Osservatore Romano, LXIII, 12

注

(1)［訳注］原書の略歴は、バチカンの公式サイトに掲載されている「教皇フランシスコ　略歴」BIOGRAPHIE DU SAINT-PÈRE FRANÇOIS（フランス語版）を使っている。

アドレス：http://w2.vatican.va/content/francesco/fr/biography/documents/papa-francesco-biografia-bergoglio.html

なお、原書の略歴とバチカン公式サイトの略歴とのあいだに一部日付などの食い違いがあったので、バチカン公式サイトの略歴に合わせて訂正を施した。

（2）［訳注］聖ベーダ・ヴェネラビリスの、使徒マタイの召命についての説教からとられたもの。ベーダはこう記している。Vidit ergo Jesus publicanum, et quia miserando atque eligendo vidit, ait illi, « Sequere me ». （それでイエスは徴税人を見て、いつくしみそして選んで彼を見て、「わたしに従いなさい」と言った）。マタイの召命についてはマタイ9・9－13、マルコ2・13－17、ルカ5・27－32参照。なお、マルコとルカは徴税人の名前をレビと記しているが、当時のユダヤ人には二つの名前をもつ者が少なからずいた。なお、教皇選出後も *Miserando atque eligendo* をモットーとして使い続けている。

（3）［訳注］協働司教・協働大司教――継承権をもつ司教・大司教のこと。司教・大司教の座が辞任あるいは死去によって空位になったとき、自動的に後継者となる。

（4）［訳注］第五回ラテンアメリカ・カリブ司教協議会総会の結果をまとめた最終報告書。六七ページの注39参照。

（5）［訳注］邦訳――パウロ六世『使徒的勧告　福音宣教』（カトリック協議会、ペトロ文庫、二〇〇六年）。

教皇フランシスコ　文書・著作目録

＊原書はフランス語版を中心に収録しているが、ここでは邦訳があるものを記載した。なお、回勅、使徒的勧告をはじめ、教皇の演説・講話・説教・お告げの祈り／アレルヤの祈りのときの言葉・メッセージなどは、ほとんどすべてバチカンのサイトに掲載されている。とりあえず、英語版とフランス語版のトップページのアドレスを紹介しておく。（あいにくバチカンのサイトには日本語版はない――訳者）

・英語版：http://w2.vatican.va/content/vatican/en.html

・フランス語版：http://w2.vatican.va/content/vatican/fr.html

回　勅

『ラウダート・シ――ともに暮らす家を大切に』*Laudato si'*（二〇一五年五月二四日）、カトリック中央協議会、二〇一六年。

『信仰の光』*Lumen Fidei*（二〇一三年六月二九日）、カトリック中央協議会、二〇一四年。

使徒的勧告
『喜びに喜べ——現代世界における聖性』*Gaudete et exsultate*（二〇一八年三月一九日）、カトリック中央協議会、二〇一八年。
『愛のよろこび』*Amoris laetitia*（二〇一六年三月一九日）、カトリック中央協議会、二〇一七年。
『福音の喜び』*Evangelii Gaudium*（二〇一三年一一月二四日）、カトリック中央協議会、二〇一四年。

使徒的書簡
『あわれみあるかたと、あわれな女』*Misericordia et misera*（二〇一六年一一月二〇日）、カトリック中央協議会、二〇一七年。
『奉献生活の年にあたって——すべての奉献生活者の皆さんへ』（二〇一四年一一月二一日）、カトリック中央協議会、二〇一五年。

自発教令
自発教令の形式による使徒的書簡『寛容な裁判官、主イエス——教会法典の婚姻無効訴訟の改正〔羅和対訳〕』*Mitis Iudex Dominus Iesus*（二〇一五年八月一五日）、カトリック中央協議会、二〇一七年。

大勅書

『イエス・キリスト、父のいつくしみのみ顔――いつくしみの特別聖年公布の大勅書』*Misericordiae Vultus*（二〇一五年四月一一日）、カトリック中央協議会、二〇一五年。

講話集

『教皇フランシスコ講話集 5』カトリック中央協議会、ペトロ文庫、二〇一八年。

『キリスト者の希望――教皇講話集』カトリック中央協議会、ペトロ文庫、二〇一八年。

『教皇フランシスコ講話集 4』カトリック中央協議会、ペトロ文庫、二〇一七年。

『いつくしみ――教皇講話集』カトリック中央協議会、ペトロ文庫、二〇一七年。

『教皇フランシスコ講話集 3』カトリック中央協議会、ペトロ文庫、二〇一六年。

『家族――教皇講話集』カトリック中央協議会、ペトロ文庫、二〇一六年。

『秘跡・聖霊のたまもの・教会――教皇講話集』カトリック中央協議会、ペトロ文庫、二〇一五年。

『教皇フランシスコ講話集 2』カトリック中央協議会、ペトロ文庫、二〇一五年。

『信条（クレド）――教皇講話集（教皇ベネディクト十六世・教皇フランシスコ）』カトリック中央協議会、ペトロ文庫、二〇一四年。

『教皇フランシスコ講話集 1』カトリック中央協議会、ペトロ文庫、二〇一四年。

ブエノスアイレスの大司教・枢機卿時代に行われ出版された対話集

＊邦訳は、ベルゴリオ枢機卿がフランシスコ教皇となった後に出版されたこともあって、フランシスコ教皇の名前になっている。(訳者)

F・アンブロジェッティ、S・ルビン『教皇フランシスコとの対話』八重樫克彦・八重樫由貴子訳、新教出版社、二〇一四年。

教皇フランシスコ、ラビ・A・スコルカ『天と地の上で――教皇とラビの対話』八重樫克彦・八重樫由貴子訳、ミルトス、二〇一四年。

ドミニック・ヴォルトン　著作目録

ドミニック・ヴォルトン Dominique Wolton ――コミュニケーション理論を専門とし、数多くの著作は二〇か国語に翻訳されている。CNRS［Centre national de la recherche scientifique「国立科学研究センター」］を研究活動の場とする。複数の研究組織を創設し、一九八八年に国際的専門誌『ヘルメス』*Hermès*（CNRS éditions）を創刊。同誌は現在八〇号を重ね、« Essentiels » *d'Hermès* 五〇巻、研究書三三冊を刊行、これに関わった執筆者の数は一六〇〇人に及んでいる。

＊なお、ヴォルトンの著作目録は原文のままあげた（訳者）。

Communiquer, c'est vivre, Cherche midi, 2016.

Avis à la pub, Cherche midi, 2015.

Indiscipliné, Odile Jacob, 2012 ; *La Communication, les Hommes et la Politique*, CNRS Éditions, coll. « Biblis », 2015.

Informer n'est pas communiquer, CNRS Éditions, 2009, traductions étrangères.

McLuhan ne répond plus. Communiquer, c'est cohabiter, entretien avec Stéphane Paoli et Jean Viard,

Éditions de l'Aube, 2009, traductions étrangères.

Demain la francophonie. Pour une autre mondialisation, Flammarion, 2006.

Mondes francophones : auteurs et livres de langue française depuis 1990 (dir.), ADPF, ministère des Affaires étrangères, 2006.

Sauver la communication, Flammarion, 2005 ; Champs Flammarion, 2007, traductions étrangères.

Télévision et civilisations, entretiens avec Hugues Le Paige, Bruxelles, Belgique, Labor, 2004.

La Télévision au pouvoir : omniprésente, irritante, irremplaçable (dir.), Universalis, coll. « Le tour du sujet », 2004.

« Francophonie et mondialisation », *Hermès*, n° 40, CNRS Éditions, 2004.

L'Autre Mondialisation, Flammarion, 2003 ; Champs Flammarion, 2004, traductions étrangères.

« La France et les Outre-mers. L'enjeu multiculturel », *Hermès*, n° 32-33, CNRS Éditions, 2002.

Internet. Petit manuel de survie, entretiens avec Olivier Jay, Flammarion, 2000, traductions étrangères.

Internet et après ? Une théorie critique des nouveaux médias, Flammarion, 1999, prix Georges Pompidou ; Champs Flammarion, 2000, traductions étrangères.

Penser la communication, Flammarion, 1997 ; Champs Flammarion, 1998, traductions étrangères.

L'Unité d'un homme, entretiens avec Jacques Delors, Odile Jacob, 1994.

Naissance de l'Europe démocratique, Flammarion, 1993 ; Champs Flammarion, 1997, traductions étrangères.

War Game. L'information et la guerre, Flammarion, 1991, traductions étrangères.

Éloge du grand public. Une théorie critique de la télévision, Flammarion, 1990 ; Champs Flammarion, 1993, traductions étrangères.

Le Choix de Dieu, entretiens avec Jean-Marie Lustiger et J.-L. Missika, Éditions B. de Fallois, 1987 ; Le Livre de poche, 1989.

Terrorisme à la une. Média, terrorisme et démocratie, avec M. Wieviorka, Gallimard, 1987, prix Radio France, 1988.

La Folle du logis. La télévision dans les sociétés démocratiques, avec J.-L. Missika, Gallimard, 1983.

Le Spectateur engagé, entretiens avec Raymond Aron et J.-L. Missika, Julliard, 1981, prix Aujourd'hui 1981, traductions étrangères.

Le Tertiaire éclaté. Le travail sans modèle, avec la CFDT, J.-Ph Faivret, J.-L Missika, Éditions du Seuil, 1980.

L'Illusion écologique, avec J.-Ph. Faivret et J.-L. Missika, Éditions du Seuil, 1980.

L'Information demain de la presse écrite aux nouveaux médias, avec J.-L. Lepigeon, La Documentation française, 1979, prix AFIN 1979 (Associations des informaticiens français).

Les Réseaux pensants. Télécommunications et société, avec A. Giraud et J.-L. Missika, Masson, octobre 1978.

Les Dégâts du progrès. Les travailleurs face au changement technique, avec la CFDT, Éditions du Seuil, 1977, prix futuribles 1977, traductions étrangères.

Le Nouvel Ordre sexuel, Éditions du Seuil, 1974.

Co-scénariste du film *Mais ou et donc ornicar*. Réalisation B. V. Effenterre avec Jean-François Stévenin, Brigitte Fossey, Géraldine Chaplin, 1979.

謝辞

この本をつくりたいと思ったのは二年半前のことです。それで、フランシスコ教皇に直接手紙を書いて、計画の内容を説明し、本の構想を伝えました。わたしの提案が真剣なものであることを例証するため、多年にわたるわたしの著作と三冊の対話集にも言及しました。わたしは、教皇の周囲にいる人たちを知ることなく行動しました。フランスの二人の枢機卿、フィリップ・バルバラン枢機卿とアンドレ・ヴァント＝トロワ枢機卿は、面白い計画だと言ってくださいました。お二人にはあつくお礼申し上げます。わたしはこの予測不可能な教皇に関する「賢明なる」証言、資料、情報にふりまわされたくなかったので、一人だけで仕事をしました。

肯定的な返事がかなり早く届きました。知り合いのサン・ヴィクトール律修参事会員ルイ・ド・ロマネ神父が、バチカン国務省事務局で働いていたことがありバチカンを知っていたので、通訳としてこの冒険に同行してくれることになりました。ありがとうございます。

ラテラン教会参事会員の方々にもお礼申し上げます。サン・ピエトロ・イン・ヴィンコリ教会のすぐそばにあるラテラン教会には、必要なとき宿泊させていただきました。ジャン＝ルイ・トーラン枢機卿にもお礼申し上げます。そして教皇の個人秘書室の方々の、控え目かつ効果的な応対にも感謝しています。ステファーヌ・マルタンにも、バチカンとの制度上の関係のことで、助けてもらいました。

翻訳をしてくれたフュルヴィア・ミュゾリノに、またこの本の準備を手伝ってくれたロール・インケルに感謝します。最後に、CNRSの国際研究誌『ヘルメス』チームのソフィー・ビエ＝シャールトン、ダヴィッド・ロシュフォール、エミリー・シルヴォーズが、長期にわたる、不慣れな、少しばかり複雑にならざるを得ないこの仕事を手伝ってくれました。皆にあつく感謝します。そして、一冊の本を書く以上のことになったこの計画のおかげで意見交換することができた方々にも、お礼申し上げる次第です。

ドミニック・ヴォルトン

訳者あとがき

この本の原著は二〇一七年九月にフランスで出版されました。フランスの社会学者ドミニック・ヴォルトンが企画し、二〇一六年二月から翌二〇一七年二月までに行われた一二回の対話をもとにまとめたものです。原題は『政治と社会』*Politique et société* で、政治と社会が大きなテーマです。ただ実際には、この対話の話題は、戦争と平和、政治と宗教、グローバリゼーションと文化的多様性、原理主義と政教分離、ヨーロッパと移民・難民、環境問題、不平等、エキュメニズムと宗教間の対話、個人、家族について……などなど、多岐にわたっています。つまり、現代世界が直面している諸問題を論じていると言ってよいでしょう。だとすれば、『政治と社会』という題名では少し漠然としすぎているのではないか、もう少しわかりやすい、しかもこの本の内容を端的に表すような題名にした方がよいのではないか……それでこの本の題名を、出版社からの提案により、『橋をつくるために――現代世界の諸問題をめぐる対話』とすることにしました。「橋をつくる」という言葉は、本書でもフランシスコ教皇が何度も口にしている、重要なキーワードです。わたしたちにできること、わたしたちがなすべきことは、まず「橋をつくる」ことだと。

現代世界が直面しているこれらの問題を、フランシスコ教皇はどう考え、それにどう向き合っているか――その多くはこれまでに出された回勅、使徒的勧告、講話、スピーチなどですでに示されているのですが、一般の人々の手に届くものでは必ずしもありませんでした。対話という形でまとめられたこの本を読むと、それがよりはっきりと浮かび上がってきます。例として、この本の中から教皇の言葉をいくつか抜き出してみましょう。

たとえば、政治について、難民問題について、教皇は次のように語っています。

政治の要件はそばに寄り添うことです。互いに問題に向き合い、問題を理解することです。別のこともあります、説得ということですが、わたしたちはそれを実行しなくなってしまいました。たぶんそれは政治の最もデリケートで、最も微妙なところです。わたしは相手の言い分を聞きます、わたしはそれを分析し、わたしの言い分を相手に示します……相手はわたしを納得させようとし、わたしは相手を説得しようとする、そうやって、わたしたちは一緒に同じ道を行くのです。(三二ページ)

問題は移住者たちの本国で始まっています。なぜ彼らは自分の土地を離れるのか？　仕事がないから、あるいは戦争のせいで。これが二つの主な理由です。仕事がないのは、彼らが搾取されているからです（…）最初になすべきことは、わたしは国連で、欧州議会で、至るところで言ってきましたが、まずそこに雇用創出のための手段を見つけ出すこと、そこに投資することです。（…）移住のもう一つの理由は戦争です。投資があれば、仕事もあるでしょうし、国を出て行く必要もなくなるでしょうが、戦争が起これば、とにかく逃げるしかありません。ところで、誰が戦

争をするのか？　誰が武器を与えているのか？　わたしたちです。（二八〜二九ページ）

教皇は、弱い人たち、貧しい人たち、困難な状況にある人たち、のけ者にされている人たちに寄り添うよう訴え、それを自らも実行しています。現代社会で冷遇されている若者と高齢者について、人間としての正当な権利を奪われている貧しい人たちについて、こう語っています。

わたしにとっては、若者たちが年配の人たちと接することが、とても大事なのです。高齢者は民の記憶、知恵です。若者は力です、ユートピアです。そして、若者と高齢者とのあいだのこの橋を、わたしたちは見つけ出さないといけません。若者も高齢者も、今日、この世界では、余計者扱いされているからです。高齢者を締め出すことは、民の記憶、わたしたちのルーツを捨て去ることです。若者はといえば、能力がある者だけがなんとかやっていますが、それ以外の者は、麻薬や失業で、脇に追いやられています。ところが、未来の富、世界の富、国の、民族の富は、この見捨てられた人たちの中にあるのです。彼らが互いに話し合う必要があるのです！（八四ページ）

聖書は、神がその民の叫びを聞いてくださることを、わたしたちに思い出させてくれます。わたしもまた、皆さんと声を合わせて言いたいと思います。あの三つの「T」——土地、家、仕事——をすべての人にと。前にも言いましたが、いま改めて繰り返します。この三つのTは神聖

な権利です。（一〇六ページ）

グローバル化する今日の世界に対して教会はどのような貢献ができるのか？　教皇はこう答えています。

対話によってです。対話なしでは、今日、何も可能とはならないとわたしは思います。ただし、誠実な対話であること、たとえ面と向かって不愉快なことを言わねばならないとしてもです。誠実な。「ええ、同感です」と言っておきながら、その後でこっそり別の話をするような、そんな対話はいけません。教会は橋をつくることでもって貢献すべきだとわたしは思います。対話は文化と文化のあいだの「大きな橋」です。（七二ページ）

フランシスコ教皇について、ドミニック・ヴォルトンはこう書いています。

そう、彼は、おそらく、ほんとうに、ラテンアメリカとヨーロッパのあいだに立つ、グローバル時代の最初の教皇なのだ。人間的であると共に控え目で、同時にかくも果敢な人、「歴史」をしっかりと踏みしめている人。彼の役割は、世界の政治指導者たちの役割とはまったく違うのだが、常に問題と対峙している。（一五ページ）

フランシスコ教皇との対話は、自由で、形式にこだわらず、信頼に満ち、ユーモアあふれるものだった。親近感の共有。教皇はそこにいて、話に耳を傾け、控え目で、「歴史」をその身に負い、人間に対して幻想を抱いていない。わたしは教皇と、どんな形式的枠組みからも外れた形で、その住まいで会い、言葉を交わしてきた、だからといってそのことが、教皇の、人の話に耳を傾ける力、自由闊達さ、こだわりのなさのすべてを説明するわけではない。建前論のようなものは、ごくごく稀にしかなかった。(同)

フランシスコ教皇はたしかに型破りな人です。因習にとらわれない、自由闊達に物を言い行動する人です。だからといって、伝統を無視するわけではありません。伝統の意味も価値もよく知った上で、こう語っています。

伝統とは、銀行の休眠口座ではありません。伝統とは、途上にある教義、前進している教義です。(…)伝統は進んでいく、でもどんなふうにしてでしょう? 年月と共に固められ、時間と共に成長し、時代と共に純化される、というふうにです。伝統の基準は変わりません、本質は変わりません、でも、成長し、進化するのです。(三〇八ページ)

――とても斬新な見方だとは思いませんか?

「迎え入れ、寄り添い、見極め、受け入れる」――使徒的勧告『愛のよろこび』で示された四つのコンセプト、対話の中でも何度か取り上げられているこの四つのコンセプトは、フランシスコ教皇の姿勢を見事に表現しています。人々に寄り添い、人々と共に歩く人、教会の中に閉じこもらずに、外に出て、周辺に足を運び、貧しい人、虐げられた人、弱い人に寄り添う牧者――それがフランシスコ教皇です。

しかし、不正や悪に対しては、フランシスコ教皇は常に毅然とした態度を取る人でもあります。しばしば大胆な、しかも誰にでも理解できる説得力のある言葉で、現代世界に蔓延する不正や悪を糾弾する教皇の姿は、たとえば次のような言葉からもうかがい知ることができるでしょう。

世界はすべての国に対して、自然環境の保護と改善、そして社会的・経済的排除という現象を早急に克服するための、実効力を伴った決意と速やかな措置を求めています。排除という現象は、人身売買、臓器売買、子どもに対する性的虐待、売春を含む奴隷労働、麻薬取引、武器取引、テロ、国際的組織犯罪など、悲惨な結果をもたらしているのです。こうした状況は広がる一方で、犠牲となる罪もない人々の数はなんと多いことでしょう。だからわたしたちは、口先だけの宣言でもって良心の痛みを和らげようとする誘惑に陥ってはならないのです。わたしたちは監視を怠ってはなりません、わたしたちは、諸機関がこれらすべての災いに対して実際に効果的に戦っているかどうか、見守る必要があるのです。（五七ページ）

ほんとうに、現代は罪の感覚を失ってしまったと思います。今日、一人のテロリストが自爆して五〇人の人を殺しました。麻薬密売人たちがシチリアの運河で人々を溺死させるようなことも……まともな人なら「なぜ彼らはこんなことをするのか?」と思うでしょうが、その答えは、彼らは道徳の羅針盤を失っているということです。(二一一ページ)

ところが、こうしたフランシスコ教皇の姿は、日本ではあまり知られていません。キリスト信者の数が——カトリックとプロテスタントそれにごく少数の正教会の信者を合わせても——人口の一%にも満たないこの国では、キリスト教のことをよく理解しているジャーナリストがほとんどいないこの国では、バチカンのことも教皇のことも、ほとんど報道されないからです。とても残念なことです。わたしがこの本を訳そうと思いたったのは、知らないがゆえの無関心・無理解という現状を少しでも変えたかったからです。キリスト信者だけでなく、他の宗教を信じる人たち、無宗教の人たち、さらには無神論者たちにも、フランシスコ教皇を知ってほしかったからです。一人でも多くの人にこの本を読んでもらいたいと、心から願っています。

フランシスコ教皇について語りたいことはまだまだありますが、あともう一つだけ、教皇のユーモアのセンスを紹介しておきましょう。

わたしたちアルゼンチン人はあれほど傲慢なのですよ。それに、これは良いことではありません。それで、アルゼンチン人を槍玉にあげるジョークができるのです。アルゼンチン人がどんなふうに自殺するか、あなたはご存じですか？　エゴのてっぺんまで登って行って、そこから飛び降りるのです。他に一つ、わたしを種にした笑い話があります。「それにしても、あの教皇はどこまで謙遜なんだ！　あれはアルゼンチン人なんかじゃないね、フランシスコなんて名乗ったりしてさ、イエス二世ってすりゃあいいのに！」。これがわたしたちアルゼンチン人なのです！

（二六五～二六六ページ）

ドミニック・ヴォルトンのことも少しは紹介しないと不公平になるのでしょうが、あいにく、わたしが紹介できることはそう多くはありません。彼の専門分野や業績については「ドミニック・ヴォルトン著作目録」をご覧ください。それに、「はじめに」や各章の導入部をなす文章、そして対話の中からも、ヴォルトンについてのさまざまな情報を見つけ出すことができるはずですし、彼の人柄や主張なども知ることができるでしょう。もしも足りないものがあるとしたら、彼の生まれた年、それと学歴でしょうか。ヴォルトンの研究拠点であるフランス国立科学研究センターの公式ウェブサイトによると、出身校はパリ政治学院――政治家・外交官・ジャーナリスト・企業経営者を輩出する名門校――で、また社会学博士でもあります。では年齢は？　あいにく見あたりません。非公式情報によれば、一九四七年生まれのようです。以上、とりあえず補足しておきます。

ところで、教皇とヴォルトンとが対話を通じてわたしたちに投げかけているメッセージについてですが、訳者があれこれ解説するよりも、むしろ読者に判断を委ねたいと思います。ヴォルトンが

「はじめに」で書いているように、「読者という第三のパートナー」となって、対話の「場」にぜひ加わってください、二人の話に耳を傾けながら、ときには質問したり、同感したり反論したりもして、話題を、問題を共有してください。——いや、わざわざそう言う必要はないのかもしれません。二人のやりとりに立ち会いながら、読者はそれぞれ自由に考え、判断されるでしょうから。

最後に感謝の言葉を。まず、この本の翻訳・出版の可能性について貴重な助言と励ましをいただいたサレジオ会司祭・松尾貢神父さま、この本の出版を引き受けてくださり、翻訳のあいだも訳者に「寄り添って」くださった新教出版社社長・小林望氏、また、神学や教義上の問題などについて相談に乗ってくださった属人区オプス・デイ司祭・木村昌平神父さま、そして、的確なアドバイスと素早い応対で訳者をサポートしてくださった編集者・森本直樹氏に、心よりお礼申し上げます。ありがとうございました。

戸口民也

二〇一九年三月三日

《訳者紹介》

戸口民也（とぐち・たみや）

長崎外国語大学名誉教授

1946年神奈川県大和市生まれ。1972年3月早稲田大学大学院仏文科修士課程修了、同年4月長崎外国語短期大学に赴任。以来、長崎外国語短期大学で、また2001年以降は長崎外国語大学で、フランス語・フランス文学などを40年にわたって教え、2012年3月定年退職。その後も非常勤講師として長崎外国語大学でフランス語や日本語リテラシー科目などを教えてきたが、2018年2月後期試験終了をもって教師生活に幕を下ろす。

専攻分野：フランス17世紀演劇。著書：『フランス十七世紀の舞台装置　『マウロの覚書』注解』（駿河台出版社、2019年、共著）、『混沌と秩序　フランス十七世紀演劇の諸相』（中央大学出版部、2014年、共著）、『フランス17世紀演劇事典』（中央公論新社、2011年、共著）、『パスカルに導かれて』（くすのき出版、2002年）。訳書：『フランス十七世紀演劇集　悲喜劇・田園劇』（中央大学出版部、2015年、共訳）、ジャン・トゥーラ『死刑を問う』（三一書房、1991年）、ジャン・トゥーラ『ヨーロッパの核と平和』（三一書房、1988年）。

橋をつくるために——現代世界の諸問題をめぐる対話

2019年5月1日　第1版第1刷発行

著　者　教皇フランシスコ
　　　　ドミニック・ヴォルトン
訳　者　戸口民也

発行者　小林　望
発行所　株式会社 新教出版社
　　　　〒162-0814 東京都新宿区新小川町 9-1
　　　　電話 03（3260）6148　FAX 03（3260）6198
　　　　URL　http://www.shinkyo-pb.com/

印刷所　モリモト印刷株式会社

配給元　日キ販　〒162-0814 東京都新宿新小川町 9-1
　　　　　　　　電話 03（3260）5670　FAX 03（3260）5637

ISBN 978-4-400-40747-8　C1016　Printed in Japan